Síndrome da alienação parental

Conselho editorial
da Área de Serviço Social

Ademir Alves da Silva
Dilséa Adeodata Bonetti
Maria Lúcia Carvalho da Silva
Maria Lúcia Silva Barroco

Dados Internacionais de Catalogação na Publicação (CIP)
(Câmara Brasileira do Livro, SP, Brasil)

Sousa, Analicia Martins de
  Síndrome da alienação parental : um novo tema nos juízos de família
/ Analicia Martins de Sousa. — São Paulo : Cortez, 2010.

  Bibliografia.
  ISBN 978-85-249-1625-0

  1. Direito de família 2. Guarda de filhos 3. Parentalidade 4. Psicologia e direito 5. Relações familiares 6. Separação (Psicologia) 7. Síndrome
de alienação parental I. Título.

10-06562   CDD-302.1

Índices para catálogo sistemático:
1. Estudo social das famílias em litígio pela guarda
   dos filhos : Síndrome da alienação parental :
   Psicologia social   302.1

Analicia Martins de Sousa

Síndrome da alienação parental

um novo tema nos juízos de família

1ª edição
4ª reimpressão

SÍNDROME DA ALIENAÇÃO PARENTAL: um novo tema nos juízos de família
Analicia Martins de Sousa

Capa: aeroestúdio
Preparação de originais: Jaci Dantas
Revisão: Ana Paula Luccisano
Composição: Linea Editora Ltda.
Coordenação editorial: Danilo A. Q. Morales

Nenhuma parte desta obra pode ser reproduzida ou duplicada sem autorização expressa da autora e do editor.

© 2010 by Analicia Martins de Sousa

Direitos para esta edição
CORTEZ EDITORA
Rua Monte Alegre, 1074 — Perdizes
05014-001 — São Paulo - SP
Tel.: (11) 3864-0111   Fax: (11) 3864-4290
E-mail: cortez@cortezeditora.com.br
www.cortezeditora.com.br

Impresso no Brasil – maio de 2019

Sumário

PREFÁCIO 7
APRESENTAÇÃO 11
INTRODUÇÃO 13

1. O ROMPIMENTO CONJUGAL 21
    1.1 Quando conjugalidade e parentalidade se misturam 21
    1.2 As relações parentais e a aliança com o guardião 31
    1.3 A contenda nos juízos de família 40

2. O PRIMADO MATERNO 49
    2.1 Para cuidar dos filhos, as mães 50
    2.2 O contexto social e os papéis parentais 61
    2.3 A legislação e a (des)igualdade entre homens/pais e mulheres/mães 77

3. OS CAMINHOS DA PESQUISA 90

4. A SÍNDROME DA ALIENAÇÃO PARENTAL E OUTRAS PERSPECTIVAS 98
    4.1 A criação de uma síndrome 98
    4.2 Em meio a críticas e polêmicas 120
    4.3 De síndrome à epidemia 134

5. DISCURSOS SOBRE A SÍNDROME DA ALIENAÇÃO PARENTAL NO BRASIL.......... 143

5.1 (In)Definições acerca da SAP 144

5.2 Justificativas para a ocorrência da SAP 154

5.3 A lista de consequências 166

5.4 Os procedimentos para o diagnóstico 171

5.5 O elenco de punições 175

CONSIDERAÇÕES FINAIS...................... 189

REFERÊNCIAS BIBLIOGRÁFICAS...................... 199

Prefácio

O estudo que a autora nos apresenta neste livro é, mais do que o resultado de uma pesquisa rigorosa e extremamente coerente e fundamentada, uma chamada à razão dada pelo conhecimento. Num tempo em que o pensamento se torna cada vez mais fluido e por vezes a superficialidade das análises tentam nos impor normas nem sempre parametradas em pesquisas científicas, trazer ao debate um tema como a síndrome da alienação parental, numa perspectiva questionadora das bases de sua publicização e alguma banalização como ocorre nos dias de hoje, é um ato de compromisso com a competência e a ética e também um ato de coragem.

Cada página deste texto nos revela que a pesquisadora mergulhou no tema de maneira criativa e intensa, nos abrindo a mente para um rico diálogo, com base na crítica que a análise sócio-histórica possibilita. Aliado a esta perspectiva, o recurso aos estudos de Michel Foucault sobre as práticas do exame, da extração de saberes e de verdades, com vistas ao controle e à disciplinarização dos sujeitos, nos remete ao universo das práticas judiciárias, palco privilegiado da disseminação do diagnóstico da denominada síndrome da alienação parental, cada vez mais presente como uma chave mágica para dar respaldo a decisões judiciais em ações de disputa de guarda de filhos, correndo-se o risco de que seja evocada com base mais no senso comum do que no rigor do conhecimento.

Ao trazer o debate sobre o primado materno estabelecido por uma construção sociocultural, o texto nos evoca a refletir criticamente sobre as "novas demandas" que se fazem presentes na realidade social, como essa da síndrome da alienação parental, que não pode ser analisada sem o conhecimento de como historicamente à mulher/mãe foi atribuído o papel de cuidadora, com a responsabilidade pelos cuidados dos filhos e a responsabilização pelos descuidos, e a consequente visão mais benevolente da sociedade em relação à desatenção do pai para com os filhos, como nos lembra a autora; como a mulher hoje vem cada vez mais assumindo o espaço público, ainda que sem abrir mão do espaço privado; como com o avanço do destaque da figura feminina a imagem do homem/pai foi sendo desvalorizada, sendo facilmente destituída de seu papel, sobretudo quando as transformações no mundo do trabalho e da família não garantem mais a ele as funções privilegiadas do provimento material, a chefia da família, a responsabilidade única pelas relações com o mundo público. Assim, como nos instiga a autora, refletir e trabalhar com as questões relacionadas à parentalidade e à conjugalidade exigem de nós conhecer e explicar a realidade articulada às dimensões de suas transformações sociais, políticas, econômicas, culturais, sua incidência nas relações de gênero e suas marcas determinantes na construção da subjetividade dos sujeitos.

A pesquisa desenvolvida junto às fontes originais que promovem a síndrome da alienação parental, e sua análise crítica, possibilitam a desmistificação de algumas verdades que tendem a ser apresentadas como únicas e definitivas, as quais enfatizam a busca tão somente da verdade interna (ou psíquica), sem estabelecer a constituição histórico-social da realidade dos sujeitos tidos como alienadores. Nessa direção, Analicia Martins de Sousa recupera estudos que identificam a chamada síndrome da alienação parental como uma possibilidade dada por uma suposta base científica para impor sanções, punições, para o controle da vida privada, por meio da associação entre o saber médico psiquiátrico e o saber jurídico. Assim, o consórcio Psiquiatria e Justiça, identificando "o indivíduo como fonte de seus males", contribuiria como uma estratégia eficaz para o controle do Estado sobre a população, inserindo-se, a nosso ver, no terreno fértil existente nos dias de hoje, de investimento em modelos autoritários e conservadores de práticas, para disciplinar as relações cotidianas, no interior do privilegiamento do Estado penal em detrimento do Estado social. Ou, na judicialização dos conflitos familiares, no excessivo poder dado e solicitado ao Estado em relação à guarda de filhos, como é o caso, em detrimento de programas e ações que favoreçam o diálogo entre a família, a sua escuta atenta, respeitando direitos de todos os envolvidos, num trabalho interdisciplinar que evite a fragmentação da realidade vivida pelos sujeitos e o recurso ao Judiciário para enquadrar e/ou simplificar a realidade, por meio de avaliações realizadas com base num modelo ou num guia para avaliação de famílias em disputa pela guarda dos filhos, conforme propõe Gardner, em estudos analisados pela autora.

As análises trazidas neste trabalho alertam para a necessidade de que os profissionais das várias áreas do conhecimento que lidam mais frequentemente com essa realidade — como Psicologia, Serviço Social, Direito, Psiquiatria — sejam devida e continuadamente capacitados para fazerem de suas intervenções junto a essas famílias efetivas contribuições para a proteção, para a garantia dos direitos de todos e não uma avaliação centrada na busca da verdade, ou de provas para a punição. Nessa direção, este trabalho também nos leva a refletir se a opção pela "descoberta" do crime, ou de provas do crime, para a aplicação da medida punitiva, que a difusão apressada da chamada síndrome da alienação parental propaga e conclama algumas áreas do conhecimento a fazê-lo, não se sobrepõe ao fundamental trabalho de atendimento, da escuta atenta, de acompanhamento ao suposto "alienador". E, ainda, pode-se questionar se os direitos da criança envolvida na disputa não estariam, na verdade, em último plano.

Importante ressaltar que a autora, lucidamente, esclarece que a associação da prática profissional do psicólogo e punição — na medida em que é com base no diagnóstico constatado pelo psicólogo que se dará seguimento à punição do nomeado alienador, pelo Judiciário — contraria as próprias diretrizes normativas do Conselho Federal de Psicologia, que enfatizam o compromisso com o social e a defesa dos direitos humanos. Tal afirmação pode ser estendida também para os profissionais de Serviço Social que, como os psicólogos, via de regra também são chamados a realizar o estudo social das famílias em litígio pela guarda dos filhos, e que têm, entre os princípios estabelecidos pelo Código de Ética, o compromisso com a defesa intransigente dos direitos humanos. Portanto, a investigação realizada por Analicia alerta também que a ética fica comprometida quando os profissionais se colocam a serviço da punição.

O esquecimento ou a ausência do Estado na efetivação de serviços e políticas voltados para as famílias que vivem o divórcio é apontado neste trabalho, ressaltando que serviços que auxiliem a família "pós-divórcio", medidas que favoreçam o diálogo no grupamento familiar, e o respeito aos direitos de todos os envolvidos são urgentes e necessários, em contraponto à onda punitiva que pode ser sobreposta ao argumento racional dado pelo conhecimento científico.

A leitura deste texto de Analicia Martins de Sousa se faz obrigatória para profissionais da Psicologia, do Serviço Social, do Direito, da Psiquiatria, alertando-nos para a urgente necessidade da constante atenção e ampliação da visão acerca das questões concretas trazidas pelos sujeitos que estão vivenciando rompimento de vínculos e impasses em relação à guarda de filhos, inserindo-as no contexto de sua construção sociocultural. O que exige o necessário investimento no trabalho interdisciplinar e em pesquisas com base na realidade objetiva e subjetiva das famílias brasileiras nessa condição, atendidas pelo aparato jurídico.

EUNICE TERESINHA FÁVERO

Assistente social no Tribunal de Justiça do Estado de São Paulo (TJSP). 1ª secretária da Associação dos Assistentes Sociais e Psicólogos do TJSP. Mestre e doutora em Serviço Social pela PUC-SP. Professora do mestrado em Políticas Sociais da Universidade Cruzeiro do Sul-SP.

Apresentação

A publicação que se apresenta foi elaborada a partir de pesquisa de mestrado desenvolvida no Programa de Pós-Graduação em Psicologia Social da Universidade do Estado do Rio de Janeiro, defendida em junho de 2009, sob orientação da professora doutora Leila Maria Torraca de Brito.

A realização desta pesquisa foi percebida como um desafio. Ao debruçar sobre um tema que vem recebendo ampla divulgação no cenário nacional, formando opinião sobre as relações familiares e as figuras parentais em situações de litígio conjugal, compreendeu-se a dimensão da responsabilidade que se assumia.

A obstinação em saber se é possível pensar diferentemente a respeito de um determinado objeto ou situação apresentada, como nos indica Michel Foucault, foi, sem dúvida, a força motriz para o desenvolvimento desta pesquisa sobre o tema síndrome da alienação parental. O exame deste impôs precisamente abandonar supostas evidências e buscar revelar discursos subjacentes à ideia de que haveria uma síndrome associada às situações mencionadas. Assim, um constante questionamento se fazia presente: o que a teoria sobre a síndrome da alienação parental estaria encobrindo?

Nessa jornada investigativa, a orientação, o incentivo e o acolhimento da professora Leila foram fundamentais.

Não se pode deixar de assinalar, ainda, a participação na equipe de pesquisa Parentalidade, coordenada pela mesma professora na UERJ, bem como a atuação em serviço de Psicologia Jurídica, como valiosos estímulos ao estudo de temas que se encontram na interface Psicologia e Direito.

Para finalizar, convida-se o leitor ao exame e debate sobre a problemática que envolve o tema síndrome da alienação parental no Brasil, esperando-se que outras maneiras de pensar e analisar o mesmo possam ser construídas.

A Autora

Introdução

Observa-se que, no contexto brasileiro, especialmente a partir do ano 2006, dificuldades relativas à separação conjugal e à guarda de filhos vêm sendo associadas à existência de um distúrbio, a síndrome da alienação parental (SAP), definida pelo psiquiatra norte-americano Richard Gardner, falecido em 2003. No decorrer do tempo, percebeu-se que o tema SAP se difundia rapidamente pelo cenário nacional, sendo mencionado, com frequência, na mídia, bem como em eventos e publicações que abordavam questões relativas à separação conjugal e à guarda de filhos.

Importa informar que, embora o tema SAP venha despertando cada vez mais a atenção de profissionais nas áreas de Psicologia, Serviço Social e Direito, não foi encontrada à época da realização deste estudo investigação sistemática ou pesquisa científica no Brasil, sobre a nomeada síndrome.

Assim, buscando aprofundar o estudo sobre a síndrome da alienação parental, realizou-se investigação junto ao Programa de Pós-Graduação em Psicologia Social da Universidade do Estado do Rio de Janeiro, priorizando-se a análise de publicações brasileiras sobre o assunto.

Neste trabalho, a revisão bibliográfica e posterior organização e análise das publicações nacionais sobre a SAP foi confrontada com estudos e pesquisas científicas sobre a dissolução do casamento e guarda de filhos, bem como sobre a construção sócio-histórica acerca dos papéis parentais e das relações de gênero, dentre outros aspectos envolvidos nas situações de litígio conjugal.

Cabe informar que, no Brasil, as associações de pais separados têm sido as principais responsáveis por promover e difundir o tema SAP. Com a publicação de livros, a promoção de eventos e a distribuição de cartilhas, dentre outros recursos, essas associações têm chamado atenção do público em geral e especialmente do Judiciário para o assunto. Recentemente, no ano de 2008, com o apoio dessas associações, foi elaborado o projeto de lei (PL n. 4.053/08) que visa impedir o desenvolvimento da considerada síndrome nas situações de litígio conjugal.

À semelhança de outros países, no contexto nacional vem crescendo o número de artigos, livros, matérias de revistas e reportagens que dão destaque ao tema SAP. O assunto já esteve presente em diversos eventos na área de Direito de Família e, recentemente, no ano de 2009, em evento na área de Psicologia. A Internet também tem se revelado um importante meio de divulgação de informações sobre a SAP. É possível encontrar nas páginas eletrônicas de associações de pais separados diversos textos traduzidos para a língua portuguesa. Há ainda *sites* dedicados exclusivamente ao tema e comunidades de associados no *site* de relacionamento Orkut.

No que se refere ao cenário internacional, a despeito de questionamentos e controvérsias sobre a SAP, nota-se que diversos autores, nos Estados Unidos, endossam argumentos sobre tal síndrome (Cartwright, 1993; Lund, 1995; Major, 2000; Rand, 1997; Warshak, 2001). No Canadá, o psicólogo Van Gijseghem (2005) identifica-se como representante daqueles que defendem e corroboram argumentos sobre a SAP. Também nessa linha, identificam-se outros autores em alguns países da Europa, como Delfieu (2005) na França, Adamopoulos (2008) em Portugal, Aguilar (2006b) na Espanha e Lowenstein (2006) no Reino Unido. Vista como um problema que se estende por diversos países, para alguns a SAP já pode ser considerada uma epidemia de amplitude mundial (Álvarez, 200-?b; Van Gijseghem, 2004). Tal perspectiva talvez pretenda indicar que a SAP seria uma realidade inconteste.

Além dos autores citados, as associações de pais separados em todo o mundo, por meio de seus *sites* na Internet e da realização de eventos, também têm tido um papel de destaque na propagação do tema SAP. Cabe mencionar que, na Espanha, foi criada em 2007 uma associação de vítimas da SAP, a Asociación Nacional de Afectados del Síndrome de

Alienación Parental (ANASAP). Já a prevenção da síndrome tem sido a missão social da organização norte-americana Parental Alienation Awareness Organization (PAAO).

Ao iniciar a investigação sobre o tema SAP, verificou-se que havia um grande número de textos disponíveis na Internet sobre o assunto, sendo que muitos eram traduções do original em inglês. Assim, priorizou-se a busca a fontes primárias, ou seja, textos no idioma original em que foram produzidos, bem como aqueles que servem de referência sobre o assunto, especialmente, os de Richard Gardner, que foi quem primeiro retratou a SAP.

Definida na década de 1980, a SAP foi vista por esse autor como um distúrbio infantil que surgiria, especialmente, em crianças cujos pais se encontravam em litígio conjugal (Gardner, 2001a). A designada síndrome seria induzida pelo genitor nomeado de alienador, que na maioria dos casos se refere à figura do guardião, ou seja, a mãe, já que com frequência é ela quem detém a guarda dos filhos (Gardner, 2001a, 2002b). O autor justifica que, movidas por vingança e outros sentimentos desencadeados com a separação do casal, as mães guardiãs induziriam os filhos a rejeitar ou mesmo odiar o outro genitor (Gardner, 1999b). Em casos de SAP considerados severos, as mães seriam portadoras de algum tipo de distúrbio ou transtorno de personalidade (Gardner, 1991).

A SAP traria ainda uma série de consequências para a vida futura de crianças e jovens que, supostamente, teriam sido afetados pela síndrome, como, por exemplo, distúrbios de personalidade, dificuldades nas relações sociais, a reprodução dos comportamentos do genitor alienador, dentre outras previsões (Cartwright, 1993; Gardner, 2002c; Major, 2000).

O diagnóstico da SAP seria realizado por meio de diferentes sintomas exibidos pela criança, conforme lista o psiquiatra norte-americano (Gardner, 1998a, 1999a). Gardner defende que, por meio de imposição judicial, a criança e seus genitores sejam submetidos a tratamento psicoterápico (Gardner, 1999b). Tratamento este que, também classificado como "terapia da ameaça" (Escudero, Aguilar e Cruz, 2008), envolveria sanções judiciais, que poderiam ser utilizadas caso os membros da família não se dispusessem a cooperar. Para tanto, Gardner (1999b) recomenda que o terapeuta tenha acesso direto ao julgador, e que, nesse caso, sejam suspensas restrições éticas quanto ao sigilo por parte daquele profissional.

Quanto ao genitor alienador, Gardner recomenda a imposição de medidas como a perda da guarda dos filhos, a suspensão de qualquer contato com estes, o pagamento de multa etc. Se as medidas sugeridas não forem suficientes, o autor recomenda então a prisão de tal genitor (Gardner, 1998a).

Interessa notar que, embora o psiquiatra norte-americano tenha se empenhado em difundir sua teoria sobre a SAP por meio da publicação de inúmeros livros e artigos, não empreendeu pesquisa científica sobre o assunto. Além disso, verifica-se que Gardner desconsiderou a existência de pesquisas sobre separação conjugal e guarda de filhos, e amparou-se quase exclusivamente em seus próprios estudos, os quais não explicavam, de forma mais detida, como haviam sido realizados.

Como identificam pesquisas sobre rompimento conjugal e guarda de filhos, e também a literatura sobre terapia de casal e família, por vezes, após a separação do casal se estabelece uma relação intensa entre um dos pais e os filhos, com o consequente alijamento do genitor não residente (Brito, 2007; Carter e McGoldrick, 1995; Giberti, 1985; Gonzalez, Cabarga e Valverde, 1994; Wallerstein e Kelly, 1998). Essa forma de relação recebeu diferentes designações como cisma, aliança, alinhamento, coalizão, dentre outras. Os estudos mencionados apontam diversos fatores que podem contribuir para a existência desses comportamentos, chamando atenção não somente para questões individuais ou patológicas, como ocorre na teoria de Gardner sobre a SAP.

Inicialmente, ao tomar contato com o tema em análise teve-se a impressão de que o fenômeno das alianças parentais havia sido, por meio da teoria de Gardner, transmudado em uma síndrome e, partir disso, despertou a atenção de pais e profissionais que atuam, especialmente, no âmbito dos juízos de família. Todavia, na visão de autores como Warshak (2001, s/p.), que corrobora as proposições de Gardner, a teoria por este criada serviu de modelo teórico sobre a emergência, a evolução e as consequências do afastamento da criança em relação a um dos genitores em situações de litígio conjugal.

Diante disso, questionou-se se a rápida difusão e naturalização do tema SAP estaria contribuindo para uma visão unilateral que absolutiza a existência de uma síndrome nas situações de separação conjugal litigiosa. Portanto, consideraram-se fundamentais a reflexão e o exame cuidadoso acerca da existência de tal síndrome, uma vez que ela poderia ser uma forma de patologizar comportamentos dos membros do grupo familiar, ao mesmo tempo que limitaria a complexidade que envolve aquelas situações a transtornos psicológicos individuais.

Percebeu-se indicado avaliar a qualidade e prováveis repercussões da teoria de Gardner. Para tanto, pensou-se em contornar evidências, acompanhar e descrever argumentos que pretendem sustentar a existência da nomeada síndrome, não no sentido de confirmá-los, mas de pensar se é possível outra compreensão sobre ela, levantando interrogações e questões.

Nesse intuito, no presente estudo fez-se uso de uma perspectiva foucaultiana, para a qual as práticas sociais não só produzem certos saberes, como também fazem surgir novos conceitos e objetos (Foucault, 1999; 2000; Veyne, 1982). Para o exame das proposições do psiquiatra norte-americano sobre a SAP, além dos trabalhos de Foucault (2005; 2006) sobre a histórica associação entre os saberes psiquiátrico e jurídico, utilizaram-se os estudos de Castel (1978; 1987) sobre o tratamento psiquiátrico dispensado ao longo do tempo à figura do louco. Aliado a isso, trabalhou-se com uma abordagem sócio-histórica, a qual concebe a realidade e os atores sociais como construções históricas em constante transformação. Nesse sentido, foram fundamentais os estudos realizados por Ariès (1978), Badinter (1985), Costa (2004), Donzelot (1986), Hurstel (1999; 1996a; 1996b), dentre outros.

O estudo em tela teve como objetivo identificar e descrever, por meio de artigos e outras publicações de autores nacionais, argumentos e construções teóricas que estariam dando embasamento ao conceito de síndrome da alienação parental. Ao mesmo tempo, buscou-se comparar os argumentos utilizados por aqueles autores com o que se encontra na literatura internacional sobre a SAP. Objetivou-se, ainda, avaliar como relacionam o tema SAP a questões envolvidas no contexto da separação conjugal, como, por exemplo, papéis parentais, legislação e relações de gênero.

Pensar a existência de uma síndrome que se manifestaria em situações de litígio conjugal impõe, de início, um exame sobre o contexto da separação do casal, levando-se em conta diferentes fatores que podem estar envolvidos e que acabam por fomentar o conflito. Assim, no primeiro capítulo investiga-se como questões relativas ao casal se mesclam com aquelas que dizem respeito aos filhos. Os sentimentos deflagrados com o rompimento conjugal, as relações com a família de origem, assim como o modo como homens e mulheres vivenciam o processo de separação também são aspectos analisados. É abordado, ainda, de que modo mudanças decorrentes da separação do casal podem contribuir para alterações nas relações parentais, propiciando a que se estabeleçam alianças entre um dos genitores e os filhos, ao mesmo tempo que o outro responsável passa a ser excluído ou ter rejeitada sua participação na educação e criação deles. Além disso, é feita uma reflexão sobre o modo como, por vezes, são encaminhados os processos de separação nos juízos de família, em que os ex-parceiros são colocados na condição de adversários, fomentando, com isso, não só a contenda entre estes, mas também as referidas alianças. Aponta-se, ademais, a ausência de serviços e políticas públicas voltados para as famílias que vivem o divórcio. Aspecto que, por vezes, parece ser deixado de lado quando se discutem questões relativas à separação conjugal.

Na teoria de Gardner as mães guardiãs aparecem, majoritariamente, como responsáveis por induzir os filhos à SAP. Essa questão faz pensar o que levaria as mães a serem conduzidas a tal condição. Assim, no segundo capítulo propõe-se a revisão da literatura sobre a constituição dos papéis parentais. São apontados discursos médicos, políticos e econômicos que, especialmente a partir do século XVIII, passam a associar a função de criar e educar os filhos à figura da mãe. Demonstra-se como esses discursos permanecem correntes até os dias atuais, fazendo parte do processo de socialização de homens e mulheres. Aliado a isso, avaliam-se as instituições sociais e a mídia na reprodução de discursos que exaltam o papel materno, ao mesmo tempo que o pai é visto como secundário no cuidado dos filhos, assumindo, por vezes, a função de provedor. Discutem-se, ainda, mudanças ocorridas na legislação no sentido de igualar os direitos civis de homens e mulheres, e a existência de leis ordinárias em que persiste a disparidade de tratamento com relação aos papéis de pai e mãe. Com os aspectos relacionados demonstra-se que, se as mulheres aparecem, com frequência, muito apegadas aos filhos nas situações de separação litigiosa, isso pode ser visto como resultado de uma construção sócio-histórica sobre os papéis parentais.

No terceiro capítulo discorre-se sobre a metodologia empregada no presente estudo. É feito relato detalhado sobre a forma como se chegou aos textos de Richard Gardner e outros autores estrangeiros que abordam o tema SAP. Especifica-se, ainda, como se acompanhou os meios de divulgação desse tema no Brasil, e qual o material coletado. Em seguida, expõe-se sobre a utilização do método de análise de conteúdo para a interpretação e discussão das publicações nacionais sobre a SAP.

Para a discussão e análise do tema SAP é imprescindível expor as ideias e proposições daquele que primeiro descreveu essa síndrome. Nesse intuito, no quarto capítulo é realizada exposição da teoria de Gardner sobre a SAP, abordando-se os principais conceitos e argumentos utilizados por esse autor, que visam fundamentar sua existência. É realizada, ainda, apresentação de críticas e questionamentos que têm sido feitos, ao longo do tempo, em relação à teoria daquele autor. Não obstante as críticas e as polêmicas em que se encontra envolvido, o tema SAP segue em rápida difusão por vários países. Assim, identificam-se alguns autores, publicações e movimentos sociais que corroboram e contribuem para a propagação da ideia de que a suposta síndrome seria uma realidade inquestionável.

No quinto capítulo, é feita a análise de conteúdo de diferentes publicações nacionais em que o tema SAP aparece relacionado. O material selecionado é disposto em cinco categorias de análise. Inicialmente, são abordadas e discutidas as definições e indefinições apresentadas pelos autores pesquisados sobre a SAP. Em seguida, expõe-se categoria sobre as justificativas relacionadas por estes para que se desenvolva a nomeada síndrome em situações de litígio conjugal. Identifica-se nas publicações nacionais uma extensa lista de consequências sobre a vida futura de crianças e jovens que teriam sido vítimas dessa síndrome, o que serviu de tema para a terceira categoria de análise. Na quarta categoria descrevem-se os procedimentos indicados para que seja realizado o diagnóstico da SAP. O elenco de punições sugeridas nas publicações é tema, por fim, da quinta categoria.

Para finalizar, são apresentadas algumas considerações a partir do que foi discutido ao longo deste estudo, e, em seguida, as referências bibliográficas utilizadas.

1

O rompimento conjugal

1.1 Quando conjugalidade e parentalidade se misturam

Nas situações de separação judicial,[1] com frequência, estão presentes conflitos e questões emocionais não resolvidas pelo ex-casal. Como recorda Ribeiro (2000), em muitos casos, embora tenha havido a separação de fato do casal, não foi efetuada a separação emocional. O ex-casal continua vivenciando sentimentos de raiva, traição, desilusão com o casamento, e uma vontade consciente, ou não, de se vingar do outro pelo sofrimento causado. Os filhos, por vezes, são envolvidos no conflito como uma forma de atingir o ex-companheiro, o que acaba contribuindo para a manutenção do litígio.[2]

As observações da referida autora são confirmadas em pesquisa desenvolvida por Wallerstein, Lewis e Blakeslee (2002), na qual foi verificado que as desavenças no relacionamento, por vezes, não cessam com a separação do casal, na medida em que os conflitos entre os ex-cônjuges podem perdurar durante alguns anos ou mesmo décadas, trazendo, com efeito, repercussões para as relações parentais.

No percurso de levantamento de bibliografia sobre o assunto, verifica-se que o livro *As mudanças no ciclo de vida familiar* (Carter e McGoldrick, 1995), muito utilizado no Brasil em cursos de formação em terapia de casal e família, aparece citado, com frequência, em pesquisas dedicadas

---

1. As expressões "separação judicial" e "divórcio" são utilizadas neste estudo de forma indiferenciada.

2. No presente estudo, é dado enfoque às situações de desenlace conjugal litigioso em que os filhos encontram-se envolvidos.

ao assunto em tela.[3] No referido livro, encontra-se capítulo específico sobre a família pós-divórcio, em que a autora, Fredda Herz Brown (In Carter e McGoldrick, 1995) assinala que o divórcio legal não implica que os ex-cônjuges ficarão emocionalmente divorciados. Segundo a autora, o divórcio legal pode ajudar ou não a resolver o divórcio emocional. Há casos em que os ex-cônjuges já se casaram novamente e continuam com dificuldades em lidar com o sofrimento causado pela perda do ex-parceiro. A autora considera que o fim do vínculo entre o ex-casal é particularmente difícil quando há filhos, pois, muitas vezes, é necessário entrar em contato com o ex-cônjuge para resolver aspectos relativos a eles, o que pode contribuir para que questões emocionais sejam reativadas ou constantemente despertadas. Assim, na visão dessa autora, o divórcio legal não elimina os problemas, sendo que, em algumas situações, pode exacerbá-los ou criar outros.

Diante do que expõe Brown (In Carter e McGoldrick, 1995), indaga-se se é possível em uma separação conjugal — especialmente quando há filhos menores de idade —, uma completa ruptura entre os ex-parceiros, sem que, com isso, se comprometam as relações entre pais e filhos.

Sobre a questão apontada, Brito (1997, p. 140) explica que "uma das dificuldades da separação conjugal quando o casal possui filhos é o fato paradoxal de querer desligar-se de alguém que na verdade não se poderá desprender totalmente, dada a parentalidade comum". Assim, a autora indica que os ex-cônjuges devem ser capazes de estabelecer entendimentos mútuos em questões que se referem à prole, de modo a preservar as relações parentais.

Pesquisas realizadas com filhos de pais separados (Brito, 2007; Wallerstein, Lewis e Blakeslee, 2002) revelam que a forma como estes encaminharam questões relativas à separação pode trazer repercussões sobre a experiência que os filhos tiveram desse evento em suas vidas. Assim, autores como Wagner (2002) enfatizam que em meio à dissolução do casamento, o ex-casal procure preservar as relações parentais, bem como possibilitar certa segurança emocional à prole. Para essa autora, se os pais

---

3. O original, *The changing family life cycle: a framework for family therapy*, foi publicado em 1989.

forem capazes de preservar a relação com os filhos, crescem as chances de êxito em um novo arranjo familiar. Nas palavras da autora, "a segurança do amor dos pais é, provavelmente, a maneira mais eficaz de lidar com o turbilhão de sentimentos e o mundo de novidades que chegam com a separação e o recasamento" (p. 35).

No entanto, nota-se que a capacidade dos pais em preservar a relação com os filhos, assim como a capacidade de manterem entendimento mútuo em questões relativas a esses parecem ficar obscurecidas quando emergem ou são reacendidos os (des)afetos entre eles. Em muitas situações os sentimentos subjacentes à separação revelam-se como fator dos mais importantes para os ex-cônjuges, como mostra investigação realizada por Souza (2006) com homens e mulheres de diferentes idades e níveis socioeconômicos. No estudo, a autora verificou que muitos "subvalorizavam a própria capacidade parental e davam mais importância à raiva dirigida ao ex-cônjuge ou à culpa por ter uma família 'incompleta ou quebrada' que ao fim do conflito conjugal, às questões de guarda, pensão e visita" (p. 57).

Na perspectiva de alguns autores (Brito, 1997; Féres-Carneiro, 1998; Ribeiro, 2000), diante do litígio conjugal, deve-se buscar distinguir entre os aspectos que dizem respeito ao casal e à relação entre pais e filhos, ou seja, a diferença entre a conjugalidade e a parentalidade, respectivamente.

Todavia, alguns autores e profissionais ressaltam que esta não é uma questão de simples resolução, pois diferentes aspectos encontram-se entrelaçados. Como explica Fedullo (2001, p. 132), no atendimento a famílias que vivenciam conflitos referentes ao divórcio, a diferenciação entre o que chama de "casal matrimonial" e "casal parental" revela-se como um dos aspectos mais complexos em meio ao divórcio (p. 131). Com frequência, continua a autora, questões emocionais não elaboradas, ligadas à história pessoal de cada membro do ex-casal, são reatualizadas diante da frustração e fracasso do casamento que se desfaz. O embate por eles experienciado revela-se um meio de os vazios das perdas serem evitados e disfarçados, impedindo, com isso, que o sofrimento e o luto pelo fim da relação possam ser vividos como possibilidade de amadurecimento emocional.

Nesse ponto, cabe esclarecer o uso de expressões como "casal parental" e "casal conjugal", ou "casal matrimonial", comuns na literatura sobre separação. O entendimento corrente é o de que o "casal parental" continuaria presente mesmo após o fim do "casal conjugal". No entanto, de acordo com a socióloga francesa Irène Théry (1998) tal compreensão traz em si a ideia de que a conjugalidade não foi desfeita, pois ainda haveria um casal. O que, na visão da autora, seria desconhecer os diferentes aspectos que permeiam a separação. Assim, ela indica que a questão a ser exposta é: quando não há mais o casal, o que pai e mãe devem fazer para garantir a função parental? De certo, esta é uma situação que envolve não só os pais, mas todo o contexto social que, como se demonstrará posteriormente, pode assegurar ou destituir os adultos de suas funções parentais. Théry (1998, p. 11) salienta, ainda, que a existência de conflitos entre os ex-companheiros não deve ser justificativa para o afastamento da criança de seu convívio familiar, pois o parâmetro que deve orientar homens e mulheres que se separam é o do interesse da criança — noção que será abordada de forma mais detida no último item do presente capítulo.

A realidade de muitos ex-casais revela-se, contudo, distante do que propõe a socióloga francesa. Conforme observam Bernart et al. (2002), na prática de assessoria técnica e mediação familiar junto aos juízos de família, em situações de discórdia entre o ex-casal, os filhos são envolvidos como aliados, espiões ou, ainda, tornam-se meio de expressão do desprezo ou rejeição entre aqueles.[4] Assim, para os autores, diante da relação conturbada entre os ex-cônjuges, no trabalho de mediação[5] não basta lembrá-los da diferença entre a separação do casal e a continuidade do vínculo parental; é fundamental abordar a dimensão conjugal. Nesse sen-

---

4. De acordo com a literatura sobre terapia familiar e de casal (Calil, 1987; Nichols e Schwartz, 1998), a existência de um pacto especial ou coalizão entre um dos genitores e a criança contra a outra figura parental ocorre, por vezes, ainda durante o casamento em famílias consideradas como disfuncionais, segundo o modelo de Terapia Sistêmica. Cabe enfatizar que o presente estudo restringe-se aos aspectos referentes exclusivamente ao rompimento conjugal.

5. Conforme definição de Nazareth (2004a, p. 310) "a mediação pode ser concebida de duas maneiras: como técnica e como procedimento. Como técnica, pode contribuir com outros métodos de condução de conflitos, como a Conciliação e a Arbitragem, auxiliando-os a melhor formular acordos ou soluções mutuamente satisfatórios às partes em conflito. Como procedimento, sobretudo, o modelo mais complexo que é o da Mediação Familiar, tem fases que compõem todo um processo [...]".

tido, os autores relacionam três vertentes da conjugalidade que, segundo seu entendimento, devem ser objeto de intervenção na mediação:

a) o divórcio psíquico; b) a reapropriação do vínculo com a própria história para conseguir uma continuidade do subsistema parental; c) a proteção daquele aspecto ligado à condição conjugal que se refere à conservação das relações familiares ampliadas (op. cit., p. 208).

Decorre daí, conforme os autores mencionados, a importância da participação das respectivas famílias de origem no processo de elaboração da separação dos cônjuges. Em outros termos, o trabalho de mediação, de abordagem sistêmico-relacional, não se restringe à família em crise, mas leva em conta a complexidade das relações familiares trabalhando com uma perspectiva trigeracional. Tal entendimento vai ao encontro da perspectiva de Andolfi e Ângelo (1988), quando destacam que: "romper uma ligação pode expor aspectos e potencialidades pessoais latentes e reatualizar ou focalizar relações mais antigas e ainda não resolvidas com a própria família de origem" (p. 105).

Em investigação realizada por Féres-Carneiro (2003a, 2003b), a conjugalidade, ou melhor, a sua transformação, aparece, mais uma vez, como dado relevante. A autora salienta que o processo de desconstrução, da conjugalidade ocorre simultaneamente à reconstrução da identidade individual. Este processo, segundo a autora, é vivido por homens e mulheres, por vezes, como profundamente sofrido e com muitas dificuldades. Além disso, requer a elaboração do luto pelo rompimento da relação, levando-se algum tempo para tanto. De forma semelhante, Caruso (1981) compreende que, diante das circunstâncias em que ocorre, a separação pode ser vivida como um processo de muito sofrimento e perdas.

Interessa notar que a conjugalidade, já em sua constituição, não se dá automaticamente na realização do casamento, mas envolve um processo que modifica os indivíduos em prol do casal. Em estudo sobre a família contemporânea, o sociólogo François de Singly (2007, p. 134) assinala que a vida conjugal implica a transformação da identidade dos parceiros, sendo construído aos poucos o que chama de "eu-conjugal". Entende-se, portanto, que, com a ruptura do casamento, a conjugalidade não é desfeita imediatamente, haja vista que faz parte da individualidade dos ex-parceiros.

Em pesquisa realizada por Marcondes, Trierweiler e Cruz (2006) sobre o término de relacionamentos amorosos (não necessariamente o casamento), homens e mulheres afirmaram que perceberam esse evento em suas vidas como um momento de grande abalo emocional, com a vivência de sentimentos negativos.

Já em estudo sobre separação conjugal feito por Féres-Carneiro (2003a, p. 370), foi constatado que, "enquanto os homens enfatizam mais os sentimentos de frustração e fracasso [...], as mulheres ressaltam sobretudo a vivência da mágoa e da solidão". Na visão da autora, tal diferença pode estar relacionada às representações que cada sexo tem com respeito ao casamento. Tal ponto de vista pode ser corroborado pelos dados obtidos por Goldenberg (2003) com grupos de classe média urbana, nos quais foi verificado que o casamento, na visão dos homens, refere-se sobretudo à "constituição de uma família", enquanto a maior parte das mulheres entrevistadas concebem o casamento como realização de uma "relação amorosa". Este último aspecto também foi verificado por Garcia e Tassara (2003, p. 132) em pesquisa com mulheres casadas, que relataram viver em busca do ideal de amor romântico, assim como acreditavam e desejavam a durabilidade da relação. Segundo análise das autoras, o projeto de relação afetivo-sexual dessas mulheres, hoje, convive com expectativas sociais que apontam para uma durabilidade incerta ou fragilidade das relações, como refere Bauman (2004).

Retomando a distinção entre conjugalidade e parentalidade, Cigoli (2002) aponta uma outra perspectiva de análise. O autor compreende que o princípio "não mais cônjuges, mas sempre pais" (p. 172) não é simples assim, uma vez que a história relacional não se encerra completamente. Defende que, na verdade, o vínculo entre os ex-companheiros não se extingue ou é anulado, mas se transforma, é modificado, assume outros significados, ajudando, dessa forma, o ex-casal a dar suporte ao vínculo entre pais e filhos.

A visão do autor referido aproxima-se das reflexões de Cerveny (1997), que trabalha com a perspectiva de ciclo vital.[6] A autora compreende o ciclo vital como uma sucessão de etapas na vida do indivíduo ou da família; assim, dá ênfase à ideia de "passagem" entre uma etapa e outra, ou seja, no sentido de percorrer, atravessar. Dessa forma, ao refletir sobre a separação como uma etapa possível do ciclo vital na vida do indivíduo ou grupamento familiar, a autora infere que a desconstrução da conjugalidade seria um processo que envolve passagem e não ruptura (p. 24).

No entanto, ao que parece, tal processo de passagem, em muitos casos, pode se dar de forma desastrosa para todos os envolvidos. Cigoli (2002, p. 191), no trabalho de atendimento a ex-cônjuges, identifica em algumas situações o que chama de "cisma geracional", ou seja, casos em que a dor pelo fim do casamento embaralha, arrasta para a destruição qualquer forma de vínculo. Segundo o autor, geralmente o cisma se expressa de duas formas distintas: pela exclusão de um dos genitores da relação com os filhos, ou por meio da divisão dos filhos entre os genitores.

Fedullo (2001) considera, por outro lado, que nem sempre os vínculos parentais e conjugais se misturam durante o divórcio. Para a autora há, pois, situações em que o processo de separação é sentido como parte natural do ciclo vital do grupo familiar. O vínculo parental, nessas situações, poderá então ser protegido, as fronteiras do sistema familiar serão respeitadas, e os lugares de cada um, enquanto pai, marido, mãe, mulher e filhos, ficam evidenciados. Já em outros casos, segundo a autora, o ciclo vital da família fica seriamente perturbado, o tempo como paralisado e o sistema familiar enrijecido. O divórcio, dessa forma, é sentido como ataque e ruptura; as fronteiras entre pais e filhos se misturam. Em tais situações, por vezes, os filhos assumem o lugar de responsáveis por seus próprios pais e irmãos, ou ainda, parecem ocupar a função marital para que não se sinta a ausência do cônjuge que partiu.

---

6. O ciclo vital do grupo familiar ou ciclo de vida familiar, segundo Nichols e Schwartz (1998, p. 485), refere-se a estágios da vida familiar como, por exemplo, o casamento, a separação conjugal, o nascimento de filhos, a velhice, a aposentadoria, a morte.

Já na visão de Nazareth (2004b), o rompimento conjugal é por si só um processo que gera sofrimento em todos os membros do grupo familiar. A autora afirma que

> toda separação tem consequências que provocam muita turbulência em todos os envolvidos. Mesmo aquelas desejadas, as que ocorrem depois de anos de insatisfação e sofrimento, trazem, ao lado da sensação de alívio decorrente de algo penoso que se acaba, sentimentos intensos de solidão, vazio e raiva [...] (op. cit., p. 32).

Na prática clínica com pais e filhos que vivenciam o contexto da separação conjugal, Cerveny (2006, p. 84) constata que esse "é dos momentos de maior desestruturação de um sistema familiar, e se as pessoas que se separam possuem filhos esse processo é muito mais conflituoso". Além disso, a autora observa que há situações em que o fim do casamento é sentido como fracasso por não se ter proporcionado aos filhos uma família idealizada. Nestes casos, uma intensa carga emocional é depositada sobre os filhos, os quais podem ocupar o lugar de companheiro e assumindo os cuidados pelos genitores, como também destacou Fedullo (2001).

Diante das considerações dos autores relacionados no presente capítulo, pode-se levar a deduzir que o fato de os filhos serem, muitas vezes, cooptados por um ou ambos os genitores seria produto do litígio conjugal. No entanto, como comprova o estudo de Fauchier e Margolin (2004), as desavenças entre os ex-cônjuges não impossibilitam que se estabeleçam relações positivas entre pais e filhos. Pode-se pensar que não há aí uma relação de causa e efeito, mas que o envolvimento dos filhos pode ser parte do jogo sub-reptício das relações familiares tanto no divórcio quanto ao longo do casamento. Dito de outra forma, as dimensões conjugais e parentais podem se encontrar mescladas em situações de conflito, ou não, no interior do grupo familiar. O envolvimento dos filhos talvez fique mais evidenciado nas situações em que o conflito entre os genitores se exacerba. Compreende-se, da mesma forma, que enlear os filhos no litígio conjugal não é resultado de características individuais ou (pre)disposições dos genitores; mas pode ocorrer já que pais e filhos encontram-se enredados na trama das relações familiares.

Pôde-se perceber, ainda, na literatura pesquisada, que comumente é feita referência às expressões conjugalidade e vínculo conjugal como ideias sinônimas. No entanto, há autores como Cigoli (2002) que priorizam esse último termo em seu trabalho com casais que passam pelo rompimento matrimonial. Dessa forma, supõe-se que poderia haver uma distinção entre aquelas expressões. Em consulta ao *Dicionário Houaiss de língua portuguesa*,[7] verifica-se que a palavra *vínculo* tem origem no termo em latim *vinculum*, que designa "liame, ligame, laço, atilho, tudo o que serve para atar; relações de amizade, laços de parentesco [...]". Outra definição para vínculo, e que se aproxima mais do aspecto subjetivo, é encontrada no *Vocabulário contemporâneo de Psicanálise*, de David Zimerman apud Ramires (2004). De acordo com esse vocabulário, os vínculos "[...] são elos de ligação, de natureza emocional, interpessoais ou intrapessoais, permanentemente presentes e interativos; são imanentes e ao mesmo tempo potencialmente transformáveis; comportam-se como uma estrutura e são polissêmicos, assumindo vários significados" (op. cit., p. 187). Com isso, pode-se conjecturar que a expressão *vínculo conjugal* serviria para designar aspectos de ordem relacional, afetiva ou psicológica envolvidos no casamento, enquanto *conjugalidade* seria mais ampla, envolvendo, além dos aspectos psicológicos, outros de caráter sociológico, histórico, jurídico, bem como da vida cotidiana. Seguindo essa linha, pode-se pensar que embora a conjugalidade venha a ser desfeita com o fim do casamento, é possível que ainda perdure o vínculo conjugal entre os ex-parceiros.

Assim, considera-se que no trabalho realizado junto a ex-casais, seja no contexto psicoterápico, seja no jurídico, é fundamental que se aborde não só a diferença entre conjugalidade e parentalidade, mas também o vínculo conjugal, de modo que possa ser transformado, favorecendo a que ambos os pais colaborem para a preservação e a manutenção do vínculo parental, como já observaram alguns autores (Cerveny, 1997; Cigoli, 2002). De certo, o vínculo parental, bem como o convívio familiar da criança com ambos os pais, destacado por Théry (1998), não devem

---

7. Disponível em: <http://houaiss.uol.com.br/busca.jhtm?verbete=vinculo&stype=k>. Acesso em: 17 jun. 2008.

depender da existência de conflitos entre estes. No entanto, no trabalho com ex-casais é preciso levar em conta o jogo das relações familiares, suas mudanças, impasses e conflitos, visando a que os adultos possam encontrar saídas, alternativas, ou outros encaminhamentos a suas questões, e, assim, não interferir ou causar prejuízos aos vínculos parentais.

Interessa notar, ainda, que, apesar das dificuldades no relacionamento familiar e das questões emocionais envolvidas no contexto da separação conjugal, como se buscou mostrar em linhas anteriores, vem sendo veiculado nos meios de comunicação de massa a ideia de que a separação se tornou evento corriqueiro, que já faz parte do cotidiano, portanto indolor. Além disso, a mídia aponta que este deve ser resolvido rapidamente, sem desgastes, de preferência com um novo corte de cabelo ou uma viagem para relaxar e esquecer. Estes foram alguns dos produtos oferecidos na "Feira do Divórcio", realizada em outubro de 2007 em Viena,[8] que teve como objetivo agilizar e facilitar a resolução de um grande número de divórcios sem maiores atritos entre os ex-cônjuges — para tanto, homens e mulheres eram atendidos em dias diferentes.

Entende-se que essa visão *light* que se pretende passar a respeito do divórcio vai ao encontro de uma lógica que atravessa o momento sócio-histórico em que os atores sociais estão inseridos, e que vem tomando parte em suas vidas e influenciando suas relações, ou seja, a lógica do consumo. Nesse sentido, Bauman (2004) explica que, na cultura consumista, as relações amorosas, como os sentimentos, tornaram-se também mercadorias a serem consumidas rápida e intensamente, visando ao prazer e à satisfação imediata. E como mercadorias, as relações podem ser facilmente descartadas e trocadas por outras que estejam na moda, com uma versão mais aperfeiçoada. Com perspectiva semelhante, Harvey (2004) aponta que as intensas transformações pelas quais vem passando boa parte das sociedades contemporâneas nos auxiliam a compreender por que hoje tudo se torna obsoleto, tudo pode ser jogado fora. As pessoas

---

8. Disponível em: <http://www1.folha.uol.com.br/folha/bbc/ult272u337645.shtml>; <http://www.globoonliners.com.br/icox.php?mdl=pagina&op=listar&usuario=1238&post=9882>. Acesso em: 29 fev. 2008.

passaram a descartar com maior facilidade não só os bens materiais, mas dos valores, os modos de vida, os relacionamentos estáveis e as outras pessoas. Ainda nessa esteira, em discussão sobre a idealização dos relacionamentos na atualidade, Santos, Moraes e Menezes (2008, p. 258) refletem que, "[...] devido ao ritmo acelerado em que se vive, não se pode perder tempo com investimentos que não gerem resultados satisfatórios imediatos. Tudo deve ser funcional".

Com um ideal de relacionamento improvável de ser alcançado, é cada vez maior o número de relações que, hoje, terminam em divórcio. Entende-se, no entanto, que é fundamental não banalizar a questão, pois corre-se o risco de desconsiderar seus efeitos, implicações que, como se tem demonstrado ao longo do presente capítulo, estão longe de serem simples ou triviais, tanto para a saúde psicológica dos indivíduos envolvidos como para a preservação das relações parentais após o divórcio.

1.2 As relações parentais e a aliança com o guardião

A família, modificada com o rompimento conjugal, irá deparar-se com uma nova realidade. Segundo o estudo longitudinal empreendido por Wallerstein e Kelly (1998), o ano após a separação do casal aparece como um período extremamente crítico, pois diferentes aspectos ligados a trabalho, finanças, rotina escolar precisam ser reestruturados frente ao novo contexto do grupo familiar.

Dando prosseguimento àquela investigação, as autoras concluíram que o exercício dos papéis parentais é bastante atingido pelas mudanças provenientes do divórcio. Elas afirmam que:

> com frequência, o divórcio leva a um colapso parcial ou total, durante meses e às vezes anos depois da separação, da capacidade de o adulto ser pai ou mãe. Envolvidos pela reconstrução de suas próprias vidas, mães e pais estão preocupados com mil e um problemas que podem cegá-los para as necessidades dos filhos (Wallerstein, Lewis e Blakeslee, 2002, p. 16).

Diante do cenário mencionado, destaca-se no presente estudo a modificação dos padrões de relacionamento entre o genitor guardião, usualmente a mãe,[9] e os filhos.

No que tange aos filhos mais velhos, foi observado naquele estudo que eles já não desfrutavam da atenção materna como antes. Com o divórcio dos pais, alguns passaram rapidamente a assumir responsabilidades nos cuidados da casa e consigo. De forma semelhante, Brown (1995) assinala que, na família pós-divórcio, um dos filhos, com frequência o mais velho, se torna depositário de responsabilidades, como também pode vir a assumir o lugar de confidente de sua mãe.

De acordo com Wallerstein e Kelly (1998), muitas mulheres, tensas e sobrecarregadas, precisavam sozinhas se incumbir dos conflitos em casa, do trabalho e dos filhos. Em alguns casos, cria-se a cooperação entre mães e filhos, que dividem, assim, as responsabilidades pela organização da casa e pelo cuidado das crianças mais novas.

As autoras citadas notaram, ainda, que, com a separação do casal estabeleceu-se uma maior dependência física e emocional dos filhos em relação à mãe, a qual se tornara a única figura parental no lar.

Algumas mulheres, segundo estudo de Rapizo et al. (2001, p. 42), passaram a apresentar dependência em relação aos filhos, buscando apoio neles para lidar com a nova realidade familiar. De acordo com Brown (1995), a forma como vivenciaram a separação, o sentimento de impotência diante das mudanças, bem como sua percepção da ausência do ex-companheiro, podem levar algumas mulheres a colocarem seus filhos no lugar antes ocupado por este último. Ou, ainda, conforme entendimento de Hurstel (1999), com a ruptura da relação conjugal, os papéis de mãe e mulher podem se desequilibrar, dando seguimento, por vezes, ao

---

9. Dados do Instituto Brasileiro de Geografia e Estatística (IBGE) apresentam uma larga diferença entre o número de guardas concedidas pelo Judiciário a pais e mães no período de 2004 a 2006 no Brasil. No ano de 2006, por exemplo, foram concedidas 60.968 guardas às mães, enquanto, no mesmo ano, apenas 3.500 foram concedidas aos pais. Disponível em: <http://www.sidra.ibge.gov.br/bda/regciv/default.asp?t=3&z=t&o=24&u1=1&u2=1&u3=1&u4=1&u5=1&u6=1>. Acesso em: 26 mar. 2008.

que chama de "regressão psicológica" da mulher, no sentido de um acoplamento com o filho (p. 182).

Enquanto os autores mencionados constatam o estabelecimento de certa dependência emocional de algumas mães em relação aos filhos, outros compreendem que há satisfação parental com a situação que se estabelece. Nesse sentido, destaca-se a investigação realizada por Grzybowiski (2002; 2003), na qual a autora buscou avaliar a satisfação de vida de mulheres divorciadas que possuíam a guarda do(s) filhos(s). No estudo, foram verificadas cinco áreas de satisfação: profissional, psicológica, afetivo-sexual, parental e de apoio social. Em todas essas áreas, com exceção da parental, a qual envolveria atitudes e responsabilidades com os filhos, as entrevistadas mostraram não estar plenamente satisfeitas com sua condição. A autora da pesquisa concluiu que, com o afastamento de outras relações sociais, haveria uma forte tendência por parte dessas mulheres de se voltarem, quase exclusivamente, para a relação mãe-filho, após a dissolução do casamento.

No estudo de Grzybowski, as mulheres entrevistadas afirmaram, ainda, que não se sentiam sobrecarregadas ou mais solicitadas no cuidado com os filhos após o rompimento conjugal, sendo a satisfação parental característica marcante do grupo pesquisado. Wagner e Grzybowski (2003) entenderam, com isso, que essas mulheres apenas continuaram a desempenhar um papel que já era seu antes da separação do casal.

Vale assinalar que as conclusões apresentadas sobre a satisfação parental de mulheres divorciadas, de certa forma, divergem entre si. Por um lado, foi constatado que essas mulheres voltaram-se mais para os filhos com o fim do casamento. Mas, por outro, foi concluído que elas desempenham o mesmo papel de antes da separação. Indaga-se, portanto, se para as entrevistadas houve ou não alteração em relação à satisfação parental com a separação do casal.

Ainda quanto às conclusões das autoras citadas, cabe mencionar que vão em sentido contrário a dados obtidos em outros estudos, os quais apontam que, após a separação do casal, muitas mulheres sentem-se sobrecarregadas diante da tarefa de criar e educar sozinhas os filhos (Brito, 2002; Rapizo et al., 1998; Wallerstein e Kelly, 1998). Refletindo sobre a questão, Pereira (2003) argumenta que, mesmo mulheres que trabalham fora assumem a guarda dos filhos ainda que saibam o quanto isso representa uma sobrecarga para elas. Na visão desse autor, muitas mulheres "[...] sentem sua proeminência materna como um poder que não querem dividir, mesmo que seja à custa de seu esgotamento físico e psíquico" (p. 221).

Diante dos argumentos de Wagner e Grzybowski (2003) pode-se objetar, ainda, que muitas mulheres após a separação contam com o auxílio de outras pessoas no cuidado com os filhos, como, por exemplo, babás, empregadas, vizinhas, avós, ou ainda creches em meio-turno ou período integral. Em tais situações, é importante indagar sobre o papel que resta ao homem-pai — seria apenas o de procriador, ou de provedor?

As autoras mencionadas constataram, também, que, quanto maior o tempo transcorrido desde a separação maior seria a satisfação parental, e vice-versa. Embora não haja dados no referido estudo quanto à participação dos pais na vida dos filhos, entende-se que a maior satisfação parental, por parte das mães entrevistadas, pode estar relacionada a conflitos entre os ex-cônjuges, ou, ainda, ao afastamento do outro responsável, o que traria plenos poderes à genitora como cuidadora única. De acordo com estudos já realizados (Brito, 2002; 2005a), na tentativa de evitar mais conflitos com a ex-mulher, alguns homens acabaram por se afastar do convívio com os filhos. Encontram-se também pais que, por diversos motivos, afastam-se dos filhos apesar de a ex-esposa solicitar sua participação na educação das crianças. Por sua vez, algumas mulheres, diante das dificuldades com o esquema de visitação, preferem que o ex-marido não queira ver os filhos. Dessa forma, as mães guardiãs podem decidir sozinhas sobre todas as questões relativas aos filhos, buscando desempenhar duplamente os papéis materno e paterno.

Deve-se mencionar que Wallerstein e Kelly (1998) já haviam notado em seu estudo uma intensa dependência emocional estabelecida, por vezes, entre as mães guardiãs e os filhos mais jovens, os quais se mostravam especialmente empáticos frente à tristeza, abatimento e solidão expressos por suas responsáveis. Nas palavras das autoras:

As crianças ajudam a estabilizar o humor dos pais e a fixá-los no aqui e agora. Elas pareciam intuitiva e notavelmente conscientes da depressão de um progenitor [no caso, a mãe], e tentavam de acordo com seu entendimento não sobrecarregá-lo e protegê-lo das pressões (op. cit., p. 134).

De forma semelhante, em investigação com filhos de pais separados, Brito (2007) verificou uma forte dependência, por vezes, entre a mãe guardiã e os filhos. Em tais situações, segundo essa autora, os papéis se tornavam invertidos, com os filhos sendo os provedores de cuidados e conselheiros, assumindo, assim, responsabilidades que estavam além de sua maturidade psicológica e emocional.

Retornando ao estudo de Wallerstein e Kelly (1998), dados colhidos revelaram que crianças na faixa dos nove aos doze anos apresentavam-se envolvidas por um dos genitores em sentimentos de raiva e desprezo em relação ao outro, se mostrando aliadas fiéis na tarefa de ferir e importunar o ex-cônjuge. Foi identificado que pais ou mães que iniciavam o alinhamento,[10] geralmente, sentiam-se traídos, rejeitados; outros estavam convictos de terem sido usados e, agora, descartados pelo ex-companheiro. Segundo a amostra analisada pelas autoras, o alinhamento ocorria com maior frequência entre as mães e os filhos menores.

Vale enfatizar que as pesquisadoras verificaram que os responsáveis e as crianças envolvidas em tal identificação mostravam-se abalados emocionalmente frente à separação conjugal. Na compreensão das autoras, as crianças, carentes de afeto e de atenção nesse cenário, podiam, com o alinhamento, se sentir mais importantes e necessárias, tendo um papel mais ativo diante do divórcio de seus pais (op. cit., p. 95).

As pesquisadoras observaram, ainda, a duração do alinhamento estabelecido entre a criança e o guardião, ou com aquele que não possuía a guarda. Com este último o alinhamento durava, na maior parte dos casos, menos de um ano após a separação do casal. Já com o primeiro, a duração dessa relação era de um ano e meio após a separação. Na visão

---

10. Segundo definição das autoras, o alinhamento é "um relacionamento específico no caso do divórcio, que ocorre quando um dos pais e um ou mais filhos se reúnem num vigoroso ataque ao outro progenitor" (ibid., p. 95).

das autoras, a maior permanência do alinhamento no último caso estaria relacionada ao "reforço diário" que receberiam (op. cit., p. 96).

Cabe assinalar que a afirmação de que haveria um tempo de duração para o alinhamento conduz a se pensar que essa forma de relação tende a se extinguir. Contudo, indaga-se como o alinhamento poderia terminar no caso de persistir o reforço diário na convivência com o guardião, por exemplo. Como foi comprovado pelo estudo de Brito (2006; 2007) com jovens adultos, filhos de pais separados, fortes alianças entre o guardião e, especialmente, o filho caçula perduraram ao longo dos anos.

A autora citada constatou que, quando a separação do casal ocorre à época em que os filhos ainda são muito pequenos, geralmente o caçula se torna depositário de toda afetividade da genitora. Ainda segundo a autora, por conta da pouca idade, a criança vê o pai apenas em visitas esparsas, e, quando por divergências e conflitos no relacionamento entre os ex-cônjuges, a mãe se opõe às visitas, são grandes as chances de a criança se recusar a ir com o pai. Dado semelhante encontra-se na pesquisa de Padilha (2007), em que homens-pais entrevistados notavam que, por meio de discursos negativos sobre eles, a ex-esposa influenciava as crianças, que acabavam se negando a estar em sua presença.

Outros autores também se depararam com uma forte relação estabelecida entre um dos genitores e os filhos após o desenlace conjugal. Nesse sentido, destaca-se Vittorio Cigoli, citado por Bernart et al. (2002, p. 224), que identifica configurações relacionais que podem se estruturar, diante do conflito intenso entre os ex-cônjuges:

> O *cisma*, pelo qual se procura eliminar da família a presença do outro genitor. Esse dado da realidade é anulado; o outro nunca existiu. Nega-se tanto a ligação biológica quanto a linhagem, danificando-se a continuidade de gerações.
>
> A *discórdia*, a qual se torna a razão da própria existência das pessoas envolvidas. Nesse caso, o preço que os filhos pagam não é a anulação, mas a instrumentalização deles como aliados, espiões, porta-vozes. O que vem a faltar é uma perspectiva em relação ao futuro, devido à suspensão imanente do tempo ligada à discórdia (op. cit., p. 224).

Giberti (1985) assinala que a contenda entre os ex-cônjuges pode contribuir para que os filhos estabeleçam uma aliança em favor de um desses. Por vezes, os genitores empenham-se em um processo de desqualificação e de desautorização da outra figura parental no intuito de "ganhar" os filhos, isto é, tê-los apenas para si.

Gonzalez, Cabarga e Valverde (1994), em investigação acerca das percepções infantis em relação às figuras parentais nos casos de separação conjugal, constataram acentuada diferença em tais percepções, com os filhos apresentando uma valoração mais positiva quanto ao genitor guardião e mais negativa com respeito ao genitor que não possuía a guarda. Segundo análise dos autores, tal fato independe do sexo dos pais, bem como do sexo dos filhos. Foi observado ainda pelos autores que, em situações de litígio, os filhos tendem a aliar-se ao genitor que identificam de forma positiva e a repelir o outro, que associam a comportamentos negativos.

Os autores citados destacam, também, que geralmente no primeiro ano após a separação, os filhos tentam manter lealdade a ambos os responsáveis, mas, nos casos em que há uma crescente hostilidade entre esses, nos anos seguintes os filhos podem resolver o conflito de lealdade por meio de uma polarização, ou seja, aliando-se a um dos genitores (op. cit., p. 40).

Por vezes, nas situações mencionadas, as crianças caçulas passam a dormir com a mãe, ocupando o lugar do ex-parceiro desta no leito que foi anteriormente do casal, conforme constatou Lopes (2008) em atendimentos feitos a famílias no Serviço de Psicologia do Tribunal de Justiça do Estado do Rio de Janeiro. Em seu estudo, a autora concluiu que o afastamento do genitor não residente pode contribuir para que se intensifique a aproximação entre a mãe e a criança.

A partir da literatura revisada, nota-se que os estudos voltados para a temática separação e guarda de filhos, realizados desde a década de 1980, em diferentes áreas da Psicologia, abordam, descrevem ou nomeiam o fenômeno da aliança entre o menor de idade e o genitor guardião sob diferentes vieses ou enfoques. Todavia, verifica-se que há uma afirmação consensual entre os autores relacionados, ou seja, tais alianças se desenvolvem com mais facilidade em situações de separação litigiosa. Situações essas, que, como se verá no item subsequente, podem resultar ações que duram anos no judiciário, contribuindo, assim, para a manutenção das alianças, ao mesmo tempo que se fragiliza a relação da criança com o responsável que não detém a guarda. Além disso, com o novo arranjo familiar após o fim do casamento, a criança, na maioria dos casos, tem uma única figura parental no lar, ficando o genitor não titular da guarda afastado da convivência familiar, o que, mais uma vez, pode dar ensejo às referidas alianças entre o guardião e os filhos.

Outro aspecto que chama a atenção na literatura sobre separação conjugal é que, de forma geral, abordam prioritariamente os conflitos, sofrimentos, queixas, dúvidas dos membros do grupo familiar. No entanto, considera-se importante sublinhar a diversidade de respostas encontradas em muitas pesquisas, ou seja, a forma como pais e filhos vivenciaram e puderam superar, ou não, as dificuldades e mudanças frente ao rompimento conjugal. Embora esse evento seja reconhecido como experiência estressante em termos psicológicos, atingindo toda a família, entende-se que pode ser, também, precursor de crescimento pessoal (Rapizo et al., 2001). Nesse sentido, concorda-se com a afirmação de Ramires (2004, p. 185) de que o divórcio pode "[...] potencializar quanto atenuar velhos problemas, gerar novos, bem como favorecer a adaptação e crescimento de todos".

No caso de crianças e adolescentes que presenciaram o divórcio dos pais, várias pesquisas já demonstraram que suas respostas à situação podem variar amplamente de acordo com características individuais específicas como idade, sexo e personalidade (Souza, 2000; Wagner e Sarriera, 1999; Wallerstein e Kelly, 1998). A diversidade de respostas encontradas revela diferentes quadros de somatizações e depressões, bem como aponta a existência de fatores que podem auxiliar na superação ou boa adaptação às mudanças trazidas com o divórcio.

Nesse sentido, Ramires (2004) constatou, em pesquisa realizada com crianças e pré-adolescentes, que o tipo de vínculo estabelecido entre pais e filhos mostrou-se como um importante fator no enfrentamento das transformações decorrentes da separação do casal. Aliado a isso, a autora destaca outros fatores que podem influenciar o modo como os filhos vivenciam a ruptura conjugal. Em suas palavras,

> [...] a idade das crianças e o nível de desenvolvimento cognitivo, afetivo e social são fatores que auxiliam também no enfrentamento das transições familiares, favorecendo as crianças mais velhas e os adolescentes (op. cit., p. 191).

Entende-se que os dados apontados no estudo de Ramires (2004) mantêm estreita relação com um importante aspecto que deve ser considerado sobre o divórcio, ou seja, o momento do ciclo evolutivo familiar em que esse evento ocorre. No entendimento de Cerveny (2006, p. 84), é preciso "situá-lo [o divórcio] no contexto do ciclo de vida da família, pois dependendo da fase em que a família se encontra o fenômeno separação tem consequências específicas". Tal entendimento é corroborado pelo estudo de Wallerstein e Kelly (1998), no qual as autoras verificaram aspectos distintos quanto à forma como crianças e jovens, de diferentes faixas etárias de desenvolvimento, responderam à separação de seus pais.

Retornando às considerações sobre as pesquisas mencionadas no presente capítulo, verifica-se que, na maioria das vezes, elas dão ênfase aos aspectos individuais que, como se demonstrou, tanto podem comprometer quanto facilitar a adaptação da família e de seus membros à nova realidade pós-divórcio. É relevante destacar que, além daqueles aspectos existem outros, que dizem respeito ao campo jurídico e à tradição cultural, nos quais os atores sociais encontram-se inseridos. Sem dúvida, diante do divórcio, é importante que os ex-cônjuges sejam capazes de estabelecer entendimento mútuo no intuito de manterem preservada a relação com os filhos. Mas não é só, uma vez que o encaminhamento das mudanças que se seguem à separação do casal não depende exclusivamente de uma disposição pessoal dos pais.

Nessa linha, Souza (2000) ressalta a importância de serem implementadas estratégias no meio social como mediação familiar, grupos de apoio, produção de literatura popular — medidas ainda pouco comuns no Brasil —, que possam dar orientação e suporte às famílias que estejam passando pelo divórcio. De forma semelhante, Rapizo et al. (2001) observam a insuficiência das redes sociais de apoio a essas famílias, com poucos espaços de convivência e reflexão. Realidade bem diversa de países como Suécia, França e Canadá que diante da necessidade de acompanhar as mudanças nas relações familiares pós-divórcio implementaram algumas medidas e dispositivos no campo social e legislativo na tentativa de dar suporte às relações parentais, conforme destaca Brito (2001).

Já no cenário nacional, apesar do crescente número de separações conjugais, as mudanças no campo social, jurídico e legislativo, que, entende-se, deveriam acompanhar tal fenômeno, são ainda muito lentas e insuficientes de modo a darem suporte às famílias para que possam manter preservadas as relações parentais.

As questões expostas no desenvolvimento do presente capítulo, portanto, não devem ser entendidas como resultado direto da separação conjugal ou de disposições pessoais dos atores sociais, mas, como sugere Hurstel (1999), é preciso percebê-las na interseção de aspectos singulares e sociais. A forma como os pais vivenciam a ruptura do casamento, assim como as expectativas sociais em torno dos papéis parentais, e o ordenamento jurídico, tanto podem dar sustentação como contribuir para fragilizar a parentalidade.

1.3 A contenda nos juízos de família

Os conflitos que aportam aos juízos de família, geralmente, têm expressão por meio de processos judiciais litigiosos, envolvendo a guarda e/ou arranjo de visitas de filhos. Nesses processos, comumente são destacadas possíveis falhas e críticas quanto ao comportamento do ex-parceiro, em relação aos cuidados e educação do(s) filho(s). Ou ainda podem ser levantados questionamentos sobre os valores morais, ou mesmo sobre a sanidade mental do ex-parceiro na tentativa de desqualificá-lo. Ao mesmo tempo, cada uma das partes envolvidas no processo judicial busca provar que está apta a desempenhar as funções parentais.

Analisando tal contexto, vários autores (Bonfim, 1994; Pereira, 1995; Sousa e Samis, 2008) compreendem que os pedidos de intervenção dirigidos àqueles juízos, comumente, apresentam conteúdo fortemente emocional, ligado a conflitos nas relações familiares. Essa perspectiva é também compartilhada por magistrados entrevistados por Brito (1993), ao relatarem que "[...] a maior parte dos problemas que surgem nas Varas de Família não pertencem ao âmbito jurídico, trata-se antes de questões emocionais sérias" (p. 94), que não tendo sido resolvidas anteriormente, contribuem para o elevado número de retorno dos processos àqueles juízos.

Barros (1999) acrescenta que as queixas e os pedidos endereçados ao campo jurídico reclamam por algo que não foi recebido pelo pacto conjugal. Cada uma das partes apresenta ao judiciário sua história, defende sua verdade, como se, de alguma forma, pudesse ser ressarcida pelo fracasso da relação amorosa. Para a autora, essas demandas envolvem fantasias e frustrações que o campo jurídico não pode regular.

Realizando atendimento em serviço de psicologia jurídica, Sousa e Samis (2008) observaram que quando os ex-casais não mais se vêm em condições de decidir, por estarem emaranhados em suas dores e dificuldades, muitos recorrem à instância jurídica na esperança de que esta resolva seu conflito.

No entanto, como vários autores já apontaram (Brito, 2002; Fernández et al., 1982; Ramos e Shaine, 1994), as disposições legislativas, bem como a forma como os processos judiciais, por vezes, são encaminhados nas Varas de Família podem contribuir para acirrar a contenda entre os ex-parceiros, estendendo-a por vários anos, trazendo repercussões para as relações parentais.

Nesse rumo, vale destacar a forma como inicialmente foi entendida a noção de melhor interesse da criança, a qual, segundo Brito (2000), tem orientado no contexto brasileiro magistrados quanto à definição sobre a posse e guarda dos menores de idade, bem como sobre determinações quanto à sua visitação nas situações de separação matrimonial. Como recorda essa autora, tal noção recebeu forte influência do livro de Anna Freud, Goldestein e Solit, *No melhor interesse da criança?*, publicado em

1973. Esse indicava que, com o rompimento conjugal, a guarda dos filhos deveria ser atribuída ao responsável pelos cuidados com os filhos, ou àquele com o qual possuíssem maior vínculo. Posteriormente, no entanto, como assinala Brito (2000, p. 175), várias foram as críticas feitas a tal livro, pelo fato de alguns estudiosos entenderem que suas indicações reduziam o interesse da criança a uma alternativa parental, conduzindo, assim, a uma filiação unilateral.

A despeito da perspectiva relacionada, teve seguimento a ideia de que a criança deveria permanecer com o genitor responsável por seus cuidados. Em fins da década de 1980, o livro *Quando os pais se separam*, da psicanalista francesa Françoise Dolto, muito difundido entre profissionais e estudiosos do tema, indicava que até mais ou menos os quatro anos de idade, a criança, caso os pais se separassem, deveria permanecer, preferencialmente, com a mãe, quando é ela que cuida da criança desde seu nascimento (Dolto, 1989, p. 45). A psicanalista francesa corrobora, assim, o entendimento de que, após a separação do casal, as responsabilidades e cuidados com os filhos tornam-se encargo de um dos pais. Enfatiza ainda que, para a determinação da guarda, deve-se privilegiar o genitor que se ocupa mais frequentemente dos menores de idade.

A noção de melhor interesse da criança, como esclarece Bailleau (apud Brito, 2004a, p. 69), não é uma noção jurídica, mas uma instância de regulação social que tem sido utilizada juridicamente quando se impõe a necessidade de decisão sobre a situação da criança, visando-se ao seu adequado desenvolvimento. No entanto, vários autores, conforme Brito (2004a), concluíram se tratar de uma noção imprecisa que pode ter diferentes acepções, sendo interpretada, por vezes, de acordo com os valores e representações de quem a emprega.

Frente à imposição de fazer valer a proteção e o interesse dos menores de idade nas situações de rompimento conjugal, nos juízos de família tem-se encaminhado a questão no sentido de averiguar qual dos responsáveis detém melhores condições de permanecer com a guarda unilateral dos filhos, como dispunha o artigo 1.584 do Código Civil (2002).

Quando consideram não possuir elementos suficientes para julgar a causa, os magistrados podem contar com o auxílio de profissionais psicólogos que, por meio da realização de avaliações e atendimentos, podem retratar a dinâmica familiar, assim como as necessidades e dificuldades dos filhos. No entanto, por vezes, tais avaliações priorizam individualmente os membros do grupo familiar, tendo como justificativa a necessidade de se indicar o genitor com melhores condições para deter a guarda unilateral dos filhos. Aspecto que, ao longo do tempo, tem se revelado gerador de mais conflitos no contexto da separação. Como esclarece Brito (2002), essa prática favorece hostilidades, pois os ex-cônjuges são colocados na condição de adversários, ou em uma espécie de concurso de habilidades que deverá revelar o vencedor.

Entende-se que, dessa forma, a avaliação psicológica acaba sendo muitas vezes incorporada ao modelo adversarial, comum nos processos em juízos de família. Como explicam Fernández et al. (1982), tal modelo favorece o aumento de tensões, em virtude do enfrentamento que se estabelece para a determinação de quem ganhará a causa. Nesse rumo, Ramos e Shaine (1994) lembram que o ex-cônjuge que perde o litígio no caso de uma disputa de guarda pode sentir-se lesado pela sentença judicial e, inconformado, reabrir o processo, reiniciando um ciclo que pode durar anos.

Além dos aspectos relacionados, merece destaque o estatuto da guarda unilateral, que, como já demonstraram várias pesquisas (Brito, 2005a; Padilha, 2007), tem concorrido para que o titular da guarda detenha maior controle e poder de decisão sobre o cotidiano da prole. Fato esse já naturalizado pelo imaginário social, segundo Bruno (2003). Como reflete essa autora,

> Muitos pais/mães entendem, por exemplo, que após o rompimento do vínculo conjugal, estabelecido o "guardião", o outro genitor estaria excluído do acompanhamento escolar da criança, ou de qualquer outro aspecto da vida na qual a criança precisa dos genitores, como acompanhamento médico, religiosidade etc. (Bruno, 2003, p. 317).

Nos últimos tempos, no contexto brasileiro, muitas foram as críticas e debates em torno da guarda exclusiva, sendo apontado como alternativa o modelo de guarda compartilhada. Adotado em diversos países, esse modelo de guarda, segundo Brito (2004b, 2005a), é tido como mais adequado para se manter a convivência entre pais e filhos após a dissolução do casamento, uma vez que ambos os genitores exercem a autoridade parental, independentemente da permanência da união conjugal. Com esta modalidade de guarda, tornam-se extintas as categorias de guardião e visitante, permitindo que pais e mães possam ter um relacionamento mais próximo com seus rebentos, bem como participar de decisões importantes referentes a esses.

Dando encaminhamento a essas questões, o Código Civil brasileiro teve recente alteração no intuito de reconhecer o modelo de guarda compartilhada (Lei n. 11.698/2008). Essa alteração, contudo, não eliminou a guarda unilateral, a qual se tornou uma possibilidade ao lado daquele modelo. Sendo ainda muito recente a alteração da legislação, não se dispõe de dados sobre o modo como, efetivamente, será conduzida a questão da guarda de filhos no aparelho judiciário. Assim, não se pretende estender a discussão sobre o assunto.

Considera-se que a guarda compartilhada representa um importante avanço rumo à igualdade de direitos e deveres entre pais e mães separados. Todavia, há um aspecto por vezes olvidado nas discussões acerca da guarda de filhos: o tempo transcorrido desde a decisão dos consortes pela separação até o momento da decisão judicial quanto à guarda. Muitas vezes, por conta de conflitos entre os ex-cônjuges, aquele que não detém a guarda provisória dos filhos pode ficar impedido, ou ter dificultado o acesso a esses durante vários meses. Tempo que pode ser especialmente propício ao desenvolvimento de alianças ou alinhamentos entre o guardião e os filhos, pois, como revelou o estudo de Wallerstein e Kelly (1998), no momento imediatamente após a separação do casal, os responsáveis, bem como os filhos, estão mais vulneráveis, podendo, assim, se voltarem intensamente para a relação parental. Aliado a isso, o próprio instituto da guarda unilateral, quando por vezes a convivência familiar fica limitada a uma das figuras parentais, pode dar ensejo a que se estabeleçam alianças entre o guardião e os filhos.

Dessa forma, entende-se que o reconhecimento da guarda compartilhada pela legislação precisa ser acompanhado de outros dispositivos no judiciário que atuem no sentido de priorizar a regulamentação da guarda dos filhos sem que se leve um longo período de tempo para isso. Tempo esse que, como se apontou, pode ser bastante favorável à aliança da criança com o guardião, concomitante ao alijamento do outro responsável. Portanto, sem a alteração dos prazos, e sem a redução do tempo de espera para a resolução da causa, permanece uma espécie de mecanismo de retroalimentação em funcionamento no sistema judiciário, ou seja, por vezes, retornam a este demandas que, de certa forma, contribuiu para seu estabelecimento.

Além disso, considera-se que a guarda compartilhada pode servir como recurso a impedir, ou pelo menos dificultar, o estabelecimento de alianças entre a criança e um dos pais, uma vez que a mesma não conviveria exclusivamente com um deles. Ela circularia livremente entre suas duas residências, fortalecendo, assim, os vínculos parentais por meio da ampla convivência. Ou seja, realidade bastante diversa da que tem batido às portas do judiciário e de outras instituições.

Sousa e Samis (2008), na prática em serviço de psicologia jurídica, notaram que em muitas situações, após a separação do casal, a mãe guardiã já muito apegada aos filhos buscava retornar ao judiciário para dar seguimento à exclusão da figura paterna. Observação semelhante é feita por Karan (1998) ao destacar que algumas mulheres recorrem ao judiciário com todo tipo de argumento na tentativa de restringir as visitas paternas, dificultando assim a convivência entre pai e filho. Ainda nessa linha, Oliveira (2003), atuando como psicóloga em Vara de Família no Estado do Rio de Janeiro, ressalta a incidência de casos em que os pais são alijados da família, da vida dos filhos, por sua ex-esposa, a qual procura dificultar ao máximo, ou impedir, o convívio do ex-cônjuge com a prole.

As queixas e pedidos conduzidos por parte de algumas genitoras ao campo jurídico podem significar o intento de uma relação exclusiva com a criança, a qual assumiria a condição de objeto seu. Ou ainda, uma maneira de a mãe manter a criança emaranhada em uma forte aliança, ao mesmo tempo em que impede qualquer forma de aproximação com o outro genitor. Como se expôs em linhas anteriores, as atitudes dessas mães podem ser motivadas por diferentes fatores que emergem em meio ao cenário do rompimento conjugal, conforme comprovaram vários estudos (Brito, 2007; Padilha, 2007; Rapizo et al., 2001; Wagner e Grzybowski, 2003; Wallerstein e Kelly, 1998).

Refletindo sobre a questão, Barros (2005) lembra que o campo jurídico é responsável por estabelecer limites, a lei, impedindo que mães e pais regulem as funções parentais de acordo com suas vontades. Contudo, possivelmente, por conta da representação dominante de que a mulher seria, por natureza, mais apta para o cuidado dos filhos — como se verá em capítulo subsequente —, somada à ocorrência de processos infindáveis sobre revisão de guarda e visitação de filhos, o judiciário pode favorecer o "imperativo materno", expressão de Barros (2005, p. 102), e assim, muitas vezes sem perceber, dificultar para a criança o acesso à figura paterna.

É fundamental, portanto, que nos casos encaminhados aos juízos de família, os profissionais estejam atentos à existência de possíveis alianças entre a mãe guardiã e os filhos. Como assinala Brito (2007), atribuir a guarda ao genitor com o qual a criança deseja permanecer, ou com quem tem forte apego emocional, pode resultar no aprisionamento dessa em uma forte vinculação da qual não consegue se desvencilhar.

Diante do que foi exposto, destaca-se a necessidade de medidas ou outras formas de encaminhamento dos processos de separação e guarda de filhos que priorizem diminuir a contenda entre os ex-cônjuges, ao mesmo tempo que favoreçam a convivência familiar, impedindo, assim, a formação de alianças parentais. Nesse sentido, mais uma vez, vale sublinhar a implementação do dispositivo da guarda compartilhada. Aliado a esse modelo de guarda, entende-se que frente aos pedidos de intervenção que chegam aos juízos de família é preciso uma mudança de perspectiva quanto à atuação dos profissionais psicólogos em tal contexto. Como recomenda Bonfim (1994), o atendimento psicológico deveria ser anterior ao início do processo judicial na Vara de Família, na tentativa de se trabalhar os conflitos familiares, para que, posteriormente, possa se viabilizar um acordo judicial entre as partes.

Com entendimento semelhante, Ramos e Shaine (1994) apontam que a atuação dos psicólogos nas Varas de Família deveria ser no sentido de se trabalhar os conflitos familiares para, em um segundo momento, encontrar junto aos membros do grupo familiar alternativas mais adequadas para a problemática em questão. Também nessa linha, Brito (1999) enfatiza que as equipes profissionais na assessoria aos juízos de família devem priorizar o trabalho com pais e mães separados no sentido de estabelecer um acordo com relação a questões que envolvem os filhos. As indicações desses autores vão ao encontro de sugestões feitas por magistrados que "entendem que seria mais adequado o atendimento das partes por psicólogos antes da audiência, facilitando assim os procedimentos jurídicos e contribuindo para uma interação mais adequada dos litigantes" (Brito, 1993, p. 98).

Algumas equipes de psicologia já vêm adotando uma reorientação em sua prática junto aos juízos de família (Abelleira e DeLucca, 2004; Bufano, Iglesias e Salgado, 1991; Fernández et al., 1982; Ribeiro, 2000). Essas equipes perceberam como inadequada a realização de avaliações individuais dos membros do grupo familiar, e passaram a privilegiar a dinâmica relacional da família, buscando os recursos próprios a cada contexto familiar para a resolução do conflito vivido. Essa mudança em sua atuação profissional foi adotada porque as equipes constataram que a forma anterior de intervenção não era suficiente para a compreensão do litígio, como também não possibilitava que as partes construíssem relações mais funcionais e, consequentemente, superassem a lide. Ao contrário, a família era afastada do processo de decisão, desresponsabilizada da resolução do litígio, e a disputa entre as partes era acentuada.

Nesse rumo, Barros (1999) reflete que, quando as partes empenham-se em dissolver o litígio e construir um acordo, eliminam-se questões que obstruíam o andamento do processo jurídico, permitindo sua agilização, pois esse irá regulamentar o que foi estabelecido pelas partes. Ao mesmo tempo, essas responsabilizam-se pelas decisões sobre suas questões, uma vez que participam de sua elaboração. Como afirma a autora, "este movimento traz, com efeito, maiores possibilidades de afastar a reincidência processual, pois as partes escrevem a sentença ao invés de se submeterem à sentença do juiz" (op. cit., p. 447).

Diante disso, enfatiza-se a importância de um espaço no qual o psicólogo possa intervir, refletindo com as partes sobre a responsabilidade pela superação dos impasses e um possível acordo judicial. O que, acredita-se, contribui para a separação emocional do ex-casal e para uma maior convivência e participação de ambos genitores na vida dos filhos. Com tal forma de intervenção, o psicólogo afasta-se, portanto, do modelo adversarial, ao mesmo tempo que colabora no sentido de um melhor encaminhamento dos processos judiciais através dos acordos estabelecidos, evitando, com isso, o litígio e, consequentemente, um maior desgaste emocional para as partes envolvidas (Sousa e Samis, 2008).

Ademais, com a promulgação da lei sobre a guarda compartilhada impõe-se uma nova cultura de atendimento por parte do profissional psicólogo nas situações de separação matrimonial, sua atuação não pode mais se fixar na busca pelo melhor genitor. Como já mencionaram vários autores (Brito, 2000; Wallerstein e Kelly, 1998), seria indicado oferecer a oportunidade de os pais esclarecerem suas dúvidas e dificuldades quanto à nova forma de organização da família com a separação do casal — sendo esta uma solicitação dos próprios pais —, bem como poder trabalhar junto às crianças seus anseios, temores, questionamentos sobre tal organização. Em outros termos, seria disponibilizar um serviço de auxílio à família pós-divórcio.

É consenso na literatura sobre separação e guarda de filhos que o divórcio é, com frequência, um processo doloroso que envolve toda a família, podendo trazer mudanças para o exercício dos papéis parentais, bem como sérias consequências para as relações entre pais e filhos. Portanto, a dissolução do casamento revela-se como fenômeno complexo, em que diferentes questões encontram-se entrelaçadas. É importante que se priorize medidas, como as sugeridas anteriormente, que visam favorecer o diálogo no grupamento familiar, ao mesmo tempo que promovem o respeito aos direitos de pais, mães e filhos na família pós-divórcio.

2

O primado materno

Nas sociedades contemporâneas ocidentais ainda são comuns discursos sobre a existência de um instinto materno, o qual tornaria a mulher naturalmente predisposta para os cuidados infantis. Tais discursos encontram-se entrelaçados a outros que dizem respeito à figura paterna e aos filhos; afetam-se mutuamente, repercutindo sobre o exercício dos papéis e das relações parentais.

Conforme Hurstel (1996a), o entendimento que comumente se tem sobre mães serem essenciais nos cuidados com os filhos se constitui a partir de três causas fundamentais, que, ao mesmo tempo, contribuem para a fragilização da imagem do pai (p. 125).

- A primeira causa, apontada pela autora, advém do contexto social, no qual instituições de atendimento a crianças como hospitais, escolas, creches, por exemplo, privilegiam exclusivamente a figura da mãe, perpetuando a ideia de que somente ela possui o papel de cuidadora.
- A segunda causa seria ideológica, ou seja, a argumentação de que cuidar adequadamente de crianças seria uma característica inata às mulheres.
- Por fim, a autora destaca as causas legais, as quais dão preferência à mãe no que diz respeito aos cuidados com a prole, ficando o pai apenas com um papel secundário.

As causas apontadas pela autora mencionada serão abordadas de forma mais detida ao longo deste capítulo, com o propósito de se recuperar a dimensão história da relação mãe-filho, evidenciando-se discursos, conceitos e teorias dominantes, responsáveis pela constituição e manutenção do primado materno.

2.1 Para cuidar dos filhos, as mães

Pensar a ideia de que as mulheres seriam por natureza habilitadas para os cuidados infantis impõe rever enunciados sobre a maternidade no curso do tempo. Entende-se que, com isso, é possível avistar incursões, desvios e repetições de alguns discursos, ao mesmo tempo que se viabiliza ter uma noção da amplitude e profundidade da representação dominante sobre a figura materna nas sociedades ocidentais.

A partir da revisão da literatura, verifica-se que a construção social das práticas em torno da maternidade e dos cuidados infantis encontra-se articulada com transformações ocorridas na família ao longo dos últimos séculos na Europa e no Brasil. Além disso, como assinala Badinter (1985, p. 25), as mudanças que atingem os membros do sistema familiar devem ser analisadas sob uma perspectiva tridimensional (mãe-filhos-pai), uma vez que as relações parentais os mantêm imediatamente interligados.

De acordo com vários estudiosos (Ariès, 1978; Badinter, 1985; Donzelot, 1986; Laqueur, 2001; Costa, 2004), é possível constatar que a exaltação da maternidade é um fenômeno relativamente recente na história das sociedades ocidentais.

Em estudo acerca da maternidade na França, Badinter (1985) recorda que a sociedade francesa se baseou até o século XVII no princípio da autoridade, sendo o poderio do marido, e do pai, soberano na instituição familiar. Na sociedade da época, fortemente hierarquizada, a obediência e respeito ao senhor deveriam ser mantidas a qualquer custo. Na justificativa para a autoridade marital encontravam-se entremeados discursos filosóficos, religiosos e políticos que, em suma, defendiam a desigualdade natural entre homens e mulheres, sendo delegada por Deus a superioridade do homem em relação à esposa, filhos e servos. O poder paterno e marital era, dessa forma, tornado legítimo.

Até meados do século XVIII, segundo Badinter (1985), não há registros sobre o sentimento de amor como um valor familiar social. O que não quer dizer que este sentimento não existisse; em alguns casos surgia após o casamento. Contudo, o amor conjugal não possuía valor social como nos dias de hoje, pois o casamento fundamentava-se em um contrato de mútuo interesse entre famílias. O amor possuía mesmo conotação negativa, considerado como frágil, contingente, debilitante. Assim, "o interesse e a sacrossanta autoridade do pai e do marido relegam a segundo plano o sentimento que hoje apreciamos. Em lugar da ternura, é o medo que domina o âmago de todas as relações familiares" (op. cit., p. 51).

No que tange às crianças, Ariès (1978) lembra que até o final da Idade Média, na Europa, elas encontravam-se misturadas entre os adultos nas diferentes atividades sociais. Por volta dos sete anos, logo após o desmame, as crianças eram separadas de suas famílias e enviadas à casa de outras pessoas para receberem instrução na condição de aprendizes. A aprendizagem se dava por meio da realização de tarefas domésticas, sendo feita a transmissão direta do conhecimento de uma geração para a outra. Assim, como sintetiza o autor, toda a educação das crianças estava baseada na aprendizagem.

Ainda segundo Ariès (1978), especialmente entre os séculos XVI e XVII, houve uma nova atenção com relação à educação das crianças, quando a aprendizagem cede lugar, aos poucos, à educação fornecida pela escola. A preocupação dos pais com a educação formal dos filhos, na visão desse autor, revela a emergência de uma nova concepção da infância, e o consequente surgimento do sentimento de infância. Naquele período, a família se volta mais para os cuidados e desenvolvimento de sua prole. No entanto, essa família não se confunde com a que o autor chama de "família moderna" (p. 238), ou seja, a família caracterizada pelo afeto e intimidade, organizada em torno da figura da criança.

Uma nova configuração da família, segundo Badinter (1985), irá se constituir, na França, paulatinamente ao longo do século XVIII. No entanto, a autora reconhece que a evolução dos costumes não se deu de modo uniforme por todo o corpo social. Ao longo daquele século, algumas práticas relativas aos cuidados infantis tanto em famílias nobres e burguesas quanto em famílias pobres revelam o que, hoje, poderia ser visto como indiferença por parte dos adultos com relação às crianças.

Conforme demonstra a autora citada, um costume bastante comum que se estende por toda a sociedade francesa até a primeira metade do século XVIII era o envio das crianças, logo após o nascimento, às amas de leite que viviam nas redondezas ou eram contratadas a domicílio, no caso de famílias da aristocracia e da alta burguesia. A locação destas crianças representava verdadeiro comércio nas cidades, sendo realizada por agenciadores que as conduziam às nutrizes. Mas, devido às condições precárias, era bastante elevada a taxa de mortalidade entre as crianças confiadas a estas últimas.

Segundo dados gerais apresentados por Badinter (1985), na França, entre os séculos XVII e XVIII, em torno de 25% das crianças não ultrapassavam o primeiro ano de vida (p. 137). A tese corrente era a de que as mães não deveriam se apegar aos filhos, tendo em vista as poucas chances de sobrevida após o nascimento. Contudo, a autora inverte essa lógica, propondo que a elevada taxa de mortalidade infantil era devido ao "desinteresse e a indiferença" por parte das mães (p. 87), que deixavam as crianças aos encargos das nutrizes.

Tal sentimento atingia todas as classes sociais, mas, com diferentes justificativas. Para as mulheres das classes mais elevadas, a maternidade era tida como um fardo, que restringia sua vida social, causava constrangimentos à intimidade do casal, e, ainda, poderia comprometer a saúde da mulher. Quanto às mulheres trabalhadoras (esposas de artesãos e comerciantes), algumas estavam muito ocupadas com seus afazeres e com a manutenção da renda familiar para se dedicarem ao cuidado dos filhos pequenos; já outras buscavam imitar as damas da alta sociedade na tentativa de certa distinção social (Badinter, 1985).

Algumas mudanças, porém, começam a surgir nas mentalidades a partir do último terço do século XVIII. Com a ascensão da burguesia, uma nova ordem econômica entra em cena. Os seres humanos passam a ser vistos como força de trabalho, fonte de lucros e riquezas para o Estado, daí a importância de garantir a sobrevivência ou preservação das crianças. Para tanto, moralistas, médicos, filósofos e a polícia empreenderam verdadeiras campanhas direcionadas, especialmente, às mães, exaltando o amor materno como natural e ao mesmo tempo como um valor social e moral, importante para a preservação da sociedade (op. cit.).

Badinter (1985) identifica, ao menos, três diferentes discursos que convergiam no sentido de incentivar mulheres a se voltarem definitivamente para a maternidade. O discurso econômico, amparado em estudos demográficos que apontavam suposto declínio populacional na França, alertava para a necessidade de conservação de vidas humanas, uma vez que, além de produzirem riquezas, garantiam o poderio militar do Estado.

Aliada ao discurso econômico, surge uma nova filosofia, a filosofia das Luzes, a qual apregoa as ideias de igualdade e de felicidade individuais (op. cit., p. 161). Embora os discursos sobre igualdade não tenham alterado a condição da mulher na sociedade em fins do século XVIII, com a valorização do amor no casamento, a esposa tornou-se a companheira do marido, passando a ter importante papel na família junto aos filhos. Com os novos costumes, o casamento será fundado através da livre escolha dos indivíduos, tornando-se lugar privilegiado de realização da felicidade, da alegria e ternura. Quanto aos filhos, serão a concretização do amor entre os cônjuges. Assim, a ideia de maternidade é convertida de imposição à atividade desejável por parte da mulher. A amamentação materna, por sua vez, se torna fato incontestável, e para compensar a mulher lhe é prometido o amor de seus rebentos.

Ao lado dos discursos mencionados, encontram-se outros proferidos por médicos, administradores, moralistas, ideólogos e filósofos dirigidos de forma insistente às mulheres que, ao se tornarem mães, deveriam assumir o cuidado dos filhos. Para tanto, apelam ao argumento da natureza. Uma vez que somente as mulheres são capazes de gerar e amamentar, nada mais natural do que se encarregarem pessoalmente de seus filhos (op. cit.).

Nessa linha de argumentação, baseado nos estudos de Michel Foucault, Donzelot (1986, p. 12) identifica, a partir do século XVIII, diferentes técnicas de regulação que investem sobre a vida cotidiana, o espaço social, os costumes, o corpo e a saúde, com o objetivo de consolidação e manutenção dos interesses dos Estados modernos na Europa.

Apesar de o tema da conservação de crianças ter se expandido por todo o corpo social, segundo Donzelot (1986), a forma de intervenção do Estado foi bastante diversa sobre os distintos segmentos sociais, ou seja, as classes pobres e as classes abastadas. Sobre as primeiras incidiram críticas quanto à administração dos hospícios para crianças, assim como o encaminhamento destas às amas de leite. Devido ao alto índice de mortalidade em tais situações, pouco ou nenhum benefício revertia para o Estado, representando, assim, o que o autor denomina de "ausência de uma economia social" (p. 18).

Já no caso das classes abastadas, as críticas se dirigiram à organização e ao uso dos corpos, que visavam exclusivamente ao prazer individual, o que aos olhos do Estado representava a "ausência de uma economia do corpo" (op. cit., p. 18). Os pais deveriam se ocupar da educação e cuidados dos filhos, retirando-os da influência dos serviçais. Assim, a sobrevivência das crianças nas classes ricas requeria a modificação de costumes como, por exemplo, o aleitamento pelas amas de leite. Era preciso, ainda, promover novas condições de educação dessas crianças, as quais eram enviadas a internatos ou conventos só retornando às suas famílias anos depois.

Segundo Donzelot (1986, p. 22), diante do imperativo de conservação das crianças, diferentes formas de intervenções ou estratégias foram empreendidas pelos Estados modernos europeus em relação aos segmentos sociais. Nas classes populares, especialmente por meio da filantropia, foram desenvolvidas ações com o objetivo de direção, ou tutela, das famílias pobres, reduzindo, assim, os gastos públicos. Diferentemente, nas classes abastadas da sociedade difundiu-se, por meio da instauração do médico de família, a ideia da interferência perniciosa dos criados sobre as crianças, daí a necessidade de os pais tê-las sob sua constante proteção e vigilância.

O desenvolvimento da medicina doméstica terá um importante papel no sentido de modificar os costumes, especificamente, no caso das famílias burguesas. A associação estabelecida entre o médico de família e a mãe será fundamental para a reprodução e promoção do saber médico, o qual competia com a medicina popular, representada pela figura das comadres. Além disso, tal associação privilegiará a mãe burguesa como auxiliar do médico no interior da família, conferindo a ela certa autoridade, bem como a valorização e o reconhecimento de seu papel social no cuidado e educação dos filhos, futuros cidadãos (op. cit.).

A nova mãe, como refere Badinter (1985), será encontrada especialmente nas classes médias e na alta burguesia francesa, uma vez que, sem maiores ambições intelectuais ou profissionais, as mulheres desses segmentos sociais têm no novo modelo de maternidade a oportunidade de promoção, de valorização de seu papel na família. O novo ideal de maternidade será considerado uma função nobre, de cunho religioso. Inteiramente dedicada à casa e à prole, essa nova mãe, ou "rainha do lar", é comparada à Virgem Maria, tendo em vista seus sacrifícios e dedicação, como expõe Badinter (1985).

Aliadas a isso, seguem-se outras mudanças no interior da família. A ideia de igualdade entre os irmãos toma vulto, principalmente, a partir da segunda metade do século XVIII. O primogênito, até então, possuía diferentes prerrogativas em relação aos irmãos mais novos. Segundo Ariès (1978), nesse momento, moralistas reformadores passam a contestar a legitimidade dos privilégios do filho primogênito, defendendo a equidade entre os filhos.

Um novo modo de vida irá marcar o final daquele século. Ainda segundo Ariès (1978), a família gradativamente irá se voltar para sua intimidade, para o interior da residência. A transformação de antigos hábitos cotidianos, a organização e distribuição dos cômodos nas casas, a modificação dos móveis, dentre outros aspectos, caracterizam a passagem de uma vida marcadamente coletiva para a vida individualizada, intimizada.

O espaço privado do lar será por excelência o lugar da mulher, o que, na opinião dos pensadores do século XIX, é perfeitamente adequado à natureza feminina e à função de mãe. Com a vida absolutamente consagrada às tarefas do lar e aos cuidados infantis, durante vinte quatro horas por dia, a mãe ideal deve se resignar em sua condição feminina, marcada pelo sacrifício e pela dor. A felicidade da mulher, não obstante, estaria na realização da maternidade. Dessa forma, feminilidade e maternidade se sobrepõem em discursos que apontam para o papel da mulher na sociedade (Badinter, 1985).

Ampliando os encargos das mães, os ideólogos do século XIX defendem que a educação moral dos filhos seria responsabilidade destas. As mulheres são consideradas, na visão daqueles, como "[...] guardiãs naturais da moral e da religião e que da maneira como educavam os filhos dependia o destino da família e da sociedade. E o povoamento do céu!" (op. cit., p. 256). A esses discursos acrescentam-se outros, sustentando que a boa mãe deve ser também professora, e, assim, ministrar as primeiras lições aos filhos até que entrem para a escola regular.

Paralelamente à ascensão da figura materna, em todo o curso dos séculos XVIII e XIX, o ofício de pai tem seu declínio gradativo. Como destaca Badinter (1985), "deslocando-se insensivelmente da autoridade para o amor, o foco ideológico ilumina cada vez mais a mãe, em detrimento do pai, que entrará progressivamente na obscuridade" (p. 146). Mais uma vez, discursos com base na natureza ou nas funções biológicas entram em cena. Ideólogos da época justificam o fato de o homem estar alheio aos cuidados e à educação dos filhos como resultado de sua natureza, a qual não o predispõe para tais atividades, bem como para relações afetivas com filhos. Embora no século XIX surjam vozes incentivando uma maior aproximação entre pai e filho, segundo essa autora, continua dominante a ideia de que a criação dos filhos é encargo da mãe. Dessa forma, a participação do pai restringe-se a de colaborador desta última, o que, segundo comentário da autora, é mais uma participação acessória do que necessária (p. 286).

Diminuídas suas funções e prestígio frente ao crescente poder da mulher na família, o pai perde também seu lugar de autoridade diante das intervenções do Estado. Vale recordar que no século XVII as prerrogativas da autoridade paterna, como o poder de julgar e punir, eram delegadas pelo Estado ao pai, o qual era sucedâneo do rei na família. O ideal de igualdade da Revolução Francesa e uma maior sensibilidade com relação à infância serão as causas, segundo Badinter (1985), do controle e vigilância sobre a autoridade do pai. Mas, essa nova política não se estenderá a todos os pais.

Enquanto nas classes mais ricas, de certa forma, o pai se mantém representante dos valores sociais a serem transmitidos aos filhos, bem como continua sendo o mediador entre a esfera pública e o ambiente doméstico, nas classes populares ele será vigiado. Os pais pobres se tornam objeto de investigação e vigilância estatal, principalmente em fins do século XIX, por se considerar que são desprovidos de educação e valores morais a transmitir aos filhos, responsáveis, com isso, pela criação de futuros vagabundos e delinquentes (Badinter, 1985, p. 288). Assim, a cada falta ou ausência do pai, o Estado intervirá com novas instituições, que cada vez mais vão ocupando esta ausência com a presença de seus profissionais, como professores, juízes de menores, assistentes sociais e psiquiatras (op. cit.).

Além das instituições, na vigilância e restrição da autoridade paterna surgem também novas leis que irão limitar o pátrio poder. Embora todos estejam submetidos à legislação, o pai nas classes pobres será o seu principal alvo. Este homem poderá ser chamado a informar ou prestar contas à justiça sobre o seu poder paterno, justificando sua utilização para a sociedade. E, caso seja considerado um pai indigno, perderá o pátrio poder[1] (op. cit., p. 293).

Destituído de seu poder pela mulher e pelo Estado, ao pai restará a função de prover o sustento da família. Um bom pai será visto como aquele que não foge às suas obrigações, dedica-se ao trabalho, empenha-se em dar uma boa vida à família e uma boa educação aos filhos (op. cit., p. 294).

No Brasil, com a implantação da medicina higiênica no século XIX, período de passagem do território da condição de colônia à nação, revelam-se aspectos semelhantes aos que ocorreram na Europa em período anterior. Como descreve Costa (2004), um alto índice de mortalidade infantil, no contexto nacional, foi a justificava para a intervenção nas questões de saúde e higiene nas famílias por meio da medicina que, como

---

1. Cabe informar que na exposição das ideias de Badinter (1985) reproduz-se a expressão "pátrio poder", conforme o texto dessa autora. Na legislação brasileira, com o Código Civil de 2002, a expressão "pátrio poder" foi substituída por "poder familiar".

saber disciplinar, ditava regras de condutas que visavam à normalização social. Mas, continua o autor, somente quando a sobrevida das crianças passou a ter importância econômica e política, o aleitamento e os cuidados maternos tomaram a dimensão de problema nacional (p. 256).

Também aqui, o discurso higiênico condenava a mulher que não amamentava, pois ela estaria rompendo com as leis da natureza. Não só a função de nutriz era vista como natural, mas também o "amor materno". Assim, o fato de a mulher não seguir sua natureza poderia ser considerado uma anomalia. Culpabilizada, constrangida, à mulher restava curvar-se perante a pressão higienista, que, segundo Costa (2004), visava não somente à proteção à vida das crianças, mas também regular a vida da mulher, mantendo-a ocupada e, assim, livre de perigos que colocassem em risco a moral e os bons costumes familiares. Sobre a mulher recaía, ainda, a responsabilidade pela unidade familiar, ou seja, pela manutenção das relações entre seus membros, liberando assim o homem para suas atividades na esfera pública.

Mas, para que não se sentissem em uma posição inferior ou desvantajosa, era preciso valorizar a participação da mulher na sociedade. Também no Brasil, ao lado das cobranças e exortações quanto às funções ditas como naturais da mulher, encontravam-se discursos médicos que exaltavam a importância da mulher no cuidado e na educação das crianças, atividades para as quais os homens seriam incompetentes. Com a instauração da medicina familiar, tem seguimento uma aliança que beneficiava tanto o médico quanto a mulher, especificamente a das classes dominantes, que é alçada a condição de auxiliar desse profissional no interior do núcleo familiar, sendo responsável pela execução das indicações e ensinamentos médicos, de forma semelhante à enfermeira no hospital. Com isso, a mulher, que até então não possuía uma função social de destaque, tem seu papel valorizado, uma vez que é vista como responsável pela conservação e criação dos futuros cidadãos, bem como por sua inserção no meio social, garantindo a manutenção e continuidade da sociedade (Costa, 2004).

Dessa forma, tanto no contexto nacional como na Europa, a partir da intervenção do saber e práticas médicas, articuladas a interesses econômicos e políticos do Estado, delineiam-se outros contornos aos papéis de pai e mãe na sociedade: à mulher, por sua suposta vocação natural, caberia os cuidados com a prole, bem como manter um ambiente suficientemente higiênico para toda a família; já o homem, mais voltado para a esfera pública, deveria garantir a subsistência do grupo familiar e a imposição de regras e sanções, de acordo com as normas sociais.

A ideia de primazia da figura materna em face dos cuidados infantis se estenderá por todo o século XX, chegando aos dias atuais. Ganhará vigor e grande difusão por meio de algumas teorias psicanalíticas que, com suas vozes autorizadas, enfocam e reafirmam peremptoriamente a importância da relação mãe-bebê (Moura e Araújo, 2004). Sendo apontada como figura principal, a mãe terá que arcar com toda a responsabilidade pela saúde, ou desvios, de seus rebentos. Ou ainda, a culpa por não ter sido de todo abnegada em sua função, no caso de haver se lançado ao mundo do trabalho e deixado os pequenos sob o cuidado de terceiros.

Não se intenciona realizar exaustivo inventário sobre as teorias psicanalíticas, mas oferecer breve noção sobre a valorização e a carga de responsabilidade que alguns autores conferiram à figura materna. Nesse intuito, é possível notar que autores representativos na área da psicanálise, quando o assunto é a relação mãe-bêbe, foram unânimes sobre a importância dos cuidados maternos. À semelhança de discursos tradicionais já mencionados, verifica-se a exortação às mulheres para que se dediquem amorosamente aos filhos, e, por conseguinte, ao lar, assegurando assim um ambiente propício ao desenvolvimento de seus pequenos (Dolto, 1988). A qualidade do vínculo emocional mãe-filho é vista como fator decisivo para o desenvolvimento adequado dos menores de idade. Segundo Bowlby (1988), se a mãe estiver ausente, ou se criança for separada de sua genitora muito cedo, ela pode ser socializada inadequadamente, ter problemas no desenvolvimento da fala, ou danos mentais irreversíveis. Assim, esse autor defende uma relação íntima, pessoal e continuada entre mãe e filho. Embora admita que a mãe pode ser substituída por outra pessoa, sugere que esta seja uma mulher. Além de o cuidado dos filhos ser visto como atributo essencial da mulher, é de sua total responsabilidade o futuro deles. Como sustenta Winnicott (1987), uma vez privadas de suas mães, é grande o risco de crianças virem a delinquir na adolescência. A importância da relação materno-infantil atinge proporções ainda maiores. Segundo Spitz (1996), essa relação é responsável pelo nascimento do eu psicológico; assim, uma separação ocorrida muito cedo na vida da criança poderia impedir o desenvolvimento satisfatório das funções psicológicas adaptativas, como a locomoção, o pensamento etc.

De forma geral, nota-se que perspectivas atuais sobre a relação entre mãe e filho têm se baseado, especialmente, no legado de reconhecidos autores psicanalistas, chamando a atenção para a prontidão e sensibilidade das mães em atender a apelos e necessidades infantis (Grosselin, 2000).

Tomando de empréstimo a trajetória da figura materna enunciada por Badinter (1985, p. 237), pode-se dizer que, de auxiliar do médico no século XVIII, educadora no século XIX, responsável pelo inconsciente e desejo dos filhos no século XX, a figura materna, nos arautos do século XXI, viria sendo transmutada na figura da imagem da malévola alienadora, como se verá em capítulo subsequente. A tão propalada "natureza feminina" para os cuidados infantis, ao que parece, ficará obscurecida frente aos discursos sobre a personalidade doentia da mãe que exclui o ex-marido da vida dos filhos.

Mas, e o pai? Teria ele sucumbido ante a supremacia materna? Em estudo sobre a paternidade na França, Hurstel (1999) traça breve panorama sobre publicações dedicadas à figura paterna. Segundo a autora, a partir de meados do século XX, vários autores psicanalistas se voltaram para essa temática, conferindo maior destaque à função do pai. À semelhança do que ocorreu em estudos acerca das mães, muitos passaram a alertar sobre patologias que crianças poderiam desenvolver em consequência da ausência, ou carência, do pai. Também tiveram grande difusão as ideias do renomado psicanalista Jacques Lacan sobre o "declínio social da imago do pai" (Hurstel, 1999, p. 35), ou, como referem outros autores, a desvalorização da imagem do pai na sociedade (Brito, 2005b; Medrado, 1998) e a perda de sua autoridade no núcleo familiar (Barros, 2005).

Na discussão sobre os papéis de pai e mãe nota-se, portanto, a importância de colocá-los de forma contextualizada, uma vez que fazem parte dos discursos médico-científicos, político, social e econômico vigentes em dado momento histórico das sociedades. Discursos que são construídos historicamente, preexistem ao indivíduo e serão por ele assimilados, reproduzidos, reconfigurados ou ressignificados como parte de uma cultura. Ao mesmo tempo, acrescenta-se, as mudanças nos papéis parentais não podem ser pensadas de forma estanque, circunscrita; elas são dinâmicas, se influenciam mutuamente e atravessam o tempo. Haja vista a ideia da existência de um instinto materno. Embora estudos já tenham demonstrado que não há uma natureza biológica que determine a mulher como sendo mais apta para cuidar e proteger a prole do que o homem, a defesa do instinto materno possui ainda bastante força, o que pode ser facilmente verificado no contexto social.

2.2 O contexto social e os papéis parentais

A tradição patriarcal nas sociedades ocidentais, reforçada pela formação católica, contribuiu ao longo do tempo para a estruturação e definição rígida dos papéis sociais de homens e mulheres. Como enfocado anteriormente, os cuidados com os filhos ficaram ao encargo das mulheres, uma vez que eram em seu corpo concebidos; já aos homens caberia o sustento econômico do grupo familiar. Estudos recentes revelam como esses papéis, tidos no imaginário social como naturais, permanecem sendo, até hoje, estruturados e reproduzidos nas relações sociais.

Como salienta Muzio (1998a, p. 166), "ser mãe e pai implica apropriar-se de um papel social construído historicamente [...]". A assimilação, bem como a diferenciação entre esses papéis, ocorre já no processo de socialização inicial de homens e mulheres. Estas últimas são ensinadas desde muito cedo a serem cuidadoras, a se ocuparem dos filhos e de tudo que diz respeito ao lar. Assim, como aponta a autora citada, corroborada por outros estudiosos (Badinter, 1985; Rocha-Coutinho, 1998), ser mãe está de tal modo inscrito na identidade da mulher, que comumente se confundem características maternas e femininas, fato que, com frequência, pode ser identificado na fala dos atores sociais. Nesse sentido, pode-se citar os dados obtidos na pesquisa conduzida por Rocha-Coutinho (2003a), na qual a ideia de incompletude da mulher que não é mãe aparece no discurso de várias executivas com destacados cargos empresariais. As entrevistadas sem filhos, com exceção de uma apenas, "viam a maternidade como algo importante na vida de uma mulher, como algo que completa a mulher e afirmaram desejar ser mães um dia" (p. 64).

Certamente, existem exceções. Muitas mulheres nas sociedades ocidentais romperam com o ideal de completude da mulher por via da maternidade, realizando a dissociação feminilidade/maternidade (Badinter, 1986, p. 258). Contudo, não se pode negar o peso das cobranças sociais, tendo em vista que persiste, no imaginário social, a ideia de que a maternidade é o destino natural de toda mulher.

No que tange aos homens, ocorre algo bem diferente. Muzio (1998a) lembra que, ao menino, é ensinado que brincar com bonecas "é coisa de menina", não lhe sendo dada a oportunidade de treinar para ser pai. Ele tem que aprender a ser empreendedor, competidor, provedor, dentre outras características que devem compor a masculinidade. Assim, ser pai, segundo essa autora, não faz parte da identidade masculina ou de sua realização; a paternidade é uma função[2] que poderá lhe ser adicionada. De forma semelhante, Romanelli (2003) assinala que na construção social das identidades de gênero, homens e mulheres recebem orientações diferentes, sendo os meninos preparados por seus pais para serem provedores, enquanto as meninas são mais vigiadas e ensinadas a cuidar dos outros e do lar.

Diante das considerações dos autores mencionados, depreende-se que o homem estaria em dupla desvantagem no que tange aos cuidados com os filhos, se comparado à mulher: além de não ser visto como portador de um "instinto paterno", ou seja, marcado pela lei da natureza, não lhe é permitido aprender a ser pai, pois ele não é socializado para isso.

No entanto, não se pode deduzir, com isso, que o homem-pai assuma uma identidade fixa. Hennigen e Guareschi (2002) explicam que, "como

---

2. A autora utiliza o termo "função" no sentido de papel ou atividade atribuída ao homem.

todo ser humano [o homem-pai], é interpelado por diferentes discursos — que têm diferentes forças — e acaba, de alguma forma, respondendo a eles e assumindo posições" (p. 62). Segundo essas autoras, o papel de pai, assim como outros papéis sociais, são construções em contínua transformação, marcadas pela pluralidade — não há um modelo universal de pai ou de masculinidade — e se processam na tensão entre os discursos da cultura e o indivíduo.

Atualmente, muito se tem discutido sobre o que alguns nomeiam de "novo pai", ou de "nova paternidade", para se referir a homens que se envolvem com o cuidado dos filhos e têm com estes uma relação de maior proximidade e afetividade. No entanto, na análise de Hurstel (1999), o que mudou, na verdade, foi o contexto social e as condições em que a paternidade vem sendo exercida. As mudanças apontadas, hoje, quanto ao exercício da paternidade não estão desvinculadas de uma série de transformações ocorridas nos últimos tempos, tanto nas relações de gênero, quanto no âmbito socioeconômico e legal.

Além disso, Hennigen e Guareschi (2002) chamam atenção para o fato de que ser um pai participativo não é um ideal a ser atingido por todos os homens, pois tal entendimento "pressupõe a existência de uma espécie de 'essência de pai' a ser alcançada por todos. O ser humano é mais complexo, as diferentes posições que assume respondem a um emaranhado de forças advindas de suas localizações sociais" (p. 62).

A compreensão sobre a diversidade ou multiplicidade de modos de o homem exercer a paternidade no contexto atual das sociedades ocidentais não representa, contudo, consenso entre os estudiosos do tema. Em estudo realizado na França, a pesquisadora Anne-Marie Devreux (2006) contesta a igualdade de direitos e deveres parentais estabelecida na legislação de seu país, advinda da noção de coparentalidade,[3] a qual foi bastante defendida por associações de pais divorciados.

---

3. Na compreensão de Devreux (2006, p. 621), a coparentalidade pertence "[...] à mesma lógica retórica da noção de 'direitos parentais', dissociada de deveres parentais ou da noção de autoridade parental separada da responsabilidade parental. Sob o manto da igualdade, a coparentalidade fala das relações 'políticas' entre os pais e as mães, mais do que sobre a realidade de assumir encargos concretos junto às crianças".

A legislação francesa, segundo Devreux (2006), estaria em dissonância com as práticas na vida cotidiana, uma vez que estudos demonstram que os homens, diversamente das mulheres, dedicam muito menos de seu tempo diário às responsabilidades parentais. Dessa forma, continua a autora, a ideia de um "novo pai" serviria apenas como *slogan* para peças publicitárias e movimentos de pais separados. Como enfatiza a autora, "do ponto de vista das práticas concretas, a noção de 'novos pais' surge como pura construção ideológica, desligada das realidades da vida familiar e da divisão do trabalho entre os sexos" (p. 619).

A princípio, as objeções de Devreux (2006) com relação à igualdade de direitos de pais e mães prevista na legislação francesa fazem pensar que, por vezes, as alterações em ordenamentos legais podem não representar o resultado de transformações já ocorridas em determinada sociedade. Entende-se que a legislação pode apresentar disposições correlatas com a realidade da sociedade como também indicar novos princípios e diretrizes que passam a orientar as relações sociais. Como indica Sayn (1993, p. 31), não se deve perder de vista o efeito simbólico que tem a legislação.

Diante do que expõe Devreux (2006), indaga-se sobre a possibilidade de uma estrita igualdade na divisão de tarefas entre homens e mulheres no que se refere aos cuidados infantis. Seria o caso de pais e mães contabilizarem o tempo que passam com os filhos, bem como o número de vezes que vestem, penteiam e alimentam seus pequenos, no sentido de alcançarem a igualdade que advoga a pesquisadora? Seria esse o sentido da igualdade jurídica?

Compreende-se que a diferença nas tarefas realizadas por pais e mães, provavelmente, faz parte da divisão sexual da tarefa socializadora. Como indica Romanelli (2003), essa tarefa é desempenhada por homens e mulheres de acordo com o próprio gênero, bem como o dos filhos. Ademais, na análise da desigualdade entre as atribuições dos papéis parentais, é preciso levar em conta outras relativas ao gênero, nas sociedades contemporâneas (Vaitsman, 2000), bem como a transmissão geracional de antigos e novos comportamentos quanto ao desempenho de homens e mulheres (Biasoli-Alves, 2000). Acrescenta-se que o princípio da igualdade, segundo o qual todos detêm iguais direitos e obrigações, pode estar confundido, na visão de Devreux (2006), com a eliminação da diferença. Como reflete Vaitsman (2000),

> Em uma visão progressista, o corolário da crítica da noção patriarcal de indivíduo seria uma concepção de igualdade que incluísse a diferença; mas em pluralidades e singularidades, irredutíveis entre si. É essa a pedra angular na reconstrução cultural, política e institucional das formas de organização da vida cotidiana (Vaitsman, 2000, p. 20).

É preciso levar em conta, como lembram vários autores (Biasoli-Alves, 2000; Figueira, 1986; Medrado, 1998; Romanelli, 2003), que as mudanças nas atribuições parentais, assim como nos modelos familiares, vêm se processando lentamente, e que a composição de novos repertórios ainda transita entre o "tradicional" e o "novo". De forma semelhante, em pesquisa conduzida por Wagner et al. (2005, p. 186) com famílias de classe média urbana, na cidade de Porto Alegre, foi constatado que as mudanças nas funções e papéis parentais têm ocorrido com frequência e intensidades diferentes nos grupos familiares. Assim, a pesquisa confirmou a coexistência de modelos tradicionais quanto à divisão de tarefas na família, como outros em que as tarefas eram realizadas de forma conjunta pelo casal. Por fim, os autores perceberam

> [...] a importância de [se] considerar os aspectos históricos que têm organizado as funções familiares ao longo do tempo [...], e conhecer o contexto de cada família e a força que suas crenças, valores e atitudes têm na definição e distribuição das tarefas e papéis familiares (Wagner et al., 2005, p. 186).

Retornando às considerações de Devreux (2006), entende-se que a autora, ao expor os resultados de seus estudos, aponta os dados obtidos como se eles falassem por si sós, como se a menor participação dos homens nos cuidados infantis fosse consequência unicamente de disposições pessoais. Compreende-se, todavia, que a análise dos dados colhidos não pode ser feita em separado de fatores culturais, políticos, econômicos etc., pois incorre-se no risco de difundir uma visão que culpabiliza os homens-pais e vitimiza as mães. Visão esta que se reflete no trecho a seguir:

> Novos pais ou não, os homens continuam a escolher em que momento e em que condições eles se ocupam com suas crianças, assumindo, de fato, parcialmente suas responsabilidades parentais diante do conjunto da sociedade e demandando a ela reconhecimento de prerrogativas iguais às das mulheres que não fazem escolhas: quaisquer que sejam as condições, o cuidado com as crianças lhes incumbe, tenham elas ou não outros campos de atividade (Devreux, 2006, p. 624).

Na análise da questão, deve-se observar que o exercício dos papéis parentais pode estar associado a uma visão tradicional das relações de gênero, ou da percepção da diferença entre os sexos, apesar de mudanças ocorridas ao longo do tempo quanto às imagens do masculino e feminino (Brasileiro, Jablonski e Ferés-Carneiro, 2002). Outros fatores precisam ser também considerados, como o contexto socioeconômico mais amplo, em que os homens precisam cumprir uma jornada de trabalho exaustiva para garantir o sustento da família, enquanto a mulher necessita, muitas vezes, abrir mão de seu emprego para cuidar dos filhos. Acrescenta-se a escassez, em nosso país, de políticas sociais de apoio e incentivo para que homens e mulheres que trabalham fora possam dispor de tempo para se dedicar aos cuidados infantis.

Além das questões apresentadas, é preciso levar em conta também a influência das representações dominantes sobre as atitudes de homens e mulheres que tendem, muitas vezes, a perpetuar, nas relações cotidianas, os modelos tradicionais quanto ao exercício dos papéis parentais. Nesse ponto, cabe chamar atenção para os termos "maternagem" e "paternagem" utilizados por alguns autores (Hurstel, 1985; Romanelli, 2003) para se referir respectivamente aos cuidados realizados por mães e pais. Contudo, cabe assinalar que, conforme definição apresentada por Hurstel (1985), a "paternagem" tem como referência os cuidados tradicionalmente exercidos pelas mães, mas que, segundo essa autora, vêm sendo realizados por alguns pais na França. Nota-se, com isso, que apesar dos termos diferenciados, o cuidado em relação aos filhos continua identificado à figura materna, à semelhança do que ocorrera na década de 1970, quando se fazia referência ao genitor maternalizante (Dolto, 1988; 1989). Entende-se, portanto, que a ideia de "paternagem", exposta por Hurstel (1985), de certa forma traz implícita a representação dominante de que os cuidados infantis são atributos das mulheres, quando, na verdade podem, e devem, ser exercidos independentemente do gênero.

No entanto, conforme revelam as falas de alguns atores sociais, o cuidado infantil ainda parece ser uma questão de gênero. Em estudo realizado na Grécia, Maridaki-Kassotaki (2000) observa que, à semelhança de países ocidentais, muitos pais gregos vêm participando das atividades familiares relativas aos cuidados com os filhos. Mas, foi também verificado que, ainda que queiram tomar parte em tais atividades, muitas vezes os homens são desencorajados por suas esposas, sendo justificado que eles não possuem habilidade, e que se trata de atividades femininas. Assim, a participação dos homens é vista apenas como uma colaboração requerida pela esposa. Por sua vez, os homens entendem que aquelas não são propriamente atividades de um "macho" (p. 218). Ainda nessa linha, destaca-se o estudo de Hurstel (1985), no qual a autora constatou que também, na França, as práticas dos homens-pais nos cuidados infantis são definidas como "uma ajuda" (s/p.).

Vários estudos apontam que, apesar de mudanças ocorridas, é ainda pregnante a forma tradicional de exercício dos papéis parentais na família. Em pesquisa com homens e mulheres de classe média urbana, Rocha-Coutinho (2003b) constatou que apesar de valorizarem a divisão de responsabilidades quanto aos cuidados com os filhos, ainda persistem discursos sobre a mulher deter maior capacidade e predisposição nesse sentido. Já a participação dos homens é vista como coadjuvante, ou uma ajuda, sendo ainda marcante a ideia de sua função como provedor. De forma semelhante, Romanelli (2003), em pesquisa sobre a construção cultural da paternidade, verificou que embora muitas mulheres trabalhem fora de casa, a função de provedor da família é predominantemente do homem.

Vigoram, portanto, em diferentes culturas, representações que identificam as mulheres como mães dedicadas, ao mesmo tempo que os homens aparecem como dispensados dos cuidados com os filhos. Aliado a isso, como assinala Muzio (1998a, p. 166), permanece nas sociedades uma visão mais benevolente com os pais que exercem de forma precária seu papel, não sendo o abandono e desatenção por parte destes percebidos como algo tão comprometedor, como ocorre no caso das mães. Esta observação é também compartilhada por Ridenti (1998). Por outro lado, no que se refere à mulher, Muzio (1998a) considera que é "difícil renunciar à forma tradicional de mãe abnegada, enquanto a maternidade, para muitas mulheres, é, ainda, a função principal que as valoriza, dá-lhes gratificação emocional e o poder sentir-se imprescindíveis e transcendentes" (p. 171).

O modo como os indivíduos vivenciam as expectativas sociais ou os papéis que lhes são incumbidos também não podem ser desprezados ao se pretender refletir sobre seu desempenho nas relações familiares. Nesse rumo, estudos atestam que as mulheres aspiram aos ideais de realização pela maternidade e casamento, ao mesmo tempo que têm de conviver com as transformações sociais acerca da família e do papel da mulher na sociedade, o que geraria sofrimento a elas por notarem que, muitas vezes, não correspondem às expectativas sociais quanto aos papéis de mãe e mulher (Soares e Carvalho, 2003).

Diante disso, muitas mulheres vêm se desdobrando, ou se esticando como a personagem "Mulher-Elástico", do desenho animado *Os incríveis*, como compara Fernandes (2006). Nota-se que a analogia entre o desempenho das mulheres na contemporaneidade e as super-heroínas ou "mulheres superpoderosas" tem sido referida por alguns autores. Rocha-Coutinho (1998), ao comparar gerações de mulheres de classe média urbana, considera que, a partir da década de 1990, o papel e a posição da mulher na sociedade parecem torná-la uma "Mulher-Maravilha". Como esclarece a autora, as mulheres assumiram tarefas no espaço público sem, contudo, abrirem mão de suas antigas atividades, do poder que sempre exerceram no espaço privado do lar (p. 92). Assim, além de as mulheres não terem abandonado o modelo tradicional de mãe e dona de casa, elas incorporaram o discurso da independência e da realização profissional. "Ou seja, na verdade, a identidade feminina não foi substancialmente alterada mas sim ampliada para incluir este novo papel da mulher" (p. 95). Segundo essa autora, a conciliação dos diferentes campos de atuação da mulher, apesar de difícil, é vista como algo possível, que depende, exclusivamente, de soluções individuais.

Hurstel (1996a), em estudo realizado na França, constata, de forma semelhante, que as mulheres na atualidade não romperam com os ideais das gerações anteriores, como a imagem da mãe devotada, por exemplo. Ao contrário, elas acumularam ideais, pois além de mães zelosas precisam exercer o papel de profissional na esfera pública. A imagem da "mãe to-do-poderosa", no dizer da autora, tem sido sustentada a custo de muito desgaste e cansaço por parte dessas mulheres. Ainda nessa linha, pode-se acrescentar o estudo de Roudinesco (2003), no qual discute as mudanças que vêm ocorrendo nas relações familiares. A autora destaca a diversidade de modelos de família encontrados, dentre os quais é cada vez maior o número de lares chefiados por mulheres independentes que, por opção, ou necessidade, criam os filhos sozinhas. Mas, ainda segundo a autora, apesar de ganharem independência e autonomia na criação dos filhos, essas mulheres precisam suportar a sobrecarga de tarefas; os casamentos duram menos e cresce o número de mulheres que moram sozinhas com os filhos e têm dificuldades em refazer sua vida amorosa.

No Brasil, pesquisas também apontam a sobrecarga, a exaustão, as jornadas duplas, triplas, vividas por muitas mulheres (Machado, 2002). Em estudo realizado por Fleck e Wagner (2003) com famílias de nível socioeconômico médio, em que a renda feminina era superior à masculina no sustento do lar, foi verificado que apesar de exercerem o papel de principais provedoras, as mulheres continuavam sendo responsáveis pela rotina doméstica. Quanto aos homens, as autoras constataram seu desempenho como auxiliar nas tarefas domésticas.

O acúmulo de papéis por algumas mulheres pode ser ainda maior. Conforme descrevem Wagner e Sarriera (1999) em pesquisa com famílias que haviam vivido um novo casamento,

> as mães somam funções tradicionais ditas femininas e masculinas e, dessa forma, parecem desempenhar um papel mais abrangente na educação

dos filhos. Neste caso, além da função das atividades domésticas e de apoio afetivo, também exercem a função disciplinadora e de autoridade (op. cit., p. 27).

De forma semelhante, em pesquisa com mães e pais separados, Brito (2002) observou que, com o rompimento conjugal, por vezes, ocorre a assimilação dos papéis parentais por parte da figura materna. Nas palavras da autora,

> O peso da responsabilidade pelos filhos, aliado ao desprezo pelo ex-marido e à postura que muitas assumiam de educadora única, resultava na assimilação e tentativa de desempenho dos papéis materno e paterno, sem a devida percepção de que a separação ocorrida foi no âmbito conjugal (op. cit., p. 443).

Apesar da sobrecarga diante de exigências sociais e pessoais quanto ao seu desempenho como mãe devotada, profissional bem-sucedida, e até mesmo, quem sabe, como pai, não se pode negar que tal estado de coisa tem conferido maior *status* às mulheres, equiparando-as muitas vezes a personagens dotadas de superpoderes. Ou ainda, como refere Ridenti (1998, p. 171), "o desejo feminino em compartilhar com os homens as responsabilidades familiares se mescla ao desejo de não abrir mão de um dos poucos espaços de poder que as mulheres dispõem". Assim, muitas mulheres permanecem com o poder e controle já conquistados sobre as atividades no espaço privado do lar, ao mesmo tempo que avançam para o mundo público, onde, diferentemente, terão que disputar com os homens atividades que durante muito tempo foram tidas como exclusivamente do universo masculino.

Em pesquisa com grupos de reflexão realizados com pais e mães separados (Brito, 2008a, p. 31), alguns homens que não detinham a guarda dos filhos revelaram seu incômodo diante das constantes interferências da ex-esposa quando estes se encontravam em sua presença. Tais interferências sugeriam, na percepção dos participantes, que eles não teriam aptidão para o cuidado dos filhos. Para que o homem tenha, portanto, uma participação efetiva nos cuidados infantis é preciso que se permita. Nesse sentido, Brasileiro, Jablonski e Ferés-Carneiro (2002) apontam que,

> Eles [os homens] precisam de oportunidades para estar com seus filhos a sós ou como responsáveis primários, sem a interferência da ajuda de terceiros, que em alguns casos serve para coibir o aprendizado paterno. Para isso, a mulher precisa aprender a dividir com o homem suas responsabilidades no cuidado infantil, especialmente o trabalho invisível de preocupação e planejamento deste cuidado (op. cit., p. 305).

Como lembra Horta (1998), na família "a distribuição de tarefas e papéis se dá por justaposição, oposição, complementação ou de outros modos, mas sempre na relação de um com o outro" (p. 43). Em outros termos, a mudança em um dos papéis parentais implica a alteração no outro; no entanto, como demonstraram os estudos apontados, o fato de muitas mulheres exercerem uma carreira não foi acompanhado de uma alteração quanto ao seu desempenho no interior da família. Ainda segundo o autor citado, as mudanças nos comportamentos não devem ser pensadas como disposições pessoais, pois "os arranjos sociais não são construções individuais, mas coletivas e sua transformação não dependerá apenas de decisões individuais" (p. 43).

Ao mesmo tempo, pode-se acrescentar a visão de autores como Giddens (1992) de que, na atualidade, as relações familiares resultam fortemente de negociações entre seus membros, gerando novas dinâmicas e arranjos familiares. Essas dinâmicas põem em questionamento papéis tradicionais de homens e mulheres, e redefinem as relações entre estes.

Além dos aspectos relacionados, outros fatores presentes nas sociedades contemporâneas podem contribuir para a imagem da "mulher superpoderosa". Ao longo do tempo, como reflete Romanelli (2003), tem se assistido a uma progressiva mudança de atribuição e decisão sobre a procriação. Se antes o controle sobre a procriação era quase exclusivamente do homem, hoje, com o avanço das técnicas de contracepção, as mulheres detêm exclusivamente o poder de decisão sobre a geração ou não de filhos. Afora isso, com as novas técnicas no campo da biotecnologia, as mulheres podem dispor ou não da participação do homem na hora de ter filhos, ou seja, podem ter filhos sem necessariamente ter um marido ou companheiro.

Com isso, multiplicam-se na atualidade discursos sobre a superioridade das mulheres em relação aos homens. O comentário da jornalista Maureen Dowd (2006), colunista do jornal *The New York Times*, traduz muito bem essa visão:

> Eles [os homens] não são mais necessários. São artigos de luxo. À medida que a ciência avança e as mulheres conquistam o próprio cartão de crédito, muda a função do homem na vida da mulher. Ele não é mais necessário para as situações tradicionais, como pagar as contas da casa e reproduzir (Dowd, 2006, p. 7).

Ou ainda, como expõe matéria sobre as relações de gênero em suplemento semanal do jornal *O Globo* (Branco e Cezimbra, 2006), o desafio no século XXI para as mulheres seria o de criar um novo companheiro mais maduro e independente. De forma irônica, a matéria traz ilustração da mulher como super-heroína, enquanto o homem aparece como uma figura patética, esparramada na poltrona em meio a jornais espalhados pelo chão.

Os discursos que despontam na mídia sobre a ascensão do feminino, como revela Citeli (2001), têm estreita relação com os discursos científicos. Analisando estudos no âmbito da biologia física e da antropologia acerca das diferenças entre homens e mulheres, essa autora verificou que tais discursos inverteram proposições que desvalorizavam as mulheres, passando a exaltar outras que apontam a superioridade da natureza feminina (p. 142). Esses discursos, como demonstra a autora, têm ampla aceitação e difusão pela mídia.

Diante do que foi exposto, compartilha-se do questionamento feito por alguns autores de que se hoje se caminha rumo à igualdade de direitos entre homens e mulheres, ou na direção da superação de um pelo outro — no caso, as mulheres se impondo como superiores aos homens. Como reflete Nolasco (2001, p. 19), "[...] ao mesmo tempo em que se aspira a uma igualdade para com os direitos do homem, branco, heterossexual, se quer a sua eliminação. É para isto que se presta a banalização da representação social masculina". Pode-se pensar que, talvez, essa seja uma das direções das mudanças na organização das relações de gênero, as quais não seguem em um único sentido, como lembra Araújo (2005).

Entende-se, com isso, que essa dessimetria entre homens e mulheres poderia omitir a importância do pai, consignando à mãe um papel decisivo, preponderante no que diz respeito à geração, criação e cuidado dos filhos.

Muitos homens, por sua vez, queixam-se por não terem vivido um relacionamento mais próximo, afetuoso com seus pais. Enquanto filhos eles viveram o modelo tradicional de família, com o pai ocupando o papel de provedor, e sua mãe como responsável pela casa e pelos filhos. Ao constituírem suas próprias famílias, eles se recusam a reproduzir as atitudes de seus pais. Relatam a diferença no desempenho de seu papel, buscando participar mais da vida dos filhos, e terem com eles relações mais afetuosas (Gomes e Resende, 2004; Hurstel, 1999; Romanelli, 2003).

Nesses termos, compreende-se que é preciso evitar visões que polarizam ou universalizam aspectos relativos aos homens e às mulheres. Como tem sido discutido amplamente por vários estudiosos (Araújo, 2005; Garcia, 1998; Muzio, 1998b; Nolasco, 2001), mudanças relativas à feminilidade ou à masculinidade devem ser pensadas de forma dialética, na interseção com fatores socioeconômicos, históricos, culturais, uma vez que não se trata de esferas isoladas. Como constata Araújo (2005, p. 50), nas sociedades ocidentais, cada vez mais homens e mulheres desenvolvem novas formas de subjetividade, se afastando de modelos estereotipados de gênero. Para essa autora, "a ideia de que existe um modelo masculino ou feminino universal não se sustenta mais" (p. 50), visão corroborada por Goldenberg (2000). Seguindo essa perspectiva, alguns autores têm trabalhado com a noção de masculinidades e feminilidades no plural, em virtude da diversidade de significados e experiências que se podem encontrar nos gêneros (Garcia, 1998; Torrão Filho, 2005).

Mas, ainda que consigam ultrapassar os modelos de pai provedor, distante emocionalmente, e a mãe como mais afetiva e cuidadora, muitos homens e mulheres deparam com um contexto social e suas instituições que, com frequência, reafirmam os modelos tradicionais.

Para ilustrar tal situação, pode-se mencionar o caso das instituições escolares. De acordo com pesquisa empreendida por Cardoso (2008) sobre escolas e pais separados, foi verificado que essas instituições se remetem exclusivamente à figura da mãe no momento de resolver qualquer questão ligada à vida escolar da criança. A autora observou que as informações referentes às atividades da criança na escola são enviadas, unicamente, ao genitor responsável por sua matrícula, o qual, na maioria das vezes, é a mãe. A responsabilidade pelo repasse das informações ao outro genitor seria, assim, encargo da mãe ou até mesmo da criança. Com isso, nota-se o quanto nossas instituições contribuem sobremaneira para manter o pai numa posição secundária na vida dos filhos. No caso das escolas, é conferido à mãe não só o poder exclusivo sobre os filhos, como também o poder de determinar se o pai participará, ou não, da vida escolar dos rebentos.

Aliada às instituições escolares, identifica-se a mídia televisiva como tendo papel fundamental na manutenção de modelos tradicionais de paternidade e maternidade. Como ressalta Orozco apud Fischer (2004, p. 86), não se pode perder de vista a "presença de protagonista que a tevê assume como base do lazer e da formação de modos de existência, informação e consumo para grandes parcelas das populações de países como o Brasil [...]". Ao que se acrescenta o entendimento de Fischer (apud Hennigen e Guareschi, 2002) de que,

> a mídia, por sua presença maciça em nossa vida, é mais que um veículo de exposição de modos de vida, funciona como um lugar decisivo no processo de construção de identidades (op. cit., p. 55).

Nesse sentido, destacam-se as telenovelas brasileiras, as quais nos últimos tempos têm, com frequência, trazido em seus papéis principais personagens femininas. A novela *Senhora do destino*, exibida pela TV Globo em 2004, é um bom exemplo. Com enorme sucesso junto ao público, a trama contava a história de uma numerosa família que girava em torno de sua matriarca (personagem-título da trama), uma mulher que poderia ser considerada como "supermãe", exemplo de honestidade e força de vontade, que criara os quatro filhos sozinha depois de ter sido abandonada pelo marido. Já o pai desta família Silva (um dos sobrenomes mais populares no Brasil) poderia ser entendido como um malandro, mau caráter, um sujeito irresponsável, preocupado apenas consigo, que retornara para casa, depois de anos, pensando apenas em tomar parte nos bens da família. Assim, ele era considerado por todos como um pai dispensável e que incomodava a tranquilidade familiar.

Na reprodução da (des)valorização dos papéis parentais, ao lado de nossas telenovelas, destacam-se, ainda, peças publicitárias veiculadas que, conforme Medrado (1998), com o objetivo de venda, utilizam valores e crenças sociais para melhor persuadir o consumidor. Segundo esse autor,

> os comerciais constituem, em última análise, práticas sociais de caráter discursivo ou, mais precisamente, produções discursivas construídas por um grupo social específico (publicitários), a partir da seleção de determinados repertórios que circulam no imaginário social. Esses repertórios funcionam como substratos na composição da linha argumentativa ou retórica publicitária, que, em última análise, visa a divulgação de um produto ou serviço e, consequentemente, o consumo (Medrado, 1998, p. 147).

Nas produções discursivas de diversos comerciais selecionados e posteriormente analisados, o autor citado constatou que, em sua maioria, a mãe aparecia como protagonista dos cuidados infantis, e quando o pai era a figura central, cabia a ele a função de educar moralmente e garantir o sustento dos filhos. Foi observado, ainda, em alguns comerciais, referência ao que o autor chama de "pai pastelão" (indivíduo desajeitado que só atrapalha), fazendo-se uso do dispositivo humorístico. Já em outros, embora o afeto masculino aparecesse, isso era feito de forma metafórica em relação a animais de estimação.

Ainda nessa linha, Kaufman (apud Hennigen e Guareschi, 2002, p. 57), em estudo sobre o papel familiar masculino nas produções televisivas, constata uma maior interação entre homens e crianças, frequentemente, em comerciais sobre alimentos ou refeições; contudo, a forma como tal interação é apresentada remete a uma posição tradicional.

É relevante mencionar, ainda, estudo realizado por Brito (2005b) acerca de programas infantojuvenis exibidos nos últimos quarenta e cinco anos pela televisão brasileira. A autora verificou que, ao longo das décadas, vem sendo apresentado um progressivo enfraquecimento da imagem social do homem, acompanhado de um certo menosprezo em relação à figura do pai, invalidando, consequentemente, a autoridade paterna no interior da família. Ao mesmo tempo, no entanto, foi possível notar nestes programas um crescente enaltecimento da figura feminina, sendo as mães retratadas com características tidas como positivas.

A visão que tem sido transmitida acerca das figuras parentais pode trazer repercussões sobre as percepções, influenciando o modo como os indivíduos se relacionam com elas. Isso faz lembrar a noção de *habitus*, defendida pelo sociólogo francês Pierre Bourdier (2002), para se referir a tudo que se implanta e se impõe aos indivíduos por meio da linguagem, das instituições, e que são por eles assimilados (p. 33). É possível que sejam um exemplo dessa perspectiva os dados obtidos em pesquisa realizada pelo Centro de Integração Empresa Escola do Rio de Janeiro (CIEE) com adolescentes.[4] De acordo com a pesquisa, 15% dos jovens entrevistados não têm qualquer contato com o pai; 10% classificam esta relação como regular ou péssima e quase 50% acham que ela é excelente. No que se refere ao relacionamento com a mãe, 73% dos jovens responderam que é excelente.

Discursos dominantes sobre a desvalorização e culpabilização dos homens-pais são continuamente reproduzidos no campo social que tem, em suas instituições, um dos principais meios de perpetuação de tais discursos. É preciso, portanto, empreender uma nova cultura de valorização da participação desses homens na vida de seus filhos. Esse tem sido o objetivo de algumas organizações não governamentais e alguns órgãos da prefeitura do Rio de Janeiro nas áreas de cultura, esporte, lazer e comunicação. Essas, em parceria com universidades, vêm promovendo eventos e atividades em escolas, buscando, por exemplo, incentivar, orientar e discutir junto a pais, crianças e profissionais de diversas áreas a importância da paternidade afetiva e atuante (Circulador, 2007).

---

4. Disponível em: <http://jornalhoje.globo.com/jhoje/0,19125,vjso-3076-20060419-162766,00. html>. Acesso em: 19 abr. 2006. Não se encontrou dados referentes à data em que a pesquisa foi realizada, bem como os objetivos pretendidos.

Em que pesem as contribuições de iniciativas como essas, não se pode perder de vista a interseção entre os papéis de pai e mãe. Caso contrário, corre-se o risco de persistir a reprodução de discursos dicotômicos que privilegiam um desses papéis em detrimento do outro. Portanto, considera-se que iniciativas, como a que foi citada, devem ser pensadas no sentido de se implementar, no campo social, políticas públicas e outros dispositivos que estimulem e garantam a manutenção da convivência de crianças e adolescentes com pais e mães.

A perspectiva da construção dos papéis sociais de pai e mãe apresentada expõe, assim, a diversidade, a complexidade de fatores que operam sobre o engajamento, ou não, dos homens-pais no cuidado infantil, ao mesmo tempo que coloca em cena discursos hegemônicos que sustentam a imagem da mãe como cuidadora primordial.

2.3 A legislação e a (des)igualdade entre homens/pais e mulheres/mães

Na legislação civil brasileira, o tratamento desigual dispensado, ao longo do tempo, a homens e mulheres na esfera conjugal foi estensivo aos direitos e deveres de pais e mães, conforme demonstra a literatura revisada.

A ideia de igualdade jurídica está presente na Declaração dos Direitos do Homem e do Cidadão de 1789, a qual estabeleceu que todos são iguais em direitos e deveres perante a lei. Em nossa legislação, a igualdade jurídica surge expressa na Constituição Republicana de 1891, sendo mantida nas Constituições Republicanas posteriores, segundo Siqueira Castro (1983). Contudo, ganhará vulto em nossa sociedade, especialmente a partir da Constituição Democrática de 1988, que explicita no art. 5º:

> Todos são iguais perante a lei, sem descriminação de qualquer natureza, garantindo-se aos brasileiros e aos estrangeiros residentes no país a inviolabilidade do direito à vida, à liberdade, à igualdade, à segurança e à propriedade, nos termos seguintes:

I — Homens e mulheres são iguais em direitos e obrigações, nos termos desta Constituição.

Antes de abordar algumas das principais alterações na legislação brasileira com relação aos direitos civis de homens e mulheres, ocorridas ao longo do último século, cabe traçar alguns esclarecimentos. O Direito de Família, inserido no Direito Civil, é concebido como direito privado, abordando questões relativas ao casamento, segundo expõe Verucci (1999). O Código Civil brasileiro traz influência do Direito alemão, no qual se destaca a pessoa — como sujeito de direito —, as relações civis e o primado dos institutos da família sobre os institutos econômicos, ou seja, o direito das coisas. Além do Direito alemão, o Código conta, ainda, com forte influência do Direito romano, no qual prevalece a concepção patriarcal da família (op. cit., p. 72).

O Código Civil brasileiro, de 1916, estabelecia o matrimônio como a base da família. O casamento era tido como vínculo indissolúvel e a família seria constituída, unicamente, por meio desse, o que se tornara norma constitucional em 1934, mantida nas Constituições posteriores de 1937, 1946, 1967 e 1969. Até 1934, apenas o casamento civil possuía reconhecimento, a partir dessa data é que se passa a admitir efeitos civis para a celebração religiosa (Barboza, 2001, p. 67).

Além disso, o Código de 1916 consagrou a superioridade do homem, tornando-o único responsável pela sociedade conjugal. A ele competia decidir sobre o domicílio do casal e administrar os bens da família. O marido possuía o direito de autorizar a profissão da mulher, que, somente por meio de documento público devidamente registrado poderia exercê-la. Esse documento, contudo, poderia ser revogado a qualquer tempo (Verucci, 1999; Barboza, 2001).

As mulheres eram consideradas relativamente incapazes para os atos da vida civil, devendo, assim, obediência ao marido. A virgindade, fundamento da honra e honestidade da mulher, era exigida para o casamento, sendo motivo compreensível para anulação do mesmo. Agravada a honra da mulher, poderia se exigir, como reparação ou indenização por parte de seu ofensor, o casamento. Dessa forma, seria então extinta a punição de crime contra os costumes, prevista na legislação penal. Até 1942, o adultério, quando cometido pela mulher, era penalizado com rigor, uma vez que representava a possibilidade de prole ilegítima no casamento (Barboza, 2001).

No que se refere ao exercício do pátrio poder, Barros (2005) destaca que esse irá declinar a partir do Código de 1916, tornando-se, gradativamente, atribuição também da mulher. O Código estabelecia que, em caso de falta ou impedimento do pai, caberia à mãe exercer o pátrio poder até a maioridade dos filhos, quando esses seriam considerados, por lei, emancipados. Assim, o exercício do pátrio poder ficou restrito apenas aos filhos menores de idade, e poderia, ainda que em situações especiais, ser exercido pela mãe. No entanto, cumpre lembrar que, até 1934, cabia ao pai, o qual detinha com exclusividade o pátrio poder, administrar os bens e as decisões referentes aos filhos menores de idade.

Importantes mudanças legislativas marcaram os meados do século XX, dentre as quais se destaca o Estatuto da Mulher Casada — Lei n. 4.121/62 —, que emancipava a mulher e a tornava, a partir de então, colaboradora do marido na sociedade conjugal. Com isso, alguns dispositivos do Código Civil foram alterados, conferindo à mulher casada tratamento igualitário para os atos da vida civil. No entendimento de Barboza (2001), nasce nesse momento a isonomia entre os cônjuges, que viria a se consolidar em 1988, com a Constituição Federal.

Com este Estatuto, a mulher passou a ter o direito de guarda dos filhos menores, salvo em casos expressos. Ela tornou-se colaboradora do marido no exercício do pátrio poder. Teve ainda a prática de uma profissão desvinculada de autorização do marido. Alguns dispositivos do Código, contudo, conferiam ainda privilégio ao marido, o qual permanecia com a atribuição de chefia da unidade familiar e o poder de decisão sobre a fixação do domicílio conjugal. E, caso a mulher se sentisse prejudicada, poderia interpor recurso junto ao judiciário (Verucci, 1999; Barboza, 2001).

O Código de 1916 buscava preservar a família, a qual tinha por fundamento o matrimônio. Os interesses do grupo familiar deveriam ser priorizados ante os de seus integrantes, ou seja, o grupo tinha precedência sobre o indivíduo. Por conta disso, o divórcio, até o ano 1977, não existia no Brasil. A separação do casal era restrita à separação de corpos e de bens, sendo permitida apenas em caso de "adultério, tentativa de morte, sevícias ou injúrias graves e abandono de lar voluntário, por mais de dois anos contínuos, além do mútuo consentimento dos consortes, quando casados há mais de dois anos" (Farias, 2004, p. 110). O vínculo conjugal, contudo, permanecia indissolúvel. Até 1977, o Código de 1916 denominava o rompimento da sociedade conjugal de "desquite".

Com a aprovação da Lei n. 6.515/77, conhecida como Lei do Divórcio, tornou-se possível o rompimento do vínculo conjugal, alterando a denominação do ato jurídico de "desquite" para "separação judicial". A partir desta lei, a mulher não seria mais obrigada a usar o patronímico do marido. Diante da separação do casal, o homem, igualmente, passou a ter direito à pensão alimentícia (Verucci, 1999; Dias, 2001).

No que se refere à proteção dos filhos, em caso de separação judicial, ficou estabelecido que sua manutenção seria obrigação de ambos os pais, na proporção de seus proventos. Quanto à posse e guarda dos menores de idade, merece destaque o artigo 10 da Lei n. 6.515/77:

> Art. 10 — Na separação judicial fundada no *caput* do art. 5º, os filhos menores ficarão com o cônjuge que não houver dado causa.
>
> § 1º — *Se pela separação judicial forem responsáveis ambos os cônjuges; os filhos menores ficarão em poder da mãe*, salvo se o juiz verificar que de tal solução possa advir prejuízo de ordem moral para eles (grifos nossos).

Chama atenção o fato de que as sucessivas alterações na legislação vieram a ampliar os direitos das mulheres na vida civil e na esfera doméstica, mas, ao que parece, permaneceu inalterável, ou inquestionável, a ideia de que seriam mais aptas do que os homens aos cuidados dos filhos. Como expressa o artigo citado, quando ambos os cônjuges fossem responsáveis pela separação, a mulher seria beneficiada com a guarda dos filhos. A prevalência materna quanto aos cuidados infantis se estenderá ao terceiro milênio, apesar dos avanços legislativos trazidos com a nova Carta Constitucional, como será demonstrado adiante.

Com a Constituição de 1988, na visão de Barboza (2001), inauguram-se "novos paradigmas que colocam o ser humano e sua plena realização como a razão primeira e fim último de todas as normas constitucionais" (p. 72). Com isso, alterações jurídicas significativas irão marcar a entidade familiar, a qual, segundo expõe Gama (2008), passa a ser vista como sede do desenvolvimento das potencialidades e da realização individual de seus componentes. Homens e mulheres passaram a ter iguais direitos e deveres perante a sociedade conjugal.[5] O homem deixa de ser visto como o responsável ou o "chefe da família"; agora, ele irá dividir com a mulher os encargos da administração familiar. Além disso, crianças e adolescentes passam à condição de sujeitos de direito, com absoluta prioridade assegurada pela legislação.[6] Os filhos nascidos ou não do casamento terão os mesmos direitos, sendo eliminada qualquer forma de discriminação.

Um novo Código Civil brasileiro só entrou em vigor em janeiro de 2003, mas, segundo análise de alguns juristas, ele surge atrasado em face das transformações pelas quais passou a sociedade nas últimas décadas. O Código, em realidade, foi alterado no sentido de adequar sua estrutura e conteúdo aos princípios constitucionais (Farias, 2004; Albuquerque, 2004; Fachin, 2001), dentre os quais se destacam o da liberdade e o da igualdade, que passam a emoldurar as relações familiares.

Cabe mencionar que, tendo em vista a isonomia entre os cônjuges explicitada pela Constituição Federal de 1988, a expressão "pátrio poder" foi substituída no Código de 2002 por "poder familiar". No entendimento de Lôbo (2001, p. 154), contudo, não foi alterado de forma substancial o instituto inicial, que, antes, exclusivo do pai, passa a ser compartilhado com a mãe. Segundo o autor, o Código não apreendeu a natureza da mudança do instituto, realizando apenas algumas adaptações.

---

5. § 5º do art. 226 da Constituição Federal de 1988.

6. Art. 227 da Constituição Federal, *caput*: "É dever da família, da sociedade e do Estado assegurar à criança e ao adolescente, com absoluta prioridade, o direito à vida, à saúde, à alimentação, à educação, ao lazer, à profissionalização, à cultura, à dignidade, ao respeito, à liberdade e à convivência familiar e comunitária, além de colocá-los a salvo de toda forma de negligência, discriminação, exploração, violência, crueldade e opressão."

Em realidade, na visão do autor, a mudança foi no sentido de o poder converter-se em autoridade, no que diz respeito aos filhos. Como explica Lôbo (2001),

> [...] o poder familiar, sendo menos poder e mais dever, converteu-se em múnus, concebido como encargo legalmente atribuído a alguém, em virtude de certas circunstâncias, a que não se pode fugir. O poder familiar dos pais é ônus que a sociedade organizada a eles atribui, em virtude da circunstância da parentalidade, no interesse dos filhos (op. cit., p. 155-156).

Este encargo, portanto, seria antes um compromisso assumido pelos pais, compromisso do qual não podem se ausentar. Nesse sentido, pode-se recordar que esta questão já foi abordada por Legendre (2004), quando este destaca que os pais assumem o encargo de fazer viver o humano, isto é, o de fundar a humanização do ser vivente, sendo responsáveis por um "segundo nascimento" do ser, o nascimento enquanto ser humano. O autor ressalta, assim, o que denomina poder genealógico do Estado em assegurar que os responsáveis não regulem tal encargo ao sabor de interesses próprios.

Cabe notar que, embora as mudanças legislativas tenham conferido igualdade jurídica a homens e mulheres em termos da vida civil, no campo das relações parentais, a assimetria, ao que parece, tomou nova expressão. Se a mãe tem seu lugar assegurado — e valorizado — na família, o mesmo não ocorre com o pai, o qual pode ser chamado a qualquer tempo para comprovar sua paternidade. Conforme demonstram alguns estudos (Brito, 2008b; Sousa, 2005), a presunção de paternidade, priorizada nos Códigos anteriores, vem cedendo lugar ante a imprescritibilidade da ação investigatória de paternidade[7] que privilegia o vínculo biológico entre a criança e seu genitor. Assim, hoje, com os avanços no campo da biotecnologia, um homem poderá ter sua paternidade impugnada por meio do exame de DNA caso este revele inexistência de laço biológico. Contudo, o

---

7. Art. 1.601 do Código Civil: "Cabe ao marido o direito de contestar a paternidade dos filhos nascidos de sua mulher, sendo tal ação imprescritível. Parágrafo único: Contestada a filiação, os herdeiros do impugnante têm direito de prosseguir na ação."

entendimento da matéria é ainda polêmico; diversos estudiosos consideram que, uma vez estabelecido, deve-se priorizar o vínculo socioafetivo entre pai e filho (Brito, 2008b; Lôbo, 2001; Veloso, 2000).

A isonomia jurídica expressa na Carta Magna de 1988 enfrenta, ainda, outros obstáculos. Como salienta Verucci (1999, p. 38), embora se tenha avançado no sentido de corrigir, na legislação civil e constitucional, a desigualdade de tratamento conferida a ambos os sexos, a mesma permanece sendo atualizada em leis ordinárias, pela jurisprudência e pelos costumes. Para ilustrar, pode-se citar a recente discussão em torno da alteração do tempo relativo à licença-maternidade para seis meses.

Cabe assinalar que, à primeira vista, uma conquista considerável aos direitos da mulher trabalhadora, a lei referente ao aumento do tempo de licença-maternidade pode encobrir a discriminação em relação ao homem-pai. Com a Constituição Federal de 1988, a licença-maternidade foi ampliada de 80 para 120 dias, sem prejuízo do emprego e do salário da mulher (art. 7º, XVII). Somente nesse momento foi criada a licença-paternidade, para a qual não foi especificado um prazo exato (art. 7º, XIX), mas, de acordo com o artigo 10, § 1º, das Disposições Transitórias da Constituição, é previsto o tempo de cinco dias (Verucci, 1999).

Recentemente, o período da licença-maternidade foi mais uma vez alterado. Agora, as empresas poderão, de forma facultativa, estender o direito à licença por mais dois meses, ou seja, chegando ao total de seis meses, conforme dispõe a Lei n. 11.770/2008. Interessa notar que, em sua justificativa, o projeto de lei, de autoria da senadora Patrícia Saboya, reconhece a importância da criação de um vínculo afetivo adequado da criança com a mãe, o pai e os demais membros do grupo familiar. Segue exaltando os laços "mãe-filho" e "mãe-filho-pai-família" como indispensáveis, principalmente nos primeiros seis meses de vida, para o bom desenvolvimento da criança. Contudo, posteriormente, dá absoluta prioridade aos cuidados maternos, independentemente de a mãe amamentar ou não o seu filho.[8]

---

8. Disponível em: <http://conjur.estadao.com.br/static/text/40656,1>. Acesso em: 24 jun. 2007.

Embora celebrada por uns como valorização da maternidade, a ampliação da licença pode ser vista antes como um benefício para as empresas que adotarem a norma, e não para a mãe trabalhadora. Como explica Lavinas (2008),

> Não se trata de uma escolha das mulheres amamentar por mais tempo, mas de um incentivo fiscal dado a empresas que lograrem instituir essa norma para todas as suas funcionárias. A mistificação do seio materno vai para o colo dos que disciplinaram o trabalho. Agora poderão disciplinar o comportamento materno no que tange ao aleitamento (s/p.).

Com isso, segundo essa autora, a despeito dos avanços e conquistas no mercado de trabalho ao longo da história, mais uma vez a mulher fica atrelada ao dever dos cuidados com os filhos, em notória assimetria com relação ao homem-pai.

No que tange à licença-paternidade, segue proposta de ampliação mais modesta. Em agosto de 2008, a Comissão de Assuntos Sociais do Senado aprovou, em decisão terminativa, Projeto de Lei (PLS n. 666/07) de autoria também da senadora Patrícia Saboya, que amplia a licença-paternidade de cinco para quinze dias.[9] Sem acesso à justificação da senadora para esse projeto de lei, foi verificado que, no relatório da Comissão de Assuntos Sociais do Senado, há referência ao art. 226, da Constituição Federal, que dispõe sobre a igualdade de direitos e deveres de homens e mulheres na sociedade conjugal. Além disso, é apontado pela senadora, segundo esse relatório, que o objetivo da ampliação indicada "[...] seria permitir que os homens tivessem maior contato com os filhos e ajudassem as mães nos primeiros cuidados".[10]

A disparidade entre o prazo da licença-maternidade e o da licença-paternidade está, de certo, marcada pela representação dominante em nossa sociedade de que a mãe é essencial para os cuidados infantis, e o

---

9. Disponível em: <http://oglobo.globo.com/pais/mat/2008/08/06/licenca_paternidade_de_15_dias_aprovada_na_comissao_de_assuntos_sociais_do_senado-547608974.asp>. Acesso em: 1º abr. 2009.

10. Disponível em: <http://www.senado.gov.br/sf/atividade/materia/getPDF.asp?t=22513>. Acesso em: 1º abr. 2009.

pai uma figura coadjuvante, que ajuda a mãe. Mais uma vez, o dado biológico está presente, pois é no corpo da mulher que a criança é gerada e amamentada. Portanto, visando à saúde da mulher e da criança, seria preciso mais tempo de licença à primeira do que ao homem, justificariam alguns. Todavia, como já se expôs em linhas anteriores, foram justificativas como essas que, encobrindo interesses políticos e econômicos, construíram a noção de que a mulher, por sua natureza, deveria se dedicar aos filhos. Indaga-se hoje se medidas como essa não seriam, uma forma de delegar exclusivamente à mulher o cuidado dos filhos, arcando ela com todas as consequências que isso possa ter para sua carreira e empregabilidade, ao mesmo tempo que o Estado se isenta de criar e subvencionar medidas, ou políticas sociais, que viabilizem às mães e aos pais que trabalham fora dividir a atenção com relação à prole.

A realidade brasileira, ao que parece, segue orientação diversa de países como a Suécia, por exemplo, onde desde 1974 a licença-maternidade foi transformada em uma licença remunerada para ambos os pais. Essa licença, atualmente, tem prazo superior a um ano, sendo dividida entre os pais, os quais decidirão sobre os cuidados do recém-nascido (Faria, 2002). Na análise de Goldenberg (2007, s/p.) sobre a licença naquele país, "a proposta visa estimular os homens a assumir um papel ativo na criação dos filhos e propiciar uma divisão mais igualitária das tarefas domésticas".

Cabe indagar, portanto, se no contexto nacional a assimetria entre as licenças citadas não estaria em sentido contrário ao princípio constitucional de isonomia, uma vez que amplia, de forma considerável, o tempo de permanência da mãe com seu filho, relegando a um mínimo a participação do pai. Entende-se que além de estar na contramão do princípio de isonomia, a lei parece não observar os direitos da criança. Cabe lembrar que, como signatário da Convenção Internacional dos Direitos da Criança (1989), o Brasil se compromete a fazer cumprir suas disposições, dentre as quais se destacam os artigos 9º e 18, nos quais se prioriza o direito de a criança manter contato estreito com ambos os pais. Direito este que também aparece expresso na legislação nacional, conforme dispõe o artigo 19 do Estatuto da Criança e do Adolescente (1990).

Essa breve reflexão sobre a licença-maternidade remete às considerações de Barros (2005) sobre as progressivas alterações na legislação nacional no que se refere à família. Para a autora, o homem-pai tem sido, ao longo do tempo, conduzido de um papel central à margem do jogo de forças das relações familiares, ao mesmo tempo que a mulher e os filhos tiveram aumentado seu poder.

Com isso, pode-se pensar que, ao mesmo tempo que as mulheres conquistaram direitos civis e políticos que as equipararam aos homens, permanecem sendo identificadas à maternidade, condição que lhes confere prerrogativas em relação ao homem-pai. Mantendo-se, assim, a antiga desigualdade entre os papéis parentais, que hoje tende a favor da figura materna.

A diferença de tratamento acerca das figuras parentais se faz presente, também, no que tange ao divórcio e à guarda de filhos. Segundo Brito (2000), a legislação civil, ao instituir que após a separação do casal um dos pais será responsável exclusivo pela guarda dos filhos, tendo o outro a possibilidade de visitá-los, bem como de ser "fiscal" de sua educação, como disposto no Código Civil de 2002, situa pais e mães em papéis assimétricos (p. 179). Dessa forma, continua a autora, contribui-se para a deserção do genitor não residente frente aos cuidados e responsabilidades com a prole. Vale mencionar, ainda, que pesquisas realizadas com mães e pais separados (Brito, 2001; Wallerstein e Kelly, 1998) comprovam que a menor participação de um dos genitores na vida dos filhos após a separação do casal não é consequência de uma questão de gênero, mas pode estar relacionada à condição de visitante.

Na análise das transformações apontadas pela Constituição Federal de 1988, Brito (2003) comenta que ao ser estabelecida a igualdade entre os cônjuges, é exigido um novo contrato conjugal, pois não há mais a figura do chefe de família. Com isso, a mulher conquista um novo *status*, o que irá implicar a construção de novas formas de conjugalidade. Antes, prevalecia a imagem de que, com o casamento, marido e mulher formavam uma só carne; já a partir do princípio da isonomia jurídica, esses passam a ser vistos como sujeitos diferentes e autônomos. Como esclarece a autora,

O entendimento vigente é o de que o casal é construído por duas pessoas distintas, que possuem histórias, pensamentos e ideias próprias; logo, a igualdade não pode ser interpretada como ausência de diferenças. Na sociedade conjugal, agora, os parceiros se veem como seres distintos, sendo necessário o respeito às individualidades. A menção à igualdade refere-se, justamente, ao reconhecimento e respeito às diferenças (Brito, 2003, p. 334).

Diante do rompimento da união conjugal, continua a autora, a igualdade de direitos e a divisão de responsabilidades na condução da família precisam, portanto, ser redefinidas para que se mantenham preservados os vínculos de filiação entre pais e filhos. Cabe lembrar mais uma vez que, em nossa sociedade, esses vínculos estiveram historicamente relacionados ao vínculo conjugal. Com a alteração da legislação, ressalta Brito (2003, p. 327), compreende-se que a indissolubilidade, na verdade, refere-se à filiação e não à união entre os cônjuges.

No entanto, conforme observa a autora, nas situações de divórcio e guarda de filhos surgem discursos tradicionais que defendem a necessidade de uma autoridade única em relação à guarda das crianças, como forma de evitar confusões e possíveis prejuízos a elas. Diante disso, conclui a autora que, após a separação do casal "[...] este critério [o de isonomia] deixa de vigorar, quando se retorna à indicação de uma chefia única para a guarda [...]" (op. cit., p. 336).

Acrescente-se que o princípio da isonomia jurídica parece ceder lugar à representação dominante de que a mulher, por natureza, estaria mais capacitada a permanecer com a prole. Com isso, há uma tendência de, nas decisões judiciais, se conceder a guarda dos filhos às mulheres, ao mesmo tempo que se designa aos pais o papel de visitante quinzenal (Castro, 1998; Ridenti, 1998), como também apontam as pesquisas realizadas pelo IBGE.[11]

Malheiros (1994), no entanto, adverte que a disposição do sistema jurídico em conceder a guarda à mãe é antes por razões culturais do que

---

11. Idem nota 9, Capítulo 1.

biológicas. Nesse caso, poderia se objetar se é possível fazer uma separação estrita entre os discursos que circulam, que perpassam o contexto social. Como reflete Foucault (2005), os discursos científicos carregam o valor de verdade, servindo muitas vezes para o embasamento de decisões judiciais.

Castro (1998) argumenta que as disposições legais no Brasil relegam o pai a uma condição que em pouco pode influenciar na criação e na educação dos filhos, ao mesmo tempo que o deixa ao dispor dos interesses e excessos da mãe guardiã quanto à convivência com os filhos. Vale mencionar que esse dado pôde ser comprovado pelo estudo de Padilha (2007), em que pais, na condição de visitantes, revelaram que, após o divórcio, mantinham proximidade com os filhos porque a ex-esposa permitia. Os entrevistados enfatizaram que, principalmente logo após a separação do casal, não possuíam autonomia para conduzir os encontros com os filhos, sentindo-se à mercê das vontades da ex-mulher, a responsável pela guarda.

Diante dos aspectos relacionados, vale recordar, mais uma vez, o alerta de vários autores (Barros, 2005; Brito, 2008b; Legendre, 2004) quanto à importância do sistema jurídico intervir, impondo o limite a pais e mães para que não regulem os vínculos parentais conforme seus interesses e vontades.

Visando alterar esse quadro de assimetria em relação à guarda de filhos, foi promulgada em 2008 a Lei n. 11.698/08, que institui a guarda compartilhada. Com a nova lei, foram alterados os artigos 1.583 e 1.584 do Código Civil, os quais regulam sobre a posse e guarda dos filhos menores de idade diante da separação do casal. Conforme exposto em capítulo anterior, como ainda não se dispõe de dados sobre os efeitos dessa lei nos encaminhamentos jurídicos e nas relações sociais, optou-se por trabalhar com questões pertinentes até o momento da alteração da norma legal.

De certo, uma nova forma de pensar os papéis sociais de homens e mulheres impõe uma nova cultura no trato de questões relativas ao divórcio. Como destaca Karan (1998), para que a isonomia jurídica passe a vigorar no contexto da separação do casal é preciso superar o velho modo de pensar o papel do homem-pai. Como afirma a autora,

[...] a concretização do princípio da igualdade entre homens e mulheres passa também, necessariamente, pelo estabelecimento de uma nova forma de relacionamento entre pais e filhos, em que o papel do pai não seja mais o de um simples coadjuvante, dividindo, sim, com a mãe, as funções de criação e educação dos filhos (op. cit., p. 186).

No entanto, diante dos aspectos relacionados ao longo deste capítulo, parece que o *status* conferido à figura materna ganha cada vez mais destaque em nossa sociedade. Ao mesmo tempo, o pai é colocado em um lugar incerto, com uma imagem débil e desvalorizada, podendo, hoje, ser facilmente destituído de seu papel. Na visão de Hurstel (1996a, p. 125), tal situação vem dando sequência à dupla exclusão do pai: uma exclusão real, pois muitas vezes ele está ausente; e a outra, simbólica, já que sua autoridade, sua palavra, são colocadas em risco em nome da autoridade conferida à mãe. Ademais, as representações dominantes, como lembra Hurstel (1996b, p. 16), reforçam a relação entre mãe e filhos em detrimento não só do pai, mas também das mulheres, uma vez que elas são conduzidas a se identificarem inteiramente com o papel de mãe.

Considera-se, portanto, que, para a igualdade de direitos entre as figuras parentais são fundamentais medidas que envolvam as legislações, as decisões judiciais e o contexto social com suas instituições. Tornam-se necessários, também, maior rigor e debate sobre leis ordinárias que seguem, por vezes, conferindo tratamento desigual a homens e mulheres no âmbito familiar, e, consequentemente, influenciando o direito dos menores de idade a terem ampla convivência com ambos os pais.

3

Os caminhos da pesquisa

Como explicitado inicialmente, o propósito desta pesquisa foi identificar, descrever, sistematizar e problematizar as construções teóricas, enunciados e argumentos sobre a síndrome da alienação parental (SAP), avaliando o que vem fundamentando a discussão em torno do tema, especialmente no contexto nacional.

A realização de pesquisa bibliográfica foi considerada mais pertinente ao objetivo proposto por se entender que em livros, artigos e outras publicações os autores apresentariam de forma mais sistematizada os conceitos e pontos de vista adotados, bem como o referencial teórico em que baseiam seus argumentos.

Na pesquisa bibliográfica, o trabalho se concentra no levantamento e na discussão da bibliografia acerca do tema em questão. A importância desse tipo de pesquisa, na opinião de Neto (1994, p. 52-53), reside no fato de que "permite articular e sistematizar a produção de uma determinada área de conhecimento. Ela visa criar novas questões num processo de incorporação e superação daquilo que já se encontra produzido". Ainda segundo esse autor, o levantamento do material pesquisado é feito em bibliotecas e centros de documentação; assim, o confronto e a discussão de ideias é de natureza teórica, e não ocorre diretamente entre o pesquisador e os participantes que estão inseridos em determinado contexto social.

Outros autores também trazem considerações acerca da pesquisa bibliográfica, ou pesquisa teórica. De acordo com Demo (1997, p. 35), ela está "orientada para a (re)construção de teorias, quadros de referência, condições explicativas da realidade, polêmicas e discussões pertinentes". Embora não realize intervenção direta na realidade, é condição fundamental para a intervenção competente.

Rizzini, Castro e Sartor (1999) comentam que a prática de pesquisa no Brasil tem dado destaque a métodos e técnicas que colocaram em questão a eficácia dos métodos tradicionais. Nesse sentido, destacam a contribuição da pesquisa bibliográfica, a qual, explicam,

> [...] tem sua classificação justificada no tipo de recurso que utiliza: é um tipo de pesquisa que investiga ideias, conceitos, que compara as posições de diversos autores em relação a temas específicos e faz uma reflexão crítica sobre estas ideias e conceitos, defendendo uma tese (op. cit., p. 35).

Compreende-se, portanto, que a organização sistemática e a análise de publicações nacionais sobre o tema SAP, confrontadas com pesquisas e estudos sobre separação conjugal e guarda de filhos, possibilitam a apreensão do tratamento que o assunto tem recebido, ao mesmo tempo que permitem refutar ou não os argumentos que dão fundamento à existência dessa suposta síndrome.

Em um primeiro momento desta pesquisa, no decorrer do levantamento do material produzido no Brasil sobre a SAP, verificou-se que havia vários textos disponibilizados em *sites* de associações de pais separados, algumas traduções do original em inglês, com diversas referências à literatura sobre o assunto, especialmente a norte-americana. Tendo isso em vista, priorizou-se a busca a fontes primárias, ou seja, os textos no idioma original em que foram produzidos, bem como aqueles que são utilizados como referência, especialmente os de autoria de Richard Gardner sobre a SAP. A busca desses textos foi feita na Internet, por meio do *site* de busca Google. Nesse momento, foi possível ter dimensão da propagação do tema SAP. Há vários *sites* sobre o assunto, inclusive um de Gardner, com grande quantidade de textos disponibilizados. Como já foi dito, para a seleção dos textos em língua estrangeira foi dada preferência aos que eram de autoria do psiquiatra norte-americano, bem como os de outros autores que são citados de forma recorrente quando o assunto é a SAP.

Foi realizada, ainda, busca em acervos de livros, catálogos de teses e periódicos de bibliotecas, bem como em *sites* e portais de periódicos na Internet. Para a busca em *sites* e provedores internos de bibliotecas foram inseridas palavras-chave como: separação conjugal, divórcio, guarda de filhos, síndrome da alienação parental e alienação parental. Cabe destacar que até o momento da realização dessa busca não foram encontrados em periódicos nacionais nas áreas de psicologia, psiquiatria e serviço social textos sobre esses últimos temas.

Chama a atenção a ausência de textos especialmente na área da psiquiatria, já que se trata de uma síndrome que, segundo alguns, vem se disseminando rapidamente em situações de litígio conjugal. Possivelmente, isso ocorre porque, além de ser uma discussão relativamente recente no Brasil, trata-se de um tema que é difundido especialmente entre profissionais que atuam nos juízos de família, como operadores do Direito, psicólogos e assistentes sociais. Há, ainda, profissionais nas áreas de psiquiatria e pediatria que atuam como peritos nomeados pelo juízo para atuar em causas de litígio conjugal, mas, ao que parece, o tema SAP não foi, até o momento, objeto de exame por essas disciplinas.

Acrescenta-se o fato de que, além da presente investigação, não foi identificada pesquisa científica sobre o tema SAP no cenário nacional.

Notando que, no Brasil, o assunto surgiu principalmente por meio de associações de pais separados, acompanhou-se mensalmente a atualização dos *sites* dessas associações em busca por novas informações sobre a difusão do tema SAP. Além disso, com o recebimento da mala-direta do *Boletim Eletrônico* do Instituto Brasileiro de Direito de Família (IBDFAM), que tem número variado de edições a cada mês, e por meio da participação em correio eletrônico para grupos (*Yahoo!Grupos*) da *Associação de pais e mães separados* (Apase) foi possível acompanhar a divulgação de *sites*, livros, artigos, cartilhas, panfletos, documentários, projeto de lei, entrevistas com profissionais, matérias em jornais e revistas, reportagens, bem como a realização de eventos sobre a tema SAP. Atualmente, parte dessa divulgação encontra-se organizada em um *site* brasileiro voltado exclusivamente para o tema.[1]

Verificou-se que, no material antes citado, comumente aparecia o termo alienação parental, sendo, por vezes, empregado como sinônimo

---

1. Disponível em: <http://www.alienacaoparental.com.br/>. Acesso em: 2 abr. 2009.

da SAP. Diante disso, foi considerado pertinente no levantamento do material sobre a SAP revisar também publicações que traziam em seu título e/ou conteúdo o tema alienação parental. Nesse sentido, pode-se citar o documentário de Alan Minas, *A morte inventada* (2009),[2] o qual possui um *site* com o mesmo nome em que se pode ter acesso à sinopse do documentário.[3] Encontram-se, ainda, algumas reportagens sobre alienação parental no *site* de vídeos *YouTube*.

Rastreando o material produzido no Brasil sobre o tema SAP, pôde-se notar que a Apase tem sido um dos principais meios de divulgação do assunto. Constituída como sociedade civil sem fins lucrativos em 1997, na cidade de Florianópolis, a Apase assegura que fundamenta seus ideais na Constituição Federal e no Estatuto da Criança e do Adolescente. Nos últimos anos, atuou ativamente para a criação da lei sobre a guarda compartilhada, a qual foi sancionada em 13 em junho de 2008 pelo presidente da República. Em fins do mesmo ano, após a entrada em vigor desta lei, a Apase juntamente com alguns profissionais que atuam no judiciário voltaram-se para a elaboração de um novo anteprojeto de lei, agora, tendo como alvo o que chamam de alienação parental.

No entanto, foi especialmente a partir do ano de 2006, quando da tramitação do projeto de lei sobre a guarda compartilhada, que a Apase decidiu mudar seu foco de atenção. Justificando que, "em decorrência da celeridade com que o Projeto de Lei está tramitando, [e] do novo artifício usado pelos genitores guardiões em não aceitar a participação do genitor não guardião no desenvolvimento dos filhos [...]", a associação estabeleceu como prioridade em suas ações a difusão do tema SAP, ou "novo artifício", como refere.[4]

Verificou-se, ainda, que a Apase deu início ao seu intento já em dezembro de 2005, com a realização do seminário *Alienação parental: uma*

---

2. Cabe informar que o conteúdo do referido documentário não consta no material analisado neste estudo devido ao fato de seu lançamento oficial ter sido posterior ao encerramento deste.

3. Disponível em: <http://www.amorteinventada.com.br/>. Acesso em: 27 maio 2009.

4. Disponível em: <http://www.apase.org.br/12004-historia_apase.htm>. Acesso em: 15 jun. 2008.

leitura interdisciplinar, que contou com a participação de profissionais das áreas de ciências humanas e sociais, na Escola de Magistratura do Estado do Rio de Janeiro (EMERJ).

Pôde-se constatar que o tema SAP chegou ao sistema judiciário brasileiro, principalmente, por meio de eventos promovidos em parceria com as associações de pais separados, também por iniciativa de profissionais do Direito. No Tribunal de Justiça do Rio Grande do Sul, a SAP foi tema de debate no seminário *A Justiça e a invisibilidade do incesto*, em setembro de 2006, organizado pela desembargadora Maria Berenice Dias.[5] A SAP foi também tema da palestra *Síndrome da alienação parental e implantação de falsas memórias*, apresentada pela referida desembargadora, no I Congresso Internacional Brasileiro de Direito de Família, em novembro de 2006 na cidade de Brasília.[6]

Pela primeira vez, o tema esteve presente em um dos mais importantes eventos sobre direito de família no país, o VI Congresso Brasileiro de Direito de Família, promovido pelo IBDFAM, em novembro de 2007. O tema foi exposto sob o título *Síndrome da alienação parental e a aplicação da convenção de Haia*, em palestra proferida pelo advogado Paulo Lins e Silva. Ainda em novembro do mesmo ano, teve realização na EMERJ a palestra *Parentalidade e a síndrome de alienação parental e os impactos da inaplicabilidade das convenções internacionais de menores no Brasil, notadamente a convenção de Haia*, apresentada pelo mesmo profissional.

A teoria de Richard Gardner sobre a SAP teve destaque também em evento regional, no I Simpósio Sul-Brasileiro de Psicologia Jurídica realizado em abril de 2009 na cidade de Porto Alegre, com apresentação de mesa-redonda de profissionais do Direito e da Psicologia.

Localizaram-se, ainda, alguns artigos e livros produzidos por autores nacionais sobre o tema SAP e alienação parental, sendo a Apase e o IBDFAM importantes fontes de divulgação desse material.

---

5. Disponível em: <http://www.tj.rs.gov.br/site_php/noticias/mostranoticia.php?assunto=1&categoria=1&item=39309>. Acesso em: 7 nov. 2007.

6. Disponível em: <http://www.amb.com.br/portal/index.asp?secao=mostranoticia&mat_id=6070>. Acesso em: 3 jul. 2008.

Com organização e publicação pela Apase, foi lançado em setembro de 2007 o livro *Síndrome da alienação parental e a tirania do guardião*, em evento realizado na Associação do Ministério Público do Estado do Rio de Janeiro (AMPERJ). Cabe informar que, recentemente, em abril de 2009, este livro foi indicado na bibliografia do edital para concurso público para provimento do cargo de psicólogo judiciário do Tribunal de Justiça do Estado do Rio Grande do Sul.[7]

A *Revista Brasileira de Direito de Família*, uma publicação do IBDFAM, em suas edições de número 37 e 40 também apresentou artigos discorrendo acerca do tema SAP (Goldrajch, Maciel e Valente, 2006) e da alienação parental (Fonseca, 2007), respectivamente.[8] Outro artigo sobre a SAP (Lins e Silva, 2008) pode ser encontrado nos Anais do VI Congresso Brasileiro de Direito de Família, publicação também do IBDFAM. Na edição de número 54 do *Boletim IBDFAM* (2009) teve destaque entrevista com o magistrado idealizador do projeto de lei sobre alienação parental.

Além das publicações mencionadas anteriormente, há o livro *Incesto e alienação parental: realidades que a Justiça insiste em não ver*, coordenado pela desembargadora Maria Berenice Dias, lançado em novembro de 2007. O tema SAP aparece, ainda, como capítulo do livro *Manual de psicologia jurídica para operadores do Direito* (Trindade, 2004), bem como item do livro *Psicologia jurídica no processo civil brasileiro: a interface da psicologia com direitos nas questões de família e infância* (Silva, 2003).

De posse do material listado, seguiu-se para a fase de interpretação e discussão, sendo empregado o método de análise de conteúdo. Como expõe Bardin (1979), esse método pode ser definido como:

> Um conjunto de técnicas de análise das comunicações visando obter, por procedimento das mensagens, indicadores (quantitativos ou não) que per-

---

7. Disponível em: <http://www.fundatec.com.br/home/portal/concursos/editais/edital-99.pdf>. Acesso em: 27 maio 2009.

8. Cabe esclarecer que os temas relacionados também foram abordados em artigos publicados em edição posterior da *Revista Brasileira de Direito de Família*, quando o presente estudo já havia sido encerrado. Portanto, tais artigos não integram o material analisado neste livro.

mitam a inferência de conhecimentos relativos às condições de produção/ recepção (variáveis inferidas) destas mensagens (op. cit., p. 42).

No entendimento de Chizzotti (1991, p. 98), a análise de conteúdo tem por objetivo "[...] compreender criticamente o sentido das comunicações, seu conteúdo manifesto ou latente, as significações explícitas ou ocultas". Ou ainda, como bem sintetizam Rizzini, Castro e Sartor (1999, p. 91), essa técnica tem por função a observação do significado de um texto, sendo, portanto, essencialmente interpretativa. A técnica, contudo, não se limita a textos, como enfatizam os referidos autores e Bardin (1979). Estes explicam que qualquer forma de comunicação, falada ou escrita, pode ser traduzida ou decifrada por meio da análise de conteúdo.

Segundo Bardin (1979), a intenção da análise de conteúdo é realizar a inferência do "conhecimento relativo às condições de produção" (p. 38), em outros termos, os fatores que determinaram certas características da mensagem. Ou ainda, com a inferência busca-se revelar os significados que se encontram em segundo plano, uma mensagem subjacente à mensagem primeira. Através da inferência, ou dedução lógica, continua esse autor, o analista pode responder sobre o que conduziu a determinado enunciado, bem como seus possíveis efeitos (p. 39). A inferência, para Bardin (1979), situa-se como o procedimento intermediário entre a descrição das características do texto e sua interpretação.

Quanto aos procedimentos, a análise de conteúdo implica um processo de categorização de temas que serão investigados no texto. Para tanto é preciso que se delimite unidades de registro, as quais permitirão analisar o conteúdo de uma mensagem. As unidades de registro são obtidas mediante a decomposição do conjunto da mensagem, podendo ser palavras, frases, signos, expressões etc. Há, ainda, as unidades de contexto, nas quais se especifica o contexto do qual emerge a mensagem analisada (Bardin, 1979; Gomes, 1994; Rizzini, Castro e Sartor, 1999).

De acordo com Bardin (1979), seguido por vários autores (Gomes, 1994; Minayo, 1992; Triviños, 1987), a análise de conteúdo divide-se em três etapas específicas: a *pré-análise*, na qual é feita a seleção e a organização do material a ser analisado. A partir de uma leitura inicial desse material se esquematiza um plano de análise, bem como se definem objetivos, questões de estudo, unidades de registro e as categorias. A segunda fase, *exploração do material*, começa já na fase anterior, sendo indicada como a fase mais longa, quando o material é então submetido a um estudo aprofundado. A codificação e a categorização são os procedimentos básicos nesse momento. Na terceira fase, ou *tratamento dos resultados obtidos*, o analista infere e interpreta conteúdos subjacentes ao que é manifesto, como fundamentos ideológicos, tendências e outras determinações do tema em análise.

Considera-se, portanto, que a utilização do método exposto para a análise das publicações de autores brasileiros sobre a SAP torna possível revelar intenções, discursos, preconceitos e fundamentos ideológicos encobertos por falas pretensamente científicas, ou por outras que se justificam por meio de observações e práticas daqueles que lidam com situações da separação conjugal. As inferências e constatações obtidas serão fundamentais para problematizar a inserção e as consequências dessa síndrome — como tem sido propagado —, para o debate realizado no Brasil acerca da separação conjugal e a guarda de filhos.

A síndrome da alienação parental e outras perspectivas

4.1 A criação de uma síndrome

Pensar a existência de uma síndrome que se manifesta especificamente em situações de litígio conjugal requer uma postura de distanciamento, requer contornar sua evidência, acompanhar ou mesmo descrever a teoria, os argumentos que são utilizados para fundamentá-la ou lhe dar sustentação. Para tanto, é imprescindível expor as ideias e proposições daquele que primeiro descreveu essa síndrome, não no sentido de confirmá-las, mas de tentar saber se é possível ou se há maneira de pensar tal síndrome de forma diferente, levantando questões.

Nesse intuito, far-se-á uso de uma perspectiva foucaultiana que põe à disposição do pesquisador uma "caixa de ferramentas" que pode auxiliar a desvelar discursos[1] e estratégias subjacentes à formulação do conceito de síndrome da alienação parental. Não se pretende aqui fazer a revisão dos conceitos e proposições do filósofo francês, mas, como ele próprio sugere, usar de forma livre o que disse (Foucault, 1999, p. 4).

Professor de psiquiatria infantil da Universidade de Columbia (EUA), falecido em 2003, Richard Gardner se tornou conhecido ao cunhar, em meados dos anos 1980, uma síndrome que ocorreria especialmente em crianças expostas a disputas judiciais entre seus pais. Informa Rand (1997)

---

1. Veyne (1982, p. 160), de forma sintética, explica que, para Foucault, "a palavra *discurso* ocorre tão naturalmente para designar o que é dito quanto o termo prática para designar o que é praticado" (grifo do autor).

que, ao longo dos anos 1970 Gardner trabalhou como psiquiatra forense, conduzindo avaliações de crianças e famílias em situações de divórcio. No início dos anos 1980, observou que crescia o número de crianças que exibiam rejeição e hostilidade exacerbada por um dos pais, antes querido. Originalmente, Gardner (1991) pensou se tratar de uma manifestação de *brainwashing* (lavagem cerebral), termo que, segundo o autor, serve para designar que um genitor de forma sistemática e consciente influencia a criança para denegrir o outro responsável[2] (s/p., tradução nossa). Contudo, logo depois, concluiu que não seria simplesmente uma lavagem cerebral, fazendo uso então do termo *síndrome da alienação parental* (SAP) para designar o fenômeno que observava.

A SAP foi descrita por Gardner como sendo um distúrbio infantil, que surge, principalmente, em contextos de disputa pela posse e guarda de filhos. Manifesta-se por meio de uma campanha de difamação que a criança realiza contra um dos genitores, sem que haja justificativa para isso. Essa síndrome, segundo o psiquiatra norte-americano, resulta da programação da criança, por parte de um dos pais, para que rejeite e odeie o outro, somada à colaboração da própria criança — tal colaboração é assinalada como fundamental para que se configure a síndrome[3] (Gardner, 2001a, s/p., tradução nossa). Segundo Gardner (1991), a SAP é mais do que uma lavagem cerebral, pois inclui fatores conscientes e inconscientes que motivariam um genitor a conduzir seu(s) filho(s) ao desenvolvimento dessa síndrome, além da contribuição ativa desse(s) na difamação do outro responsável.

---

2. O texto em língua estrangeira é: "The term brainwashing implies that one parent is systematically and consciously programming the child to denigrate the other parent." Disponível em: <http://www.fact.on.ca/Info/pas/gardnr01.htm>. Acesso em: 24 fev. 2009.

3. O texto em língua estrangeira é: "The parental alienation syndrome (PAS) is a childhood disorder that arises almost exclusively in the context of child-custody disputes. Its primary manifestation is the child's campaign of denigration against a parent, a campaign that has no justification. It results from the combination of a programming (brainwashing) parent's indoctrinations and the child's own contributions to the vilification of the target parent. When true parental abuse and/or neglect is present, the child's animosity may be justified and so the parental alienation syndrome explanation for the child's hostility is not applicable." Disponível em: <http://www.rgardner.com/refs/pas_intro.html>. Acesso em: 2005.

Importa destacar que a SAP não foi a única síndrome relacionada às situações de litígio conjugal que surgiu nos últimos tempos nos Estados Unidos. Como informa Rand (1997), outras três síndromes foram definidas.[4] Primeiramente, em 1986, há destaque para a *Sexual Allegations in Divorce Syndrome* ou *SAID Syndrome* (síndrome das alegações sexuais no divórcio) descrita pelos psicólogos Blush e Roos. Baseados em suas experiências e de outros profissionais, esses autores traçaram tipologias para os genitores que empreenderiam falsas acusações de abuso sexual, bem como para a criança envolvida e o genitor falsamente acusado. As outras duas síndromes, continua Rand (1997), foram referidas exclusivamente às mães. A *Medea Syndrome* (Síndrome de Medeia), mencionada em 1988 por Jacobs, e em 1989 por Wallerstein, faz alusão ao personagem da mitologia grega, Medeia, que, para se vingar da traição de seu esposo, Jasão, mata os filhos do casal. A Medeia moderna não chegaria ao assassínio, mas teria por objetivo destruir a relação dos filhos com o pai. Nessa síndrome, segundo os autores, a mãe veria a criança como extensão de si, e, com isso, a utilizaria como agente de sua vingança contra o ex-companheiro. Por fim, em 1994, Turkat definiu a *Divorce Related Malicius Mother Syndrome* (síndrome da mãe malvada no divórcio). A mãe, nessa síndrome, é vista como aquela que interfere ativamente na relação da criança com o pai, fazendo uso de diferentes estratégias, como o intenso litígio, por exemplo, no intuito de se vingar do ex-cônjuge.

Os escritos de Gardner, assim como as síndromes citadas anteriormente, dão destaque à figura materna, fazendo, com frequência, alusão a ela como indutora da criança à SAP. No entanto, no decorrer do tempo, observa-se que esse autor modifica tal concepção, como será demonstrado posteriormente. Mas, para efeito de ilustração de suas ideias, na primeira parte do presente capítulo optou-se por manter a referência que comumente faz às mães como indutoras primordiais da síndrome.

Chama atenção o fato de que em um breve período de tempo, nas décadas de 1980 e 1990, tenham sido definidas quatro síndromes, dentre

---

4. Cabe esclarecer que as síndromes descritas não possuem reconhecimento oficial, ou seja, não constam em manuais psiquiátricos de classificação de transtornos mentais.

as quais a SAP, com características tão próximas. É fundamental indagar: por que a partir de determinado momento os comportamentos de crianças, em meio ao litígio conjugal, foram identificados como resultado de uma síndrome? Antes do período referido não existiam brigas e disputas entre ex-cônjuges? Não havia o afastamento de crianças em relação a um dos pais após o desenlace conjugal?

Segundo Rand (1997), as síndromes mencionadas, incluindo a SAP, surgiram como resultado de transformações sociais ocorridas em meados dos anos 1970. Época em que o tratamento legal acerca do divórcio, em diversos estados norte-americanos, deixou de priorizar a mulher quanto à guarda dos filhos menores de idade e passou a respaldar, preferencialmente, a guarda compartilhada e o critério do melhor interesse da criança. Vale mencionar que essa perspectiva é também adotada por Gardner (2001a) para justificar o aumento de casos em sua prática clínica, identificados por ele como sendo de SAP.

A discussão sobre o surgimento daquelas síndromes, especialmente da SAP, no contexto norte-americano, não será abordada de forma mais extensa, uma vez que o presente estudo tem como prioridade mapear o incremento do tema síndrome da alienação parental no Brasil, como será demonstrado.

Pela justificativa dos autores citados anteriormente, poderia se deduzir que aquelas síndromes recaem sobre as mães pelo fato de elas terem perdido o privilégio da guarda dos filhos nos tribunais norte-americanos, passando, com isso, a lançar mãos de estratégias malévolas para continuarem sendo beneficiadas. Além disso, os discursos sobre tais síndromes podem levar a concluir que o contexto do litígio conjugal favorece a manifestação de psicopatologias em alguns indivíduos, ou mesmo a produção de certos distúrbios como a SAP, por exemplo. Mas, talvez, essas sejam conclusões por demais apressadas.

Na tentativa de escapar a conclusões como essas, ou a supostas evidências, vale lembrar Foucault (2000; 2005), para o qual as práticas sociais não só produzem certos saberes, como também fazem surgir novos conceitos, objetos. Práticas estas bem datadas, definidas em um certo momento histórico, não por uma racionalidade ou causalidade, mas por multiplicidade, embate e dispersão de forças. Veyne (1982), seguindo o pensamento do filósofo francês, convida-nos a deixar de considerar os objetos como naturais, e voltar o olhar para as práticas que os constituem, pois, segundo ele, "[...] esquecemos a prática para não mais ver senão os objetos que a reificam a nossos olhos" (p. 154). Esse autor propõe, assim, que se inverta a lógica que privilegia o evidente, e busque-se, justamente, o que se encontra ocultado, ou seja, a prática. Prática que é oculta não porque misteriosa, mas por não estar consciente para as pessoas, os seus agentes. Veyne (1982, p. 159) sintetiza muito bem a relação entre objetos e prática quando afirma que, "os objetos parecem determinar nossa conduta, mas, primeiramente, nossa prática determina esses objetos. Portanto, partamos, antes, dessa própria prática, de tal modo que o objeto ao qual ela se aplique só seja o que é relativamente a ela [...]".

A partir dessa perspectiva, é possível argumentar que Gardner, em sua prática de avaliar famílias em litígio, não descobriu a SAP, uma que vez que ela não preexistia avaliação por ele realizada. Essa síndrome, portanto, não existe como objeto a não ser relativa a uma prática. Ou, para citar mais uma vez Veyne (1982, p. 159): "o objeto não é senão o correlato da prática; não existe, antes dela [...]". Em realidade, por meio de sua prática clínica, o psiquiatra norte-americano construiu uma teoria sobre a existência de uma síndrome no contexto do litígio conjugal. Fazendo referência a Foucault (2005), pode-se dizer que Gardner, com sua teoria, pretendeu constituir "um saber sobre os indivíduos que nasce da observação dos indivíduos, da classificação, do registro e da análise dos seus comportamentos, da sua comparação etc." (p. 121). Um saber do tipo psiquiátrico, que segue determinadas regras, e define conceitos como o de síndrome, por exemplo.

Não se pode perder de vista que as observações clínicas de Gardner se inserem em um campo de saber que detém *status* de ciência, regula sobre a legitimidade, ou não, de certos discursos (Foucault, 1999). Ao articular sua teoria à psiquiatria, aquele autor autentica uma verdade sobre os indivíduos avaliados em sua prática clínica. Esse, possivelmente, é um dos "efeitos de poder do discurso científico", como nomeia Foucault (1999, p. 18).

Concebe-se, portanto, que para apreender o que é a SAP seria mais indicado não a disseminação da teoria de Gardner como uma verdade que deve ser revelada, ou sua aplicação a indivíduos avaliados em juízos de família, mas sim a análise dos argumentos, enunciados e proposições desse autor, nascidos, segundo ele, a partir de sua prática clínica.

Na tentativa de explicar o que ocorreria em um caso de SAP, o psiquiatra norte-americano fez analogias com práticas ligadas à área da informática (Gardner, 2002b). Ele esclarece que usou o termo *programming* (programação) para se referir ao processo de incorporação de ideias, respostas ou atitudes por parte da criança que estaria sendo vítima da SAP. Compara, assim, a relação que se estabelece entre o genitor e a criança às instruções (*software*) que são inseridas em dispositivos (*hardware*) que constituem o computador. No caso de pessoas, continua Gardner (2002b), as instruções ficam gravadas em seus circuitos cerebrais e podem ser recuperadas pelo programador e pela própria pessoa, que as expressará por meio de atos, verbalizações, julgamentos, crenças etc.

Todavia, Gardner (2002b) sublinha que a SAP não é equivalente à programação ou a lavagem cerebral, uma vez que, como mencionado inicialmente, para caracterizar a síndrome é fundamental a contribuição da criança em difamar, desrespeitar e importunar um dos pais, o que seria bem-vindo e incentivado pelo outro genitor. Conforme esse autor, a criança responde de tal modo à programação por parte de um dos pais, que demonstra completa amnésia com relação às experiências positivas vividas anteriormente com o genitor que é alvo dos ataques.

O entendimento de Gardner equipara, com efeito, a criança a um ser autômato, que recebe e executa instruções. Em sua argumentação, esse autor estabelece uma relação de causa e efeito, que desconsidera o potencial dos indivíduos de (re)agir diante das situações mais adversas, bem como a complexidade das relações humanas. Além disso, é válido de nota que o autor se remete a práticas como a programação e a lavagem cerebral não por acaso, mas porque ambas trazem em si a ideia de causa e efeito. Gardner, provavelmente, se surpreenderia caso tivesse investigado as relações entre o que observava em sua prática clínica e outras práticas no campo social, pois, como lembra Veyne (1982, p. 172), as práticas não estão isoladas, dependem de outras práticas.

Seguindo o que identifica como modelo médico, Gardner (2001a, 2002a) define que o diagnóstico da SAP é realizado a partir dos sintomas exibidos pela criança, embora reconheça que há um problema que envolve a família. Ele prioriza, assim, a avaliação individual, classificando um genitor como "programador" ou "alienador", o outro como "alienado", e um ou mais filhos que apresentem os sintomas da síndrome como "alienado(s)", não diferenciando do termo anterior. Esse autor justifica que a proposta de aplicar o modelo médico para o diagnóstico da SAP, e não o modelo sistêmico, se deve à impossibilidade de fazer estudos controlados com este último, especialmente estudos em que a verificação estatística seria necessária (Gardner, 2002a).

Ao mesmo tempo que desconsidera o funcionamento dos sistemas, ou relações familiares, Gardner busca enquadrar a família em litígio em um modelo teórico, que privilegia a descrição de sintomas para a classificação de doenças, e, por conseguinte, a classificação dos indivíduos. Mas, refletindo com a perspectiva de Foucault (2006), entende-se que as categorias de alienador e alienado, definidas por Gardner, precisamente não existem, pois uma pessoa só pode ser objetivada como tal a partir de uma prática. Ou seja, é a partir de sua prática clínica como psiquiatra que Gardner vai construir um perfil para cada um dos personagens de sua teoria.

O psiquiatra norte-americano definiu um quadro de sintomas que, segundo ele, surgem juntos, especialmente em crianças cujos pais se encontram em litígio conjugal, designando-o por síndrome.[5] Gardner garante que, embora sejam sintomas aparentemente diferentes, têm a mesma etiologia. Os sintomas por ele enumerados são:[6] "campanha de difamação";

---

5. Segundo definição de Kaplan, Sadock e Grebb (1997, p. 289) "uma *síndrome* é um grupo de sinais e sintomas que ocorrem juntos como uma condição capaz de ser reconhecida, mas que podem ser menos específicos que um transtorno ou uma doença no sentido estrito" (grifo dos autores).

6. O texto em língua estrangeira é: "campaign of denigration; weak, frivolous, or absurd rationalizations for the deprecation; lack of ambivalence; the 'independent thinker' phenomenon; reflexive support of the alienating parent in the parental conflict; absence of guilt over cruelty to and/or

"racionalizações pouco consistentes, absurdas ou frívolas para a difamação"; "falta de coerência"; "pensamento independente"; "suporte ao genitor alienador no litígio"; "ausência de culpa sobre a crueldade e/ou exploração do genitor alienado"; "a presença de argumentos emprestados"; "animosidade em relação aos amigos e/ou família do genitor alienado" (Gardner, 1998a, 1999a, 2001a, 2002a, tradução nossa).

Escudero, Aguilar e Cruz (2008, p. 209), refletindo sobre as proposições de Gardner, alertam, contudo, que não há definições operativas quanto aos sintomas listados, mas sim, descrições sobre a função que representam na campanha de difamação do genitor alienado. Ademais, continuam os autores, os sintomas listados por Gardner não são propriamente da SAP, uma vez que podem ocorrer em situações nas quais se justifica a rejeição por parte da criança. Com isso, esses autores assinalam que o psiquiatra norte-americano se utilizou do que classificam de "cláusula de exceção" (p. 293), ou seja, a afirmação de que em situações em que há maltrato ou abuso contra a criança não se empregaria o diagnóstico da SAP.

Não obstante as críticas relacionadas, compreende-se que os sintomas citados por Gardner se assemelham a efeitos de superfície. A alteração nos comportamentos de crianças que vivenciam o litígio de seus pais precisa ser apreendida na interseção do jogo das relações familiares com os fenômenos sociais. Nesse ponto, considera-se interessante fazer uma inversão de lógica, ou seja, ao invés de fixar o olhar nos sintomas infantis, poderia se indagar sobre a existência de fenômenos sociais que possibilitaram, ou melhor, que vêm até hoje, contribuindo para a emergência de certos comportamentos exibidos por crianças e responsáveis em situações de litígio conjugal. Por que não demonstrar como esses comportamentos puderam se formar?

A teoria de Gardner, em realidade, propõe um saber sobre o indivíduo. Saber este, que, como refere Foucault (2005, p. 121), é "extraído dos

---

exploitation of the alienated parent; presence of borrowed scenarios; spread of the animosity to the friends and/or extended family of the alienated parent". Disponível em: <http://www.rgardner.com/refs/ar1.htm>. Acesso em: 10 set. 2007.

próprios indivíduos, a partir do seu próprio comportamento", tornando-se, dessa forma, uma verdade inquestionável, como se o especialista, em sua prática, apenas desvelasse uma verdade natural, intrínseca aos indivíduos. O saber extraído será, então, convertido em modos de controle sobre os indivíduos. No caso da SAP, pode-se dizer que tal controle se exercerá, fundamentalmente, por meio da punição, a qual aparecerá travestida em tratamento para os membros do grupo familiar, como se verá mais adiante.

Seguindo os manuais psiquiátricos de classificação de transtornos mentais, Gardner (1999b) distingue três níveis ou estágios de desenvolvimento da SAP, leve, moderado e severo, nos quais os sintomas citados anteriormente surgem com frequência e intensidade diferenciados. Em resumo, no nível leve, a criança apresenta manifestações superficiais e intermitentes de alguns sintomas. No segundo nível, o moderado, identificado pelo autor como o mais comum, os sintomas estão mais evidentes; a criança faz comentários depreciativos contra o pai, o qual é visto por ela como mau enquanto a mãe é tida como boa; as visitações são realizadas com grande relutância, mas, quando afastada da mãe, a criança consegue relaxar e se aproximar do pai. O último nível, o severo, representa, de acordo com dados de Gardner, uma pequena parcela dos casos de SAP; os sintomas aparecem mais exacerbados do que no nível moderado; a mãe e a criança se encontram em uma *folie à deux*,[7] em que compartilham fantasias paranoides com relação ao pai; a criança entra em pânico frente à ideia de ir com este, tornando, assim, impossíveis as visitações.

Cabe assinalar que, ao estabelecer uma espécie de *continuum* entre sintomas considerados leves até os mais acentuados ou exacerbados, Gardner põe sob o rótulo de *síndrome da alienação parental* uma gama de comportamentos e atitudes exibidos pela criança, ampliando, assim, a extensão dessa síndrome. Dito de outra forma, o psiquiatra norte-americano recolhe, perfila comportamentos dispersos e aparentados, impõe a eles uma semelhança — uma suposta origem comum —, estabelecendo, dessa forma, uma identidade, ou melhor, uma categoria, a de síndrome.

---

7. "*Folie à deux* (ou *folie à trois*): doença emocional partilhada entre duas ou mais (ou três) pessoas" (Kaplan, Sadock e Grebb, 1997, p. 289).

SÍNDROME DA ALIENAÇÃO PARENTAL

Ainda quanto às manifestações da síndrome, Gardner (1999b) assevera que elas apareceriam primeiro em crianças mais velhas, seguidas dos irmãos mais novos. As primeiras se mostram engajadas em difamar, desrespeitar e importunar o pai durante as visitas, induzindo os irmãos mais novos a fazê-lo também. Dessa forma, continua esse autor, as crianças mais velhas são colaboradoras ativas no processo de programação de seus irmãos.

Gardner (1999b) destaca a importância de se realizar o diagnóstico diferencial entre os estágios mencionados, de modo a indicar o tratamento e a intervenção apropriados. O diagnóstico, segundo ele, deve ser feito com base no grau de comprometimento da criança, a qual apresenta, se não todos, a maior parte dos sintomas citados anteriormente (Gardner, 1998a).

O psiquiatra norte-americano não está só em suas proposições sobre a SAP. Verifica-se que alguns autores abordam o assunto, ratificando a existência de tal síndrome. Não obstante, em suas considerações, dão maior ênfase a alguns aspectos, ou apontam outros que são diametralmente opostos ao que expõe aquele autor. Bone e Walsh (1999), por exemplo, declaram que, geralmente, as crianças mais novas são mais vulneráveis à SAP do que as mais velhas. Apontam critérios para a identificação da SAP mais relacionados ao comportamento do genitor alienador do que os sintomas exibidos pela criança. Acrescentam, ainda, que o genitor pode tentar induzir o(s) filho(s) à síndrome, e não obter êxito em seu propósito. Dão destaque também ao afastamento do genitor que é alvo da campanha de difamação, pois consideram que esse é um fator facilitador para a SAP.

Dando seguimento às proposições de Gardner (2002c), este considera que com o passar do tempo a SAP pode significar não somente a extinção da relação da criança com o genitor alienado. Ele acredita que alguém que durante a infância percebeu um dos pais como vilão ou ameaçador não poderia se tornar uma pessoa saudável, e isso certamente causará problemas futuros em suas relações sociais com chefes, professores, namorado(a)s etc. Com visão análoga, Cartwright (1993) acredita que crianças vítimas da SAP têm mais chances de desenvolver doenças mentais, resultando em comportamentos mal-adaptados. Major (2000) acrescenta que, provavelmente, no futuro, essas crianças se tornarão adultos alienadores, haja vista que o modelo primordial que tiveram em sua infância foi o do genitor alienador.

Diante dessas considerações, mais uma vez, fica evidente o quanto a teoria de Gardner, seguida por outros autores, engendra uma visão determinista e limitada com relação aos comportamentos dos atores sociais, os quais têm ignorada sua singularidade, sua capacidade de desenvolver suportes em meio a situações de conflito e sofrimento.

O psiquiatra norte-americano segue, contudo, na composição dos personagens da SAP. Segundo ele, o genitor que induz uma criança à síndrome está cometendo uma forma de abuso emocional, que pode ser mais prejudicial do que o abuso psicológico ou sexual.[8] No caso da SAP, pode haver não só a perda total de contato com um dos pais, como também a manifestação de distúrbios psiquiátricos ao longo da vida da criança (Gardner, 1998b). Ainda segundo esse autor, o abuso emocional pode apresentar manifestações sutis, que dificultam sua determinação. Assim, defende que, como a SAP é mais facilmente identificável, os tribunais fariam bem em considerar a presença desta como uma forma de abuso emocional por parte do genitor alienador (Gardner, 2001a).

Ainda quanto ao genitor que induz o(s) filho(s) à síndrome, Gardner (2001a; 1999c) garante que ele apresenta déficit na capacidade parental, a qual, segundo esse autor, diz respeito à habilidade de criar os filhos, envolvendo o conhecimento sobre cuidados infantis e educação. Assim, argumenta que esse aspecto deveria ser levado em conta pelos tribunais quando da decisão sobre a guarda dos filhos.

Para Gardner (1999b), o genitor alienador impulsionado pela raiva que sente do ex-cônjuge pode não perceber os efeitos de seu comporta-

---

8. O autor não apresenta definições para as expressões "abuso emocional", "abuso psicológico" e "abuso sexual". Segundo o *Dicionário Houaiss de língua portuguesa*, o termo "abuso" tem origem no termo em latim *abusus*, que designa "mau uso, utilização de algo até seu completo esgotamento". Disponível em: <http://houaiss.uol.com.br/busca.jhtm?verbete=abuso&stype=k>. Acesso em: 20 jan. 2008.

mento sobre a relação da criança com o outro genitor. Em alguns casos, o ciúme que sente do ex-cônjuge por este ter um novo companheiro é fator que contribui para a rejeição e o desejo de vingança, e, por conseguinte, a indução do(s) filho(s) do ex-casal à SAP. Gardner relaciona ainda outros fatores que contribuiriam nesse sentido como, por exemplo, a vontade de manter o relacionamento com o ex-parceiro. O fato de a mulher após a separação ter maior queda em seu padrão de vida do que o homem poderia aumentar as desavenças e raiva em relação a este. Outro fator, continua Gardner, seria a proteção materna excessiva em relação à criança, percebendo o pai como um potencial agressor. Por fim, esse autor acrescenta o cenário de brigas e discórdias em que os ex-companheiros se atacam mutuamente, exacerbando, com isso, os sentimentos de aversão e represália.

Todavia, os fatores que, na visão de Gardner (2001b), levam um genitor a empreender a alienação não são apenas de ordem emocional ou relacional. Para esse autor, a alienação pode ser também um modo de vida, profundamente integrado à estrutura psíquica do alienador. Em alguns casos, assegura esse autor, a ruptura do casamento aliada a disputas judiciais pode dar sequência à irrupção de transtornos psiquiátricos no genitor alienador, situação característica do nível severo da SAP (Gardner, 1991).

Rand (1997), citando o estudo de Johnston (1993), amplia as características, ou melhor, o perfil do genitor alienador. Conforme o referido estudo, mesmo pais que nunca foram casados podem empreender atitudes que induzam o(s) filho(s) à SAP, como, por exemplo, mães que se tornam bastante possessivas em relação a esses. O estudo menciona, ainda, traços psicológicos que constituiriam a personalidade de um, ou mesmo de ambos os pais, que, quando atingidos por injúrias em meio ao litígio conjugal, podem agir no intuito de difamar o outro genitor perante os filhos. Para Rand (1997), o fato de um dos pais possuir um novo parceiro pode ser desencadeador de esforços para se obter a guarda exclusiva, conduzindo os filhos à rejeição do outro genitor. Essa autora cita também o estudo de Clawar e Rivlin (1991), que apontam a difamação do ex-parceiro como uma forma de o genitor alienador negar problemas pessoais, como o uso de álcool, drogas, negligência com os filhos, dentre outros. O estudo citado acrescenta que em alguns casos há por parte desse genitor a necessidade de poder, de controle e dominação, o que consegue, por vezes, influenciando a criança e dificultando a convivência dela com o outro responsável.

As considerações anteriores fazem pensar que a teoria de Gardner retoma, ou melhor, dá continuidade a antigos discursos da psiquiatria que, agora, parecem surgir sob novas vestes. A caracterização do genitor, classificado por aquele autor como alienador, apresenta de certa forma semelhança com aquela que foi feita no início do século XIX em relação aos monomaníacos. De acordo com Castel (1978, p. 165), a monomania, definida por Esquirol, "se manifesta quando o delírio se orienta para um objeto particular, deixando intacta a faculdade da razão, em vez de subvertê-la inteiramente como na mania [...]". Ou seja, o indivíduo não perde o entendimento, mas tem comprometidos os atos da vontade, é tomado pela força de seus instintos e paixões sem limites (Foucault, 2006, p. 10). No caso da SAP, de forma análoga, é enfatizado que o genitor alienador é tomado pelos excessos de seus sentimentos, como a raiva, os ciúmes em relação ao ex-parceiro, agindo, assim, de forma intempestiva, deixando-se levar por seus impulsos.

Não se pode deixar de assinalar ainda que os personagens *alienado* (o louco, para os médicos alienistas), *monomaníaco* (criado por Esquirol) e *alienador* (criado por Gardner), por erro da razão ou pela força de seus instintos e paixões, designariam figuras aparentadas, nascidas das práticas e do saber psiquiátrico.

Ao longo do tempo, a constituição de perfis por parte do saber psiquiátrico tornara-se, segundo Castel (1987), uma forma de gestão de pessoas. Para esse autor, as "intervenções médico-psicológicas seriam, assim, antes de tudo, um meio de calibrar diferentemente categorias de indivíduos para assinalá-los a lugares precisos" (p. 111). A partir do perfil traçado por Gardner, e ampliado por seus seguidores, seria então oportuno indagar: qual o lugar de destino para o genitor alienador, a prisão ou o manicômio? Diante do que expõem aqueles autores, alguns poderiam questionar sobre a capacidade de autodeterminação do genitor alienador já que seus atos, da forma como são descritos, parecem independer de sua vontade.

A teoria do psiquiatra norte-americano se detém exclusivamente sobre os sujeitos. Seguindo critérios técnicos, Gardner busca na pessoa avaliada, e somente nela, as condições que fazem com que se comporte de determinada maneira. Entende-se que, dessa forma, os sujeitos aparecem como dado definitivo, o trabalho do profissional, como já referido, seria apenas o de desvelar por meio das técnicas de exame uma verdade interna, ou psíquica dos primeiros. Essa pode ser identificada como uma característica da contemporaneidade, em que o psicológico toma o lugar do social (Castel, 1987, p. 157), ou seja, as condições histórico-culturais, econômicas, políticas ficam excluídas da reflexão sobre uma problemática, e somente o dado psicológico é considerado. Contrapondo essa visão, adota-se a perspectiva foucaultiana do sujeito como construção sócio-histórica, ou seja, ele é constituído "no interior mesmo da história, e que é a cada momento fundado e refundado pela história" (Foucault, 2005, p. 10). Portanto, se se quer apreender algo sobre os sujeitos avaliados por Gardner, seria imprescindível analisar não a sua constituição individual, ou traços psicológicos, mas sim a histórica, o modo como esses sujeitos vêm sendo forjados ao longo do tempo, e hoje são designados por *alienadores*.

Recorrendo-se ao método de análise proposto por Foucault (1972), no qual é preciso buscar as condições de possibilidades ou de existência dos discursos, pode-se pensar, ainda, que não é por acaso que a teoria de Gardner, que objetiva uma síndrome, obtém ampla receptividade no contexto atual das sociedades ocidentais. Vive-se um momento fecundo na contemporaneidade quanto à proliferação de discursos sobre novas síndromes, numa espécie de "sindromização" do sofrimento humano e de patologização de toda sorte de comportamentos. Mas, especificamente no que concerne à SAP, é fundamental que se coloque a questão: o que fez com que nos últimos anos essa síndrome ganhasse tanta notoriedade no sistema de Justiça e entre especialistas do campo *psi*, não só nos Estados Unidos, mas também em diversos países? É possível pensar uma articulação entre as práticas sobre o objeto síndrome alienação parental e as práticas políticas no campo do Direito de Família? Questões a serem pensadas...

Retomando a teoria de Gardner (1998a), este recomenda como forma de lidar com a problemática sobre o comportamento de alguns pais que medidas judiciais sejam impostas ao genitor que induz o(s) filho(s) à SAP. A princípio, esse autor não aconselha que se retire a guarda do genitor alienador nos casos de SAP em nível leve ou moderado, pois acredita que os sintomas não desaparecerão com isso, ao contrário, poderão tornar-se mais fortes. Este tipo de medida o autor indica apenas para casos em nível severo da SAP, embora reconheça que os juízes, nas cortes de seu país, não sejam favoráveis à mesma. Especificamente, nesses casos, ressalta a necessidade de se impedir qualquer forma de contato entre a criança e o genitor alienador.

Com efeito, as considerações do psiquiatra norte-americano despertam alguns questionamentos. Se, como sustenta, a mudança de guarda poderá fomentar os sintomas na criança que se encontra nos níveis leve ou moderado da SAP, o que assegura que o mesmo não ocorrerá com a mudança de guarda no nível severo da síndrome? Ou ainda, impedir o contato entre a criança e o genitor com quem ela se encontra altamente vinculada não seria uma forma de gerar mais sofrimento a ela? Neste caso, não se estaria também penalizando a criança por essa forma de vínculo com aquele genitor? Gardner parece não ter refletido de forma mais detida sobre a eficácia, bem como as consequências de suas recomendações.

Gardner (1998a) sugere também sanções de ordem financeira como, por exemplo, a redução no valor da pensão alimentícia. Outra sanção seria a detenção do genitor alienador em sua própria casa por alguns dias, especialmente nos dias de visita do responsável não residente. Esse autor propõe, ainda, a colocação de transmissores eletrônicos no tornozelo do genitor alienador como forma de rastrear sua aproximação em relação à criança e ao outro responsável. E, se todas essas sanções não foram suficientes, Gardner sugere, então, a prisão do genitor alienador.

Associadas àquelas sanções deve haver, segundo Gardner (1999b), a imposição judicial de tratamento psicoterápico. Esse autor recomenda que o tratamento seja realizado por apenas um profissional terapeuta, o qual deve atender individualmente e em diferentes combinações aos membros do grupo familiar, de forma que possa observar a psicodinâmica da família. Para Gardner (1991), o atendimento de cada um dos membros da família por diferentes terapeutas reduziria a comunicação entre aqueles, como também poderia gerar subsistemas antagônicos, intensificando, assim, interações que contribuiriam para a SAP.

Gardner (1999b) defende que o terapeuta tenha acesso direto ao juiz, com fins de comunicar-lhe obstruções ao tratamento ou interferências quanto ao esquema de visitação do menor de idade. Sustenta, ainda, que o terapeuta deve ter total liberdade para revelar, segundo seu discernimento, qualquer informação sobre os membros da família em tratamento.

Para o tratamento da SAP, o psiquiatra norte-americano indica que deverá se levar em conta não só o grau de comprometimento da criança, como também o grau de investimento do genitor alienador na difamação e exclusão do outro responsável (Gardner, 1998a). Aliado a isso, Gardner (1991; 1999b) assegura que é fundamental que o terapeuta, autorizado pelo juiz, lance mão de ameaças sobre medidas judiciais que podem recair sobre os membros do grupo familiar caso não se comprometam com o tratamento. Tais ameaças, que devem acompanhar as sugestões ou instruções do terapeuta, dão, na opinião de Gardner, maior suporte à figura deste profissional. Esse autor sugere, ainda, que o terapeuta esteja atento ao fato de que, com frequência, o genitor alienador não se envolve com o tratamento, e não tem *insight* terapêutico sobre as razões de sua animosidade exacerbada contra o ex-companheiro. Para Gardner (1999b), embora o genitor alienador se mostre cooperador, isto ocorre apenas na aparência, pois, na verdade, ele sabota o tratamento, bem como continua em sua campanha de agressão e difamação do outro genitor.

Nesse ponto, é imperioso traçar algumas considerações. Primeiramente, compreende-se que a teoria de Gardner não inova, pois, em realidade, retoma algo que se fazia antes, ou seja, reatualiza o consórcio entre psiquiatria e Justiça. Nessa associação, deve-se mencionar, também tomam parte as ciências humanas, com a psicologia se colocando ao dispor dos discursos jurídicos (Foucault, 2005). Se a teoria de Gardner tem algum mérito, por certo, é o de confirmar a associação entre esses saberes, que ao longo do tempo tem se mostrado estratégia eficaz de controle social. E contribui, dessa forma, para a manutenção de um *status quo*, pois, como reflete Castel (1987, p. 161), é mais fácil intervir e mudar os sujeitos do que a ordem do mundo.

A facilidade com que o conceito de síndrome da alienação parental se expande no meio jurídico ocorre, provavelmente, por conta da associação, há muito existente, entre a Justiça e o saber psiquiátrico, que colocou ao dispor das ciências jurídicas o seu instrumental. Dessa forma, a psiquiatria vem oferecendo explicações para comportamentos ditos desviantes. Explicações estas que recaem exclusivamente sobre o indivíduo, ou seja, o indivíduo é tido como a fonte de todos os seus males. Pensa-se que a psiquiatrização dos comportamentos no âmbito jurídico é uma forma bastante simplificada, ou uma redução no modo de abordar questões relativas ao litígio conjugal, desconsiderando, assim, o contexto social no qual os indivíduos se constituem.

Pode-se pensar também que o tratamento indicado ao genitor alienador de Gardner tem estreita semelhança com a prática do tratamento moral exercido sobre os alienados de Pinel no século XVIII. Segundo Castel (1978), o tratamento imposto ao alienado naquele século expressa uma relação de luta, com o emprego da força física, medicamentos e hidroterapia. O pensamento médico vigente era o de que, por conta dos excessos e imoderações do alienado, "é necessário dobrá-lo, dominá-lo através de uma relação terapêutica que se assemelha a uma justa entre o bem e o mal" (p. 89).

Do alienado, ou louco, naquele período, ao genitor alienador nos dias de hoje, o tratamento indicado não mudou muito; ainda é realizado pela imposição da força, sendo que, agora, de forma mais sutil, se é possível empregar este termo, é realizado por meio de ameaças e não pela força bruta. Porém, como destaca Foucault (2006) em relação ao tratamento do alienado, não se trata "de aplicar a algo que seria considerado como processo ou comportamento patológico uma receita técnica médica; trata-se do choque de duas vontades [...], uma batalha, certa relação de força que se estabelece" (p. 14). De forma semelhante, no caso da SAP, as ameaças utilizadas pelo terapeuta aos membros da família servem para combater qualquer atitude que não seja a de colaborar com o tratamento previsto. As ameaças indicadas por Gardner (1991, s/p.) vão desde a restrição de contato da mãe alienadora com a criança até ameaças sobre mudança de guarda, que, segundo esse autor, servem para que a genitora se lembre de cooperar.[9] Com isso, o tratamento da SAP é também identificado como "terapia da ameaça", segundo Escudero, Aguilar e Cruz (2008, p. 303).

No que se refere ao tratamento da criança, Gardner (2002c) indica que o terapeuta não deve acatar o que ela quer, como, por exemplo, se recusar às visitas do responsável não residente, uma vez que ela está sendo influenciada ou controlada pelo genitor alienador. Para esse autor, compreender tudo o que a criança diz como sendo verdade pode ser uma forma de perpetuar a patologia em que ela se encontra enredada. Assim, recomenda que o terapeuta verifique como era a relação da criança com o genitor alienado antes da separação do casal; se possuíam vínculo forte, como também verificar se as manifestações de animosidade, por parte da criança, são apenas superficiais. Propõe, ainda, que as ameaças sobre sanções judiciais contra o genitor alienador, já mencionadas, sejam usadas também com a criança, pois, dessa forma, ela poderá utilizá-las como justificativa para aceitar as visitas do responsável alienado sem que se sinta desapontando ou contrariando as expectativas do alienador (Gardner, 1999b).

O tratamento da criança é visto por Gardner (1999b) como uma espécie de desprogramação. Como as alegações da criança são, por vezes, absurdas, desprovidas de fundamento, o autor orienta que o terapeuta confronte a criança com uma série de perguntas sobre as observações e experiências dela durante as visitações, sobre o comportamento de seu pai, averiguando se estão de acordo com o que diz sua genitora. Sugere também que a criança forneça provas sobre o que diz, ou seja, se o que ela acredita está de acordo com o que ocorre durante as visitas.

---

9. Como na maioria de seus textos, Gardner (1991) faz menção às mães como alienadoras. Mas assinala que o tratamento indicado por ele serve tanto para mães como pais alienadores.

Corroborando a teoria do psiquiatra norte-americano, Major (2000) assevera que a SAP pode ser revertida com intervenção psicológica apropriada, juntamente com a imposição de limites ao genitor alienador quanto a seu acesso à criança. Gardner (1999b), entretanto, acredita que haveria uma forma de contornar todo esse quadro. Segundo o autor, a criança desenvolve sua campanha de difamação contra um dos pais porque quer manter o vínculo psicológico com aquele que tem maior apego. Assim, diante do litígio conjugal, recomenda que o tribunal de justiça decida sobre a guarda, concedendo-a ao genitor com quem a criança possui um "vínculo psicológico forte e saudável", pois dessa forma ela poderá dispensar o uso de argumentos contra o outro responsável. Segundo Gardner (1991, s/p.), isso ocorreria especialmente com crianças que se encontram em nível leve ou moderado da SAP, representando, assim, a cura da síndrome. No entanto, posteriormente, o autor alerta que o desaparecimento dos sintomas da síndrome, com a decisão judicial sugerida, vai depender da duração e da intensidade da programação da criança por parte do genitor alienador.

A recomendação do psiquiatra norte-americano revela-se um contrassenso, pois o responsável com quem a criança em nível leve ou moderado de SAP possui maior vínculo só pode ser o genitor alienador. Ou seja, se a guarda é concedida a este, a situação como um todo não é alterada, e a criança permanece apegada a um dos pais e afastada do outro. Ou ainda, como pensar que a criança poderia ter um vínculo psicológico saudável com um dos genitores se ela, como sugere Gardner, se encontra em nível leve ou moderado da SAP? Além disso, indaga-se sobre a programação por parte do genitor alienador. O que faz Gardner pensar que ela irá cessar com a decisão judicial? Os sentimentos que esse genitor alimenta em relação ao ex-companheiro desaparecerão com tal decisão? A SAP só persiste enquanto há disputa entre os pais no tribunal de justiça? Ao que parece, Gardner não se ateve a essas questões.

Cabe mencionar, ainda, que estudos realizados sobre separação e guarda de filhos (Brito, 2000; 2007) consideram que conceder a guarda de menores de idade ao responsável com quem a criança possui forte e exacerbada aliança pode ser uma forma de mantê-la aprisionada em uma relação da qual não tem condição de escapar. Com isso, considera-se que a recomendação de Gardner, citada anteriormente, é, com efeito, uma maneira de fomentar a aliança parental não possibilitando à criança outra saída que não a fusão com o genitor guardião.

Refletindo sobre o tratamento recomendado por Gardner à família em litígio, concebe-se que diz respeito mais a técnicas disciplinares (Foucault, 2007) do que a intervenções terapêuticas. Sob o discurso da doença e seu tratamento subjazem a coerção imediata, o controle constante, a imposição de comportamentos, a violência tácita no confronto de forças entre o profissional terapeuta e os membros da família, com o objetivo de subjugar, disciplinar estes últimos, tornando-os dóceis e cooperativos.

Como revela Foucault (2007; 2005), as técnicas disciplinares estendem-se por todo o corpo social, tomam parte nas relações, sendo também uma forma incessante de controle das virtualidades de comportamentos dos indivíduos, ou seja, do que eles podem ou poderiam fazer. Dessa forma, reflete-se que o rótulo de síndrome da alienação parental pode tornar as famílias que passam pelo rompimento conjugal objeto de avaliação, intervenções e vigilância incessantes. Esse controle se dará não só no aparelho judiciário, mas também na interação com outros sujeitos no espaço social. Como em uma nova caça às bruxas, qualquer manifestação de comportamento ou atitude pode ser tomada como indício de que um dos pais esteja induzindo um filho à conjecturada síndrome. Portanto, a eficácia do tratamento e sanções sugeridos por Gardner deve ser pensada não no sentido de cura ou de reversão da alienação da criança, mas em níveis de eficácia das técnicas disciplinares.

Quanto ao genitor alvo da campanha de difamação na SAP, Gardner (2001a) considera imprescindível que seja realizado exame cuidadoso, de modo a verificar que não exista qualquer comportamento da parte desse que possa caracterizar abuso físico, psicológico, sexual ou negligência em relação à criança, pois a presença de qualquer forma de abuso eliminaria a possibilidade de se tratar de um caso de SAP. Os pais alienados, nos textos de Gardner (2001a, 2002c), aparecem como vítimas, alvos dos ataques do guardião e da criança. Seu sofrimento é descrito como lancinante, pois, de acordo com esse autor, perder um filho por conta da SAP é mais difícil e doloroso do que a perda em caso de morte, já que o pai alienado sabe que, apesar de próximo, não pode ter qualquer contato com o(s) filho(s).

No tratamento psicoterápico da família, Gardner (2001a) orienta o terapeuta a esclarecer em detalhes o genitor alienado sobre os sintomas da criança, e enfatizar a importância de o pai não se afastar dos filhos, apesar das manifestações de rejeição e agressividade que receba. O autor recomenda, ainda, que o genitor alienado deve agir no sentido de mostrar à criança que as acusações dela são irreais, ou seja, que ele não é mau ou perigoso. No tratamento, continua Gardner, o genitor alienado deve ser visto como auxiliar do terapeuta no processo de desprogramação da criança.

Ao longo dessa breve descrição da teoria de Gardner e de seus argumentos, chama atenção a ênfase que, com frequência, é dada ao exame individual dos membros do grupo familiar. A prática do exame é destacada não só nas situações com suspeita de ocorrência da SAP, podendo ser empregada inclusive para a resolução da lide. Nesse sentido, Gardner (1999c) criou um guia para avaliação de famílias em disputa pela guarda dos filhos. Seguindo tal guia, o profissional poderá fazer a recomendação quanto ao genitor que, preferencialmente, deve permanecer com a guarda.

Ao todo, o guia contém 20 critérios em que os pais devem ser avaliados e comparados, e ao final o profissional terá a pontuação total de cada genitor. Para citar alguns dos critérios listados por aquele autor, destaca-se: vínculo psicológico forte e saudável com a criança; valores e moral de cada genitor; disponibilidade em cuidar da criança; compromisso com a educação (curricular e extracurricular) da criança; saúde física e psicológica de cada genitor; a preferência da criança em relação aos pais. Em cada um dos critérios listados no guia, o autor traça considerações e ressalvas, mas dá especial destaque ao que chama de "vínculo psicológico forte e saudável" (op. cit., s/p.). Para avaliação deste vínculo, afirma seguir o que classifica como princípios, que seriam três ao todo. Primeiro, dar preferência ao genitor com quem a criança desenvolveu um vínculo psicológico saudável. Segundo, é mais provável que o genitor que foi o principal cuidador nos primeiros anos de vida da criança tenha desenvolvido um vínculo psicológico saudável com ela. Por fim, quanto maior o tempo transcorrido entre os primeiros anos de vida da criança e a avaliação, ou a decisão judicial, maior é a probabilidade de que outros fatores possam intervir, fazendo com que haja uma tendência em relação a ambos os pais (Gardner, 1999c, s/p.).

Assim, para resolver a disputa entre os pais, bastaria apenas realizar o exame de cada um deles e averiguar quem teria obtido mais pontos de acordo com os critérios estabelecidos. No entanto, pesquisas realizadas já comprovaram que a avaliação dos responsáveis com o propósito de averiguar quem estaria mais apto a permanecer com a guarda dos filhos tem contribuído sobremaneira para acirrar a disputa entre os ex-consortes. Em realidade, promove-se um concurso de habilidades em que um deles sairá como vencedor, restando ao outro um lugar secundário na criação e no cuidado dos filhos (Brito, 2002; 2003).

Ademais, para recordar Foucault (2005), por meio de técnicas de avaliação, ao mesmo tempo que se extrai um certo saber sobre o sujeito, também se impõe o controle sobre seu comportamento, na medida em que se estipula o que ele deve fazer.

As proposições de Gardner, com efeito, sugerem um modelo, ou uma receita, para dar conta de um problema há muito conhecido de pais e profissionais que atuam nos juízos de família, as intensas alianças que, por vezes, se estabelecem entre um dos genitores e o(s) filho(s) no contexto do litígio conjugal. Com práticas já conhecidas — avaliação, diagnóstico e tratamento —, Gardner não revela a descoberta de um distúrbio infantil, a síndrome da alienação parental, pois esta não existia antes de ser objetivada por tais práticas. Dito de outra forma, a teoria de Gardner cria uma síndrome a partir de práticas discursivas que engendram um certo saber sobre as famílias em litígio, saber este que vai ser traduzido sob o *slogan* de SAP. Com uma nova roupagem para um antigo problema, o psiquiatra norte-americano, na verdade, não oferece alternativas para a resolução ou possível prevenção das alianças parentais. Ao contrário, aponta um recurso velho conhecido do consórcio psiquiatria e justiça: avaliar para melhor punir.

Ampliando um pouco o foco de análise, é possível notar que o objeto síndrome da alienação parental não permanece incólume; ao contrário, tem sido alvo de inúmeras objeções.

4.2 Em meio a críticas e polêmicas

A teoria de Gardner sobre a síndrome da alienação parental, segundo o próprio autor, é muito bem organizada e consistente, fundamentada em anos de estudos. O assunto, entretanto, tem sido objeto de discussão, uma vez que a SAP não possui reconhecimento oficial, ou seja, não consta na atual versão do *Manual Diagnóstico e Estatístico de Transtornos Mentais* (DSM-IV), publicada em 1994. Mas o psiquiatra norte-americano sempre sustentou que a inclusão da SAP nesse manual ocorreria na próxima revisão, o DSM-V.

Esparcia e Marín (2009) explicam que o DSM é um sistema de classificação de doenças e distúrbios, que apresenta principalmente sintomas mentais e comportamentais sem se ater à etiologia destes, por vezes desconhecida. Os diagnósticos são feitos essencialmente por meio da identificação e descrição de comportamentos, produções mentais e traços de personalidade, dentre outros aspectos. Ainda segundo esses autores, para o diagnóstico não se incluem critérios etiológicos ou etiopatogênicos, uma vez que a maioria dos transtornos contidos no DSM não têm origem identificada (p. 86).

Cabe esclarecer que o DSM-IV é o sistema oficial de classificação usado "[...] pelos profissionais da saúde mental de todas as disciplinas nos Estados Unidos, sendo citado para reembolso de seguros, deliberação sobre incompetência e questões forenses", como informam Kaplan, Sadock e Grebb (1997, p. 298). Esse manual foi criado pela APA (American Psychiatric Association), a qual também realiza as suas revisões. Assim, na visão de Esparcia e Marín (2009), o DSM reflete o pensamento e a posição dominante na APA em determinado período (p. 86).

A inclusão ou retirada de possíveis transtornos ou doenças do DSM, como explicam Esparcia e Marín (2009), é realizada por meio de comitês de especialistas que fazem, de forma periódica, mas sem prazos fixos, revisões nas categorias diagnósticas desse manual, encaminhando posteriormente suas propostas à comissão de revisão que poderá ou não aceitá-las. O processo de revisão do DSM consiste, dentre outros estágios, no exame da literatura científica disponível a partir da última edição do manual (Esparcia e Marín, 2009; Kaplan, Sadock e Grebb, 1997). Literatura essa que, no caso da SAP, apresenta aspectos bastante questionáveis, como se demonstrará.

Gardner rebate as críticas sobre o fato de a síndrome não constar no DSM-IV, afirmando que, embora muitos não reconheçam a SAP, justificando que seja apenas uma teoria, ou ainda, que há controvérsias sobre ela, isto não significa sua inexistência. O autor faz analogias com a pneumonia e também com a Síndrome de Down na tentativa de convencer sobre a existência da SAP. Explica, por exemplo, que, apesar de os sintomas da Síndrome de Down serem díspares, apresentam uma etiologia comum, a alteração nos cromossomos. Igualmente, no caso da SAP, argumenta que, apesar de os sintomas serem díspares, têm uma origem comum (Gardner, 2001a, 2002a, 2002b). Ainda segundo Gardner, devido ao fato de a maioria dos sintomas aparecerem juntos, especialmente nos casos de nível moderado e severo, a SAP tem um "diagnóstico relativamente puro", que pode ser facilmente realizado (Gardner, 2001a, s/p.).

Para Gardner, a SAP é um fato — inquestionável, enfatiza —, facilmente identificada por profissionais que atuam em situações de litígio quanto à guarda de filhos. Além disso, segundo ele, cresceu nos últimos tempos o número de publicações e pesquisas — o autor não cita quais pesquisas — sobre o assunto, bem como o número de decisões judiciais em que a síndrome tem sido mencionada (Gardner, 2001a, 2002a, 2002b).

O psiquiatra norte-americano afirma a existência da SAP sem, contudo, apresentar dados obtidos por meio de pesquisas científicas que embasem o conceito por ele criado. Ao que parece, a defesa que faz em relação à SAP ampara-se antes em seus argumentos do que em métodos científicos. Nesse sentido, vale destacar a análise que Escudero, Aguilar e Cruz (2008) realizaram sobre os escritos de Gardner. Esses autores concluíram que o psiquiatra norte-americano amparou-se fundamentalmente em analogias com certas doenças (mas não com transtornos psiquiátricos) e argumentações supostamente lógicas para comprovar que sua teoria aborda uma síndrome de fato. Aliado a isso, continuam os autores, Gardner utiliza-se de consenso com outros profissionais que pensam de forma similar a ele, como forma de evidência científica de suas afirmações, ou de sua teoria.

Cabe assinalar que o fato de outros profissionais observarem no contexto do litígio comportamentos que se assemelham aos que foram descritos por Gardner não faz disso uma síndrome, como defende o autor. Como já exposto em capítulo anterior, diversos estudos e pesquisas sobre separação conjugal e terapia de casal e família já identificaram há muito que naquele contexto, por vezes, se estabelece uma relação intensa entre um dos genitores e a criança, ao mesmo tempo que esta pode rejeitar de forma exacerbada o outro genitor (Brito, 2007; Carter e McGoldrick, 1995; Cigoli, apud Bernart et al., 2002; Giberti, 1985; Gonzalez, Cabarga e Valverde, 1994; Wallerstein e Kelly, 1998). Embora tenham descrito o problema com diferentes enfoques, esses estudos não defendem a existência de uma síndrome. Com isso, entende-se que o trabalho de Gardner foi, na verdade, o de estruturar e disseminar uma teoria que transformou o fenômeno das alianças parentais no litígio conjugal em uma síndrome, amparando-se nas observações de profissionais e autores que seguem suas proposições (Bone e Walsh, 1999; Major, 2000; Warshak, 2001).

No que tange à suposta pureza no diagnóstico da SAP, defendida por Gardner, Escudero, Aguilar e Cruz (2008, p. 289) assinalam que na obra deste não se encontra definição do que ele considerou como pureza. A forma como o psiquiatra norte-americano se refere a tal pureza parece estar associada à ideia de evidência, como ocorre no caso de manifestações de enfermidades físicas. Assim, concluem que Gardner confere à sua ideia de pureza a categoria de premissa incontestável, não necessitando, portanto, utilizar dados empíricos que comprovem o conceito de síndrome da alienação parental.

Outras críticas são desferidas por Dallam (1999) quanto ao rigor científico das publicações mencionadas por Gardner. Em levantamento realizado, aquele autor constatou que a maioria dos estudos deste último não está publicada em revistas científicas, as quais têm como procedimento submeter os artigos à avaliação de um profissional especialista, que levará em conta os princípios científicos em que se ampara determinado estudo.

Na revisão dos artigos de Gardner, realizada para o presente capítulo, chama bastante atenção o fato de que ele faz referência quase exclusivamente a seus próprios estudos, os quais não explica, de forma mais detida, como foram realizados. Tem-se a impressão de que ele se baseia, sobretudo, em suas observações e suposições realizadas por meio de atendimentos clínicos e de casos em que atuou como avaliador para a justiça. É muito comum, também, esse autor mencionar que maiores explicações podem ser encontradas em seus livros, os quais foram publicados em sua própria editora, como ressalta Dallam (1999). Nota-se, ainda, que os artigos produzidos por Gardner, de forma geral, são muito parecidos, pois trazem informações que se repetem sistematicamente. Diante disso, fica-se com a impressão de que Gardner esteve mais preocupado em divulgar e ampliar o número de publicações sobre a SAP do que empreender pesquisas sobre o assunto.

Apesar da intensa divulgação sobre a SAP, nos tribunais de justiça norte-americanos muitos profissionais ainda evitam fazer menção a ela com receio de que, por não constar no DSM-IV, o julgador não a considere em sua decisão. Assim, muitos preferem utilizar o termo *alienação parental*, proposto por Douglas Darnall (1997). Conforme definição desse autor, a alienação parental é o processo que pode dar sequência à instalação da SAP. Enquanto esta última é relativa à criança, a qual apresenta extrema rejeição ao genitor não titular da guarda, a alienação parental refere-se ao processo, consciente ou não, desencadeado por um dos genitores, geralmente o guardião, de forma a afastar a criança do outro responsável. Na visão desse autor, ao contrário do que ocorre na SAP, a alienação parental é um processo reversível, especialmente quando a criança é afastada do lar do genitor alienador. Por outro lado, se a criança permanecer com este, pode desenvolver a síndrome, e, neste caso, segundo dados de Darnall (1997), menos de 5% das crianças conseguem se recuperar da patologia.[10]

Diante do que expõe o autor citado, indaga-se como a alienação parental pode ser revertida com o afastamento da criança se esse processo tem como foco o genitor alienador. Em outras palavras, como a ausência da criança elimina um processo que ocorre em outra pessoa? Não fica clara uma explicação a essa questão nos escritos de Douglas Darnall.

Gardner (2002b) contrapõe-se aos argumentos desse autor, enfatizando que alienação parental é um conceito amplo, pode conter diferentes causas, como negligência, abusos (físicos, emocionais, sexuais), abandono e outros comportamentos por parte de um genitor. Quanto à SAP, Gardner salienta sua especificidade como entidade clínica, que resulta da combinação da programação realizada pelo genitor alienador e a contribuição da criança na campanha contra o outro genitor. Dessa forma, Gardner (2002b) compreende a SAP como um tipo específico da alienação parental.

Quanto à utilização dos referidos termos nas cortes de justiça norte-americanas, Gardner (2001a, 2002a, 2002b) defende que o termo SAP indica que há a programação por parte de um genitor, enquanto a referência à alienação parental indica apenas que algum comportamento de um dos pais pode ter causado a alienação. Retira-se, assim, segundo esse autor, o foco da corte de justiça sobre o genitor alienador e direciona-se a atenção para os comportamentos do genitor alienado. Além disso, para Gardner, o fato de alguns profissionais preferirem utilizar a expressão *alienação parental* ao invés de *síndrome da alienação parental* pode dificultar a inclusão desta na próxima revisão do DSM, uma vez que a difusão do nome da doença, ou transtorno, é um dos critérios utilizados pelos comitês de avaliação.

Ainda quanto ao uso do termo SAP, Gardner (2001a) argumenta que independentemente do nome que seja dado, inclusive o de alienação

---

10. Disponível em: <http://www.fact.on.ca/Info/pas/darnall.htm>. Acesso em: 12 out. 2007.

parental, ela não deixa de existir. Nesse ponto, faz mais uma de suas analogias — diz que uma árvore não deixa de existir mesmo que o termo árvore não esteja no dicionário. Ou ainda, se alguém olhar para uma árvore e disser que ela não existe, isso não faz com que ela evapore, ou deixe de existir. Mais uma vez, na defesa da existência da SAP, esse autor utiliza-se de argumentos sobre sua evidência, que dão a impressão de que ele tenta mais convencer do que comprovar por meio de estudos rigorosos a pertinência de sua teoria.

Cabe mencionar que há certo embate entre as proposições de Gardner e Darnall sobre a SAP e a alienação parental, respectivamente, com a formulação de diferentes críticas e questionamentos mútuos. A extensão de tal discussão, contudo, não será demonstrada no presente estudo por se entender que ultrapassa o objetivo proposto.

Além da expressão alienação parental, os profissionais que atuam junto às cortes de justiça norte-americanas, segundo Gardner (2002d), citam em seus pareceres sobre os membros do grupo familiar diferentes categorias clínicas descritas no DSM-IV. Contudo, esse autor sustenta que apesar de os sintomas apresentados em tais categorias serem, muitas vezes, comuns aos que se verificam em pais alienadores e em crianças alienadas, os diagnósticos substitutos utilizados por aqueles profissionais não são completamente aplicáveis ao diagnóstico da SAP, dada a pureza desta.

Em revisão do DSM-IV-TR (2002, p. 688), verifica-se que há um capítulo, intitulado *Outras condições que podem ser foco de atenção clínica*, em que são especificadas cinco categorias de problemas de relacionamento: problemas de relacionamento associados a um transtorno mental ou condição médica; problemas de relacionamento entre pai/mãe-criança; problema de relacionamento com o parceiro; problemas de relacionamento com irmãos; problemas de relacionamento sem outra especificação. Dentre essas categorias, merece destaque a de problemas de relacionamento entre pai/mãe-criança, a qual, indica o manual,

[...] deve ser usada quando o foco de atenção clínica é um padrão de interação entre pai/mãe-criança [...], associado com prejuízo significativo individual ou familiar, ou desenvolvimento de sintomas clinicamente significativos no pai, na mãe ou na criança (DSM-IV-TR, p. 688).

Entende-se, com isso, que essa categoria pode ser empregada em diversas situações, inclusive naquelas de exacerbado litígio conjugal em que a criança exibe um forte vínculo em relação a um genitor e extrema rejeição ao outro. O manual, como se nota, não descarta ainda a possibilidade de existência de outras formas de interação que sejam problemáticas e que podem merecer atenção e intervenção clínica.

Questiona-se, portanto, as motivações de Gardner em reclamar por uma especificidade clínica da SAP, ou sua pureza diagnóstica, ao mesmo tempo que rejeita a aplicação de outras categorias existentes naquele manual.

Refletindo sobre a categoria diagnóstica destacada anteriormente, Esparcia e Marín (2009, p. 90) concluem que, embora a SAP não seja igual a essa categoria, pode ser abrangida por ela. Posteriormente, no entanto, esses autores corroboram a existência de uma síndrome relacional no contexto familiar. Destacam, citando o trabalho de Baker (2007), que a rejeição exacerbada por parte de uma criança dirigida a um parente, associada a constrangimentos infligidos por outro parente, excluídas outras causas, pode ocorrer em diferentes situações que não só aquelas envolvendo a separação conjugal litigiosa. Dessa forma, Esparcia e Marín (2009) defendem a ideia de uma síndrome que esteja além do estritamente clínico e judicial, e que não se chame necessariamente síndrome da alienação parental (p. 91). Ou seja, a proposta desses autores é ainda mais abrangente que a teoria de Gardner, na medida em que associaria ao rótulo de síndrome uma gama de situações familiares conflituosas.

Com isso, persiste a indagação: por que a rejeição de uma criança ou jovem a um parente, associada a constrangimentos infligidos por outro parente, deve ser identificada como sendo uma síndrome? Quais as reais vantagens ou benefícios para os envolvidos? Somente a partir de uma categoria diagnóstica podem ser tomadas medidas que visem amenizar ou cessar o sofrimento vivenciado pelos indivíduos acometidos pela suposta enfermidade? Entende-se que, em realidade, o rótulo de síndrome ou enfermidade mental pode aprisionar os indivíduos em um diagnóstico, quando os seus comportamentos passam a ser vistos exclusivamente como resultado da patologia. Como muito bem assinalaram aqueles autores, a diversidade e complexidade dos comportamentos dos seres humanos não podem ser contidas inteiramente na descrição de um transtorno ou doença.

Além da categoria diagnóstica do DSM, citada anteriormente, que poderia abranger o que Gardner considera ser uma síndrome, cabe também destacar o fenômeno do alinhamento, mencionado em capítulo anterior, descrito pelas pesquisadoras Wallerstein e Kelly (1998). Defensor da teoria de Gardner, Warshak (2001) reconhece que essas pesquisadoras já haviam identificado situações de separação conjugal em que a criança era arrastada para o conflito dos pais, tornando-se aliada fiel de um deles em desrespeitar e atacar o outro. Contudo, aquele autor defende que foi Gardner quem especificou a origem, desenvolvimento, manifestações e tratamento para o fenômeno, identificado-o por síndrome da alienação parental.

Possivelmente, a insistência por parte dos autores mencionados em afirmar a existência de uma síndrome no cenário das relações familiares segue uma tendência comentada anteriormente: a de se associar, na atualidade, comportamentos considerados como pouco usuais à existência de síndromes.

Na visão de Warshak (2001), as controvérsias em torno da SAP ocorrem por conta da confusão que alguns autores e profissionais fazem quanto à sua identificação — argumento também utilizado por Gardner (2002a, 2002d). Segundo aquele autor, várias situações são, de forma equivocada, identificadas como sendo de SAP. Como exemplo, cita aquelas em que a criança prefere permanecer ou se sente mais confortável com um dos pais; ou ainda, é mais apegada a um deles. Há também casos em que a criança apresenta hostilidade a ambos os pais, ou rejeita um deles apenas em determinadas situações. Para Warshak (2001), em concordância com Gardner, essas situações não se confundem com a SAP dada a especificidade desta.

Importa sublinhar o argumento de Warshak (2001) de que a controvérsia em torno da SAP ocorre porque os profissionais fazem confusão quanto a sua identificação. Ou seja, o problema está nos profissionais, e não na teoria sobre a SAP, em sua falta de fundamentação científica, ou no constante uso de analogias e argumentações feitas por Gardner na tentativa de convencer sobre a existência dessa síndrome. Aquele autor, no entanto, admite que, embora outros estudiosos concordem sobre a existência dessa síndrome, há ainda a necessidade de realização de muitas pesquisas sobre o assunto.

A teoria de Gardner, além de não possuir reconhecimento oficial, é alvo de inúmeras críticas por ser identificada como de caráter sexista. A princípio, na década de 1980, o psiquiatra norte-americano declarou que em 85% a 90% dos casos por ele analisados, as mães induziam o(s) filho(s) à síndrome. Na edição de 1998 de seu livro *The parental alienation syndrome*, justifica essa prevalência como relativa à diferença de gênero, de acordo com sua análise sobre a literatura científica da época. O autor argumenta, ainda, que outros profissionais da área de saúde mental, de forma semelhante, identificam maior incidência de mães como indutoras à síndrome (Gardner, 2001a, 2002b). Rand (1997) reitera o argumento desse autor, e, ainda, cita outros estudos nessa linha.

Refletindo sobre essa questão, Escudero, Aguilar e Cruz (2008, p. 299) consideram que os argumentos do psiquiatra norte-americano trazem em si a convicção de que a alienação materna tem natureza biológica. Ainda segundo esses autores, essa convicção foi sendo construída por meio de suposições e deduções lógicas de Gardner que conduziram as mães à imagem de alienadoras.

Posteriormente, no entanto, o psiquiatra norte-americano mudou sua perspectiva. Como ele informa, desde meados da década de 1990 observou aumento considerável no número de homens induzindo os filhos à síndrome, chegando ao patamar de 50% dos casos. Tal aumento, em sua opinião, se deve ao fato de que, hoje, os homens têm mais acesso aos filhos, e, dessa forma, mais tempo e oportunidade de empreender a programação destes. Assim, esse autor muda sua proposição anterior sobre a prevalência das mães como indutoras à SAP, e declara que a indução à síndrome não é relativa a um gênero específico (Gardner, 2002a; 2002b).

É interessante notar que, diante das críticas recebidas, Gardner faz, seguidamente, alterações em suas proposições sem justificá-las por meio da realização de estudos sistematizados, mas, como costuma alegar: "de acordo com minha experiência" — afirmação bastante recorrente em seus textos. Provavelmente, tais alterações têm como objetivo retirar a SAP do centro de debate, pois, como reconhece Gardner, sendo a síndrome alvo de críticas e controvérsias isso pode dificultar sua inclusão na revisão do DSM.

As proposições de Gardner estão, ainda, envolvidas em outra polêmica, ao serem associadas às denúncias de abuso sexual infantil nas situações de litígio conjugal. Gardner é visto, por alguns autores na Argentina (Berlinerblau, 200-?; Giberti, 2005; Ureta, 2006), como fazendo parte do contramovimento ou *backlash* (reação), composto por pais, profissionais de saúde, advogados e juízes, que deram início a vários questionamentos sobre as denúncias de abuso sexual infantil contra um dos genitores, o pai biológico na maioria dos casos. Segundo Berlinerblau (200-?), esse contramovimento surgiu na década de 1980 em países como Canadá, Estados Unidos, Grã-Bretanha, com grande expansão na Argentina, a partir do ano 2000. Nesse país, segundo a autora, a literatura do contramovimento tem se apoiado, sobretudo, nos escritos de Gardner sobre a SAP.

Berlinerblau (200-?) tece várias críticas quanto à legitimidade científica dos achados do psiquiatra norte-americano. Ao mesmo tempo, seguida por Giberti (2005), acusa-o de desqualificar as mulheres, quando aponta que em divórcios litigiosos as mães inventam o abuso sexual infantil na tentativa de impedir que o ex-cônjuge tenha acesso ao(s) filho(s). Segundo essas autoras, os enunciados de Gardner encontram eco entre aqueles que questionam a veracidade das denúncias de abuso sexual infantil e incesto. Dessa forma, na visão das autoras, argumentos sobre a existência da síndrome em tais situações servem como forma de ocultar a ocorrência de abuso sexual de pais contra filhos.

Também em seu país, os Estados Unidos, Gardner tem sido alvo de várias críticas nesse sentido. Preocupados com as denúncias de abuso sexual infantil, Dallam (1999) e McDonald (1998) sustentam que certo teste, ou escala, proposto por Gardner para diferenciação entre denúncias falsas e verdadeiras é inconsistente e contraditório, pois se baseia na teoria sobre a SAP, a qual, afirmam, não possui estudo formal realizado.

Alguns profissionais na Espanha também fazem oposição aos enunciados de Gardner. Compreendem que fazer alusão à síndrome em casos de acusação de abuso sexual contra crianças é sugerir que o abuso sexual seria uma invenção por parte da mãe. O que na visão desses profissionais significa a defesa do patriarcalismo, da submissão da mulher e dos filhos ao homem. Consideram, ainda, que os enunciados sobre a SAP estão na contramão de avanços em relação aos direitos de crianças e adolescentes, como, por exemplo, o de serem protegidos contra qualquer forma de violência (Chavarría, 2008).

De forma geral, nota-se que os autores e profissionais que fazem oposição à teoria de Gardner parecem não aceitar a possibilidade de existência de falsas denúncias de abuso sexual infantil em situações de disputa de guarda (Berlinerblau, 200-?; Chavarría, 2008; Dallam, 1999; Giberti, 2005; McDonald, 1998; Ureta, 2006). Alegam, citando estudos realizados, que tais denúncias são, em sua maioria, verdadeiras, e que a teoria de Gardner, ao caracterizar as mães como vingativas e insanas, está, em realidade, protegendo pais que cometeram abuso e culpando as mães que tentam proteger seus filhos.

Gardner (2002b), mais uma vez, defende-se das acusações que lhe são endereçadas, explicando que as falsas denúncias de abuso sexual infantil, às vezes, são derivadas da síndrome. Esse tipo de denúncia, segundo ele, é feito com maior frequência por mulheres no contexto da disputa de guarda como forma de se vingar do ex-cônjuge, o que pode ocasionar o afastamento permanente deste com relação aos filhos. Já as denúncias feitas por homens contra a ex-esposa teriam, segundo esse autor, menos chance de sucesso, pois é pouco provável que uma mãe abuse de seus filhos.

Quanto a essa afirmação, Gardner não oferece explicações, como também não cita qualquer referencial teórico que a embase. Com isso, indaga-se sobre o que teria conduzido o psiquiatra norte-americano a tal conclusão. O fato de abusos por parte das mães não serem comentados e

SÍNDROME DA ALIENAÇÃO PARENTAL

divulgados, como ocorre no caso dos pais, seria indicativo de que são menos prováveis de ocorrer? Ou, o amor materno tornaria uma mãe imune a perpetrar abuso sexual contra um filho? Segundo explica a psicóloga Marlene Iucksch do Tribunal da Justiça de Paris (França), no I Seminário Internacional sobre Atenção, Proteção e Prevenção a Crianças e Adolescentes Vulneráveis à Violência Sexual, realizado no ano de 2008 em São Paulo, "o abuso vindo da parte da mulher, da mãe em particular, não se manifesta da mesma forma que o desejo sexual do homem".[11] Como esclarece a autora, o abuso por parte da mãe pode ocorrer por conta do lugar que ela ocupa em relação à criança, a qual depende totalmente da mãe para a sua sobrevivência.

Com isso, entende-se que por conta da cultura de valorização do papel materno nas sociedades ocidentais muitas situações não são tidas como possibilidade de abuso sexual, haja vista os casos de adolescentes que dormem com as mães, ou a manipulação da genitália da criança durante o banho ou higiene, o aleitamento materno até idade avançada da criança, dentre outras situações. Ao que parece, Gardner, mais uma vez, naturaliza discursos da tradição cultural em relação às figuras parentais quando afirma que é pouco provável que mães cometam abuso sexual.

Para o psiquiatra norte-americano há certa confusão e/ou desconhecimento por parte de profissionais de saúde, bem como de advogados e de juízes sobre a SAP. Segundo ele, por vezes, a síndrome e as falsas denúncias são, de forma equivocada, utilizadas como ideias sinônimas. Porém, continua ele, na maioria dos casos de SAP, as denúncias de abuso sexual não estão presentes. Em alguns, especialmente naqueles em que falharam as estratégias empreendidas pelo genitor alienador, as denúncias irão surgir, sendo, com isso, maiores as chances de que sejam falsas. Gardner assegura, ainda, que há situações em que as denúncias podem surgir sem a preexistência da SAP. Neste caso, segundo ele, deve ser considerada a possibilidade de as acusações serem verdadeiras, princi-

---

11. Disponível em: <http://www.aasptjsp.org.br/pages/noticias/noticias_in959.php>. Acesso em: 3 mar 2009.

palmente, se surgiram antes da separação do casal (Gardner, 1998a, 2001a, 2002a, 2002b).

É importante assinalar que, na tentativa de defender sua teoria, Gardner aponta que as controvérsias em torno da SAP são ocasionadas pelo mau uso das técnicas utilizadas, ou pela falta de conhecimento por parte dos profissionais sobre a síndrome. Em nenhum momento coloca em análise sua própria teoria, que repetidas vezes é apontada por ele como inquestionável.

Gardner reconhece que alguns pais que empreenderam o abuso podem sugerir, auxiliados por seus advogados, que a denúncia de abuso sexual feita contra eles é consequência da SAP. Nesse ponto, mais uma vez, esse autor assinala a necessidade de os profissionais que atuam nos tribunais de justiça estarem aptos a identificar quando a SAP está presente no litígio conjugal. Por fim, declara que a SAP existe, bem como existe o abuso sexual infantil (Gardner, 2001a, 2002a). Assim, para diferenciar as falsas e as verdadeiras denúncias de abuso sexual, Gardner indica a utilização de extenso protocolo, por ele criado, a partir de literatura sobre o assunto (Gardner, 2001a, 2002a).

Diante do que foi exposto, percebe-se que os autores que questionam a teoria de Gardner (Berlinerblau, 200-?; Chavarría, 2008; Dallam, 1999; Giberti, 2005; McDonald, 1998; Ureta, 2006) estabelecem com ele uma visão dicotômica quanto à problemática que envolve as denúncias de abuso sexual infantil. Ou seja, ou todas as denúncias de abuso em meio à separação conjugal são falsas, ou são todas verdadeiras. Ainda por essa via, a discussão sobre tais denúncias leva a conclusões de caráter sexista. Se por um lado aqueles autores acusam Gardner de ser contra as mulheres, por outro, se colocam contra os homens, vendo-os como potenciais abusadores. Contudo, há um ponto em comum entre Gardner e seus opositores, quando sustentam a defesa e proteção da criança no centro de debate sobre as relações familiares. Deve-se tomar cuidado, todavia, pois esse consenso sobre a proteção da criança pode colocar em oposição filhos e pais, restringindo a discussão sobre aquelas denúncias e a SAP à vitimização dos menores de idade, e à culpabilização e punição de seus responsáveis. Isso pode ocorrer na medida em que, como expõe Théry (2007), a preocupação acerca dos direitos da criança nas sociedades democráticas segue uma tendência marcante na atualidade, a de se colocar em confronto direitos de uns contra os direitos de outros.

De acordo com a literatura pesquisada, as falsas denúncias de abuso sexual infantil têm sido tema recorrente em tribunais de justiça de diversos países (Amendola, 2006; Chavarría, 2008; Parnell e Day, 1998). Tais denúncias aparecem relacionadas não só à SAP mas também a uma outra suposta síndrome, a *Munchausen syndrome by proxy* (síndrome de Munchausen por procuração). O termo foi cunhado por Roy Meadow,[12] em 1977, como uma forma de abuso infantil, na qual, frequentemente, as mães inventam ou provocam sintomas nos filhos, levando-os constantemente a médicos, e submetendo-os a diferentes exames clínicos (Mason, 2007; Menezes et al., 2002; Rand, 1997).

É evidente a aproximação entre a síndrome da alienação parental e a síndrome de Munchausen por procuração — o enfoque sobre as mães como indutoras dos filhos às síndromes. Todavia, o que mais chama a atenção é o fato de que, mais uma vez, os comportamentos de pais e filhos em situação de litígio quanto à guarda e visitação são associados à existência de síndromes. As análises que muitos fazem sobre os conflitos em tal contexto mantêm seu foco sobre os indivíduos, ou melhor, sobre a personalidade ou aspectos psicológicos, contribuindo para entendimentos, como o de Rand (1997), de que entre a população divorciada encontra-se número significativo de pais com distúrbios e problemas psicológicos.

Interessa notar que perspectiva semelhante também permeou o tema infância e violência doméstica. Conforme estudo realizado por Gonçalves (2003), na década de 1960, nos Estados Unidos, esse tema foi traduzido por médicos especialistas como uma síndrome, *The battered child syndrome* (a síndrome da criança maltratada). Os pais, segundo essa autora, foram

---

12. O autor faz referência à Síndrome de Munchausen, a qual é classificada pelo DSM-IV (p. 493) como um subtipo do denominado transtorno fictício. Esse transtorno se caracteriza, segundo o manual, por sintomas físicos e psicológicos produzidos intencionalmente com o objetivo de se assumir o papel de doente. No caso da Síndrome de Munchausen haveria predomínio de sinais e sintomas físicos, sendo considerada a forma crônica mais greve de expressão desse transtorno.

"tipificados como imaturos, sexualmente promíscuos, usuários de drogas e psicopatas, [...] tomados como responsáveis isolados pelas lesões e ferimentos identificados nas crianças" (p. 112). O discurso dos psiquiatras à época veio endossar essa perspectiva, ou seja, "identificavam os pais agressores como portadores de características psicopatológicas, sustentando que sua patologia é que justificaria a agressão exercida contra os próprios filhos" (p. 112).

Seria apenas mera semelhança a proximidade entre esses discursos e aqueles que surgiram nos anos 1980 e que ganham vigor nos dias atuais? Discursos que, sob o *slogan* de síndrome da alienação parental, patologizam e culpabilizam pais, vitimizam crianças e defendem a intervenção na família visando à coerção e à penalização.

4.3 De síndrome à epidemia

Não obstante as críticas e polêmicas envolvendo a síndrome da alienação parental, Gardner não está só na defesa de sua teoria. A partir dos anos 1990 surgiram vários autores (Cartwright, 1993; Lund, 1995; Major, 2000; Rand, 1997; Warshak, 2001), principalmente no contexto norte-americano, corroborando suas ideias, e tomando para si, muitas vezes, o encargo de desenvolver e ampliar as proposições daquele autor.

Nesse sentido, pode-se mencionar o estudo clínico realizado por Dunne e Hedrick (1994) em que os autores asseveram, dentre outros aspectos, que a SAP surge não só em meio a disputas judiciais, mas também imediatamente após a separação do casal ou mesmo vários anos depois. Pode, ainda, se manifestar em todos os filhos ou em apenas um; envolver tanto as crianças mais novas como adolescentes que, antes do divórcio, tiveram um relacionamento positivo com o pai alienado.

As publicações que têm como tema a SAP não ficaram restritas aos Estados Unidos, autores em vários países já se debruçaram sobre o assunto. No Canadá, tem destaque o psicólogo, professor da Universidade de Montreal, Hubert van Gijseghem (2005), o qual afiança que a alienação parental[13] ocorre também em casos em que não houve a separação, embora sejam menos comuns. Além disso, assegura que a criança quando se tornar adulto pode ainda estar sob alienação, uma vez que essa se tornou sua realidade psíquica. Para esse autor, as chances de reverter a alienação na criança diminuem com o passar dos anos, sendo a idade limite os doze anos, ou seja, antes de chegar à adolescência.

Em entrevista à revista *Lien Social* (2005), Van Gijseghem diz que não se considera um discípulo de Gardner, pois ao contrário deste seus estudos estão baseados em dados empíricos. Van Gijseghem defende que, diante das publicações e pesquisas que vêm sendo realizadas, a alienação parental — mesmo que com outro nome — seja incluída na próxima revisão do DSM, o que, segundo ele, deve ocorrer por volta do ano de 2010. Por fim, declara com veemência: "[...] qu'on ne peut continuer à nier l'aliénation parentale. Se comporter ainsi, ce serait comme continuer à affirmer que la terre est plane".[14] Em outros termos, na sua visão, a alienação parental seria algo inquestionável.

Outro país em que a SAP tem recebido cada vez mais destaque é a Argentina, onde se nota uma profusão de livros, artigos e textos em *sites* dedicados ao assunto. Nesse país está em curso pesquisa que objetiva avaliar os efeitos da SAP. Preocupada com a vida futura de crianças vítimas da SAP, a pesquisadora argentina Delia Susana Pedrosa de Álvarez (200-?a) chama atenção para o pequeno número de estudos acerca dos efeitos a longo prazo da síndrome. Diante disso, essa autora vem desenvolvendo pesquisa com adultos, maiores de dezoito anos, filhos de pais separados, que tenham vivenciado dificuldades no contato com um dos responsáveis. A princípio, é oferecida a possibilidade de pessoas de outros países participarem da pesquisa. Vale sublinhar que o interesse da pesquisadora em propor essa investigação surgiu a partir de conferências que realizou sobre a SAP. Em tais situações, percebia que alguns ouvin-

---

13. Embora utilize essa designação, a de alienação parental, que como exposto no item anterior, é de Douglas Darnall, o autor refere-se, na verdade, à síndrome da alienação parental, de Richard Gardner.

14. O trecho correspondente na tradução é: "Não podemos continuar a negar a alienação parental. Comportar-se assim é o mesmo que afirmar que a Terra é plana".

tes, filhos e/ou pais separados, identificavam sua história pessoal com a síndrome.

Na Espanha também é possível encontrar autores que já se debruçaram sobre a teoria de Gardner. O psicólogo José Manuel Aguilar (2006a), à semelhança da pesquisadora argentina citada, observa que com a difusão do conhecimento sobre a SAP tem aumentado o número de consultas a adultos, no dizer desse autor, "filhos da SAP" (p. 50). Contribuindo para a difusão da síndrome — e, possivelmente, para o surgimento de mais "filhos da SAP" —, Aguilar (2006b) dedicou um livro exclusivamente a ela, intitulado *Síndrome de alienación parental. Hijos manipulados por un cónyude para odiar al otro.*

Também naquele país, destacam-se as autoras Segura, Gil e Sepúlveda (2006, p. 127), as quais defendem a ideia de que a SAP é uma forma de mau-trato infantil, pois, para elas, impedir o direito de a criança ter uma relação próxima e afetiva com o genitor que não detém a guarda pode causar prejuízos ao seu desenvolvimento emocional. Essas autoras atuam no Programa Ponto de Encontro Familiar, em Sevilha, no qual os pais que por algum motivo não estariam vendo os filhos têm a oportunidade de encontrá-los em visitas assistidas por técnicos do serviço. Para ilustrar, as autoras citam dois casos atendidos, em que asseveram que os comportamentos exibidos pelas crianças são evidências de que estaria em curso a síndrome da alienação parental.

Vale mencionar que, no ano de 2007, teve destaque nos meios de comunicação um caso sobre guarda de filho na Espanha, em que a síndrome foi levada em conta na sentença judicial. Como forma de punição da mãe guardiã, e, ao mesmo tempo, na tentativa de reverter a suposta existência da síndrome, uma juíza de Manresa (Barcelona), em sentença inédita naquele país, retirou a guarda da mãe de uma menina de oito anos, e a proibiu, assim como a família materna, de se aproximar da criança, durante o período de seis meses.[15] Ao pai foi concedia a guarda, sendo que, a princípio, a criança ficaria residindo com os avôs paternos

---

15. Disponível em: <http://padresdivorciados.blogspot.com/2007/06/ruptura-de-la-pareja-custodia-de-los.html>. Acesso em: 4 out. 2007.

até se adaptar a nova situação. Por fim, a juíza afirmou em sua sentença que esta "é a melhor solução para que a pequena supere a fobia e perca a aversão que sente [em relação ao pai]".[16]

Decisões como esta, provavelmente, seguem a indicação de sentenças judiciais ocorridas nos Estados Unidos. Segundo Brandes (2000), nesse país, desde a década de 1980, em alguns casos de custódia, já vem sendo reconhecida a forte interferência do genitor guardião na relação dos filhos com o outro genitor, punida com a perda da guarda e a supressão do direito de visita por parte do primeiro. Como exemplo, esse autor relaciona vários casos documentados, derivados de cortes norte-americanas. Assim, à semelhança de Gardner, argumenta que induzir uma criança à síndrome constitui uma forma de abuso, o que, na sua visão, deve ser punido à luz da legislação penal.

Na França, divulgando as proposições de Gardner sobre a SAP, encontra-se o psiquiatra Jean-Marc Delfieu (2005). Em suas análises acerca do litígio conjugal, sublinha que, dadas as consequências sobre as relações familiares, as crianças que vivenciam esse contexto podem desenvolver psicopatologias — dentre as quais cita a SAP —, trazendo consequências para seu comportamento e relacionamentos afetivos na vida adulta. Ao descrever alguns casos avaliados como sendo de SAP, esse autor dá destaque a diferentes aspectos psicológicos dos genitores alienadores. Por fim, enfatiza a necessidade de auxílio ou intervenção terapêutica e até mesmo o acompanhamento prolongado de famílias que vivenciam dificuldades e conflitos frente à separação conjugal.

Com diversos artigos sobre a SAP, Lowenstein (2006) tem contribuído bastante para a difusão da teoria de Gardner no Reino Unido.[17] O estudioso reitera as ideias do psiquiatra norte-americano, como também de outros autores que já abordaram o tema. Lowenstein (2006) enfatiza, sobretudo, o recurso da mediação nas cortes de justiça como forma de contribuir para dirimir o conflito entre ex-cônjuges, impedindo, dessa forma, a evolução das desavenças até a instalação da síndrome no(s) filho(s).

---

16. Disponível em: <http://conjur.estadao.com.br/static/text/56885,1>. Acesso em: 4 out. 2007.

17. Disponível em: <http://www.parental-alienation.info/index.html>. Acesso em: 28 jun. 2008.

A SAP também chegou a Portugal, onde sua divulgação vem produzindo rápidas identificações. Em matéria publicada pela *Notícias Magazine*, em colaboração com a associação Pais para Sempre, são mencionados vários casos em que mães guardiãs dificultam ou impedem a convivência dos filhos com o ex-parceiro. Na matéria assegura-se que esses casos seriam exemplos de SAP (Adamopoulos, 2008).

Ao que parece, o objetivo de Gardner em disseminar a ideia de que existe uma síndrome própria às situações de disputa de guarda vem sendo alcançado. Segundo informação exibida no *site* desse autor, vários são os países em que a síndrome já foi citada em sentenças judiciais.[18] Na lista de países constam: Canadá, Austrália, Alemanha, Grã-Bretanha, Israel, Suíça, o Tribunal Europeu de Direitos Humanos de Strasbourg e vários estados do território norte-americano. Na visão de Gardner, o aumento no número de sentenças judiciais em que a síndrome é citada é uma forma de convencer os comitês de avaliação para a revisão do DSM sobre a necessidade de reconhecimento e inclusão da síndrome neste manual.

A SAP já está sendo considerada uma epidemia de amplitude mundial, conforme alerta de Álvarez (200-?b). No ano de 2002 foi realizada na cidade de Frankfurt uma conferência sobre a síndrome, quando esta foi considerada, de forma consensual, um problema que se estende por diferentes países, segundo informa a autora citada. Nessa linha, Van Gijseghem (2004), preocupado com as elevadas taxas de alienação parental encontradas na cidade de Quebec, declara que este é um problema que afeta toda a sociedade ocidental.

Seguindo o entendimento dos autores citados, cabe destacar que a palavra epidemia pode ter diferentes sentidos, e, portanto, diferentes implicações. De acordo com o *Dicionário Houaiss de língua portuguesa*,[19] epidemia, no sentido médico, refere-se à doença contagiosa que acomete um grande número de indivíduos em uma dada localidade. Fazendo analogia à SAP, poderia se pensar quais os fatores causadores ou facilita-

---

18. Disponível em: <http://www.rgardner.com>. Acesso em: 29 nov. 2007.

19. Disponível em: <http://houaiss.uol.com.br/busca.jhtm?verbete=epidemia&stype=k>. Acesso em: 1º mar. 2009.

dores de sua disseminação. Ou então, refletir como o contexto social em vários países tem contribuído ao longo do tempo para fomentar alianças entre o guardião e o(s) filho(s), bem como as disputas sobre guarda em juízos de família. Outra possibilidade seria realizar discussão sobre medidas e políticas públicas direcionadas às famílias que vivenciam o divórcio — dispositivos que praticamente inexistem em alguns países, como é o caso do Brasil.

Acrescenta-se, por extensão de sentido, que o termo epidemia pode se referir à ideia de generalização rápida, o que vira moda. Assim, pode-se indagar se as situações de litígio conjugal, em que os filhos encontram-se envolvidos, não estariam sendo identificadas de forma generalizada com a SAP. Ao oferecer um modelo — uma síndrome, com descrição de sintomas, diagnóstico e tratamento — Gardner não estaria reduzindo, simplificando a complexidade de fatores que envolvem aquelas situações?

Diante da forma como vem sendo disseminada em diferentes setores da sociedade, pode-se dizer que a SAP está na moda. Na era da informática e da globalização, matérias e informações sobre o assunto circulam em vários países chegando rapidamente ao interior das residências. Em um dos maiores *sites* de relacionamento da internet, o *Orkut*, é possível encontrar um grande número de comunidades e associados que fazem referência à síndrome. Igualmente, o famoso *site* de vídeos *YouTube* disponibiliza várias entrevistas e reportagens sobre o assunto. É bastante comum encontrar relatos de responsáveis e filhos que se identificam como sendo "vítimas da síndrome da alienação parental", bem como profissionais que fazem alertas quanto aos prejuízos psicológicos e afetivos causados pela SAP.

Com tantas vítimas da síndrome, na Espanha foi criada em 2007 a Asociación Nacional de Afectados del Síndrome de Alienación Parental (ANASAP). Em seu *site*, a associação convoca pais e profissionais a unirem esforços contra a síndrome, alertando-os de que se trata de uma questão de saúde mental, que está alcançando a categoria de problema de saúde pública.[20] A associação mantém seu foco de preocupação sobre os com-

---

20. Disponível em: <http://www.anasap.org/about/>. Acesso em: 4 jul. 2008.

portamentos de pais e mães tidos como alienadores, e na ineficácia do judiciário diante do problema. Como exposto no *site*: "El SAP y la alienación parental son la constatación del fracaso de la Justicia (y todos los operadores jurídicos) que se empeña en mantener el *status quo* del maltrato psíquico habitual a muchos menores hijos del divorcio."

Para se evitar que mais pais e crianças sofram com os efeitos da síndrome vem sendo defendida a ideia de prevenção. Esta é a missão social da Parental Alienation Awareness Organization (PAAO), uma organização norte-americana que tem como objetivo educar o público em geral, escolas, a polícia, conselheiros, bem como pais alienadores sobre os prejuízos que certos comportamentos podem causar às crianças.[21] Diante disso, a organização determinou o dia 25 de abril como o Dia da Consciência sobre a Alienação Parental,[22] quando são realizados diversos eventos sobre o assunto. A PAAO criou ainda uma extensa linha de produtos com sua logomarca, como bótons, camisetas, canecas, bonés, cartões, calendários, adesivos, bolsas, urso de pelúcia, dentre outros, que são vendidos pelo *site* da organização.

A iniciativa daquela organização insere-se, sem dúvida, na cultura consumista, em que tudo pode se tornar mercadoria de consumo, inclusive as relações amorosas e os sentimentos, como reflete Bauman (2004). No caso específico da PAAO, as relações familiares e seus conflitos, com forte apelo emocional dirigido ao público, ou melhor, ao mercado consumidor, são convertidos em objetos de consumo. Diante disso, indaga-se se de fato a SAP é um problema que se alastra por diversos países, ou um novo produto que, com objetivo de venda, provoca alarde e a sensibilização dos consumidores, conquistando, com isso, cada vez mais defensores, ao mesmo tempo que movimenta o mercado editorial com o lançamento de novos títulos, bem como a criação de outros produtos que têm a SAP como marca.

---

21. Disponível em: <http://www.parental-alienation-awareness.com/aboutus.asp>. Acesso em: 4 jul. 2008.

22. A organização distingue a alienação parental (Darnall, 1997) como o processo que pode levar a que se estabeleça a síndrome da alienação parental.

SÍNDROME DA ALIENAÇÃO PARENTAL

Associações como aquelas que foram mencionadas, talvez, possam ser pensadas como uma segunda geração das associações de pais e mães separados, as quais, inicialmente, estiveram mais voltadas para a defesa pela igualdade de direitos e deveres no que se refere à guarda dos filhos. Atuaram também no sentido de promover o debate em torno da guarda compartilhada, reivindicando o reconhecimento desta na legislação de seus países de origem. Recentemente, essas associações acrescentaram às suas reivindicações o reconhecimento, por parte do judiciário, bem como da sociedade em geral, sobre a síndrome da alienação parental e das falsas denúncias de abuso sexual infantil em situações de litígio conjugal.

A junção dos temas mencionados serviu de lema à manifestação *Custodia compartida sí. Síndrome de Alienación Parental no. Denuncias falsas no*, ocorrida na cidade de Sevilha, na Espanha, em novembro de 2007. Organizada pela Confederación Estatal de Madres y Padres Separados, a manifestação contou com a participação de outras 30 associações daquele país. O objetivo da manifestação era exigir do governo o modelo de guarda compartilhada como preferencial nos casos de separação, assim como denunciar a existência da SAP e das falsas denúncias de abuso sexual infantil.[23]

Nesse breve mapeamento sobre a propagação do tema SAP, verifica-se que as associações e movimentos de pais separados têm tido um importante papel nesse sentido. Dentre as associações pesquisadas, nota-se que a Associação de Pais e Mães Separados (Apase) e SOS Papai e Mamãe, ambas com sede no Brasil; a Asociación de Padres Alejados de sus Hijos (Apadeshi), na Argentina; e a Pais para Sempre, em Portugal, dão bastante destaque à síndrome em suas páginas eletrônicas na Internet.[24]

No entanto, o que mais chama atenção é a facilidade e rapidez com que o tema SAP é incorporado por profissionais que lidam com a problemática do litígio conjugal. O dossiê exibido no *site* da *Lien Social* (2005)

---

23. Disponível em: <http://www.elmundo.es/elmundo/2007/11/18/espana/1195398589.html>; <http://www.diariodesevilla.es/201359_ESN_HTML.htm>. Acesso em: 2 dez. 2007.

24. Disponível em: <http://www.apase.org.br>; <http://www.sos-papai.org>; <http://www.apadeshi.org.ar>; <http://www.paisparasempre.org>; respectivamente. Acesso em: 20 jun. 2007.

justifica que esses profissionais não dispunham de um modelo teórico que lhes permitisse refletir sobre a emergência, evolução e as consequências do afastamento da criança em relação a um dos genitores quando do litígio conjugal. Ao que parece, Gardner veio sanar essa carência, pois, como explica Warshak (2001, s/p.), defensor das ideias do psiquiatra norte-americano, o termo SAP tem sido útil para facilitar a comunicação entre os profissionais. Mas, ao que indicam as polêmicas em que a teoria de Gardner está envolvida, aqueles profissionais precisam atentar para a qualidade da resposta oferecida por tal teoria.

O dossiê referido ressalta, ainda, que outros autores dão diferentes enfoques sobre a problemática do litígio conjugal. Diante disso, pode-se indagar o que faz com que atualmente uma teoria como a do psiquiatra norte-americano tenha precedências sobre estudos já realizados sobre essa problemática. Provavelmente, a disseminação da ideia de uma síndrome no contexto da separação conjugal está em consonância com dois aspectos muito marcantes nas sociedades contemporâneas. Um se refere à tendência a identificar conjuntos de características ou comportamentos exibidos pelos atores sociais como patológicos (Serpa Júnior, 2003). O outro diz respeito, especificamente, ao nome, ou melhor, à atribuição do rótulo de "síndrome da alienação parental", o qual causa certo impacto, chama atenção, assim como ocorre nas peças publicitárias em que um nome de fácil identificação promove o produto que se pretende vender. Todavia, a facilidade de comunicação promovida pelo termo SAP, como defende Warshak (2001), pode significar, por outro lado, a simplificação e banalização no exame das questões que envolvem o litígio conjugal.

5

Discursos sobre a síndrome
da alienação parental no Brasil

Como já exposto, no Brasil, a difusão de discursos sobre a SAP se deu, especialmente, por meio de associações e movimentos sociais de pais separados. Rapidamente incorporada às reivindicações de pais militantes, bem como aos discursos de profissionais que atuam no judiciário, a SAP parece que vem se tornando o centro de debate quando o assunto é litígio conjugal e guarda de filhos.

No cenário jurídico, a SAP vem suscitando a preocupação de profissionais como Trindade (2004, p. 155), que alerta para a necessidade de os meios jurídicos e a jurisprudência brasileiros tomarem conhecimento da teoria de Gardner. Aquele autor justifica sua preocupação afirmando que "antes desconhecida, uma vez nomeada e bem definida, parece que cada vez mais se constata a existência de danos causados aos filhos em virtude da Síndrome da Alienação Parental [...]".

Também nessa esteira, mas citando a alienação parental, a promotora de justiça Rosana Barbosa Cipriano Simão (2007, p. 19) declara que, "a doutrina e a jurisprudência pátria estão despertando para o assunto em comento, aderindo ao reconhecimento da necessidade de serem adotadas providências práticas para coibir a alienação parental".

Diante do que expõem os autores citados, parece que somente agora os setores competentes tomam conhecimento de um fenômeno que por vezes ocorre em separações litigiosas, o afastamento dos filhos em relação a um dos genitores, e possíveis prejuízos emocionais a eles causados por conta disso. No entanto, atualmente, este fenômeno chega de forma marcante à sociedade e ao judiciário brasileiro transmudado em síndrome da alienação parental.

Como será demonstrado, os discursos sobre a SAP vêm se propagando rapidamente no cenário nacional. Embora apregoem o caráter de verdade inquestionável, sustentado por Gardner, os discursos sobre essa síndrome, no Brasil, revelam algumas características próprias.

5.1 (In)Definições acerca da SAP

Nas publicações nacionais notou-se, como recorrente, certa confusão quanto à definição da síndrome da alienação parental, ao ponto de esta aparecer referida à figura do genitor alienador e não à criança, como foi especificado inicialmente por Richard Gardner (2001a). Como exemplo, segue declaração de Ullmann:

> A Síndrome da Alienação Parental pode ser definida como atitudes do guardião da criança que visam influenciá-la para que odeie o outro genitor, mesmo sem fundamento real (Ullmann, 2008, p. 63).

Ou ainda, quando essa autora apresenta quadro no qual lista "as atitudes mais comuns do genitor portador da SAP" (p. 65), enumerando, por exemplo:

> "esquecer" de informar compromissos da criança em que a presença da outra parte seria importante; fazer comentário "inocente", pejorativo sobre o outro genitor; telefonar incessantemente durante o período de visitação; determinar que tipo de programa o genitor poderá ou não fazer enquanto estiver com o menor (Ullmann, 2008, p. 65).

Verificou-se outras vezes que, aliados ao pensamento de Gardner, os autores nacionais oferecem ao leitor suas próprias contribuições quanto à definição da SAP. Esse dado se revela, por exemplo, nos escritos de Trindade (2007), que define inicialmente a síndrome como o "processo de programar uma criança para que odeie um dos genitores sem justificativa, de modo que a própria criança ingressa na trajetória de desmoralização desse mesmo genitor" (p. 102). Mas, em um segundo momento, o autor faz acréscimos à definição inicial da SAP, citando características que se destacam tanto pelo caráter de julgamento pessoal, quanto pela indefinição do fenômeno que tenta explicar, como revela o seguinte trecho:

> [...] a Síndrome de Alienação Parental é o palco de pactualizações diabólicas, vinganças recônditas relacionadas a conflitos subterrâneos inconscientes ou mesmo conscientes, que se espalham como metástases de uma patologia relacional e vincular (Trindade, 2007, p. 103).

Percebeu-se, portanto, certa confusão e imprecisão quanto à definição da síndrome da alienação parental nas publicações nacionais analisadas. Como se nota, algumas ideias de Gardner, por vezes distorcidas, são propagadas como verdades absolutas. Identifica-se, ainda, a ausência de debate sobre o conceito de SAP — conceito este importado do contexto norte-americano.

Não se encontrou qualquer referência, nas publicações nacionais, quanto ao fato de a SAP não constar nos manuais psiquiátricos de classificação de transtornos mentais, assim como são ignorados questionamentos levantados pela literatura estrangeira acerca da cientificidade das publicações do psiquiatra norte-americano (Dallam, 1999; Escudero, Aguilar e Cruz; 2008). Outro dado que merece destaque é o fato de que Gardner (2001a, 2002a), em seus textos, aborda vários questionamentos feitos sobre a SAP, mas nos textos nacionais analisados não se encontrou menção a esses questionamentos. Diante disso, pode-se deduzir que haveria certa seleção sobre as informações que são difundidas no Brasil acerca da SAP, prejudicando-se, com isso, possíveis reflexões e debates sobre o assunto.

Encontrou-se, também, definições sobre a SAP feitas por associações e movimentos sociais de pais separados. Em folheto distribuído pelo movimento Pais por Justiça — também disponível na Internet[1] —, a no-

---

1. Disponível em: <http://www.alienacaoparental.com.br/folder>. Acesso em: 25 mar. 2009.

meada síndrome é apresentada, de forma simplificada, como manipulação psicológica dos filhos por parte de suas mães, sendo diretamente associada às falsas denúncias de abuso sexual infantil. Ainda nessa esteira, em cartilha recente sobre guarda compartilhada, publicada pela Associação de Pais e Mães Separados (Apase), encontra-se, dentre outras informações, a seguinte definição da SAP:

> A Síndrome da Alienação Parental é uma doença devastadora, que compromete o presente e o futuro das crianças vítimas das separações litigiosas malconduzidas, onde um dos genitores deliberadamente procura afastar o filho do outro genitor deturpando a mente da criança.

À primeira vista, a versão brasileira sobre a SAP chama atenção por seu conteúdo, que tanto reduz a problemática em tela como estigmatiza mães e filhos em situações conflituosas de rompimento conjugal. Difundidas especialmente por homens-pais que se veem impedidos de participar da vida de seus filhos, as publicações mencionadas tendem a associar a nomeada síndrome às mães guardiãs. Ao mesmo tempo, expõem previsões deterministas quanto ao futuro de crianças que teriam sido vítimas dessa síndrome. É importante atentar para o fato de que toda essa produção discursiva em torno da SAP dissemina ideias, produzindo modos de pensar e, principalmente, o que se deve pensar sobre o assunto.

Foi encontrada, ainda, divulgação da SAP em suplemento de jornal de grande circulação (revista *O Globo*, 5 nov. 2006) e em transmissões radiofônicas,[2] nas quais a síndrome foi identificada como a manipulação da criança pelo genitor guardião para que rejeite o outro responsável.

Não seria exagero afirmar que hoje, com a divulgação massiva sobre a SAP, pode estar em curso a constituição de um novo mito no contexto da separação judicial. Ou seja, filhos do divórcio desenvolvem um distúrbio, a síndrome da alienação parental.

Diante dos textos analisados, chamou atenção o fato de que apenas Motta (2007, p. 54) cita um aspecto muito enfatizado por Gardner, a co-

---

2. Programa *Atualidades*, debate com Eduardo Lira, Andreia Calçada e Rosana Barbosa C. Simão, na Rádio MEC AM, Rio de Janeiro [2007].

laboração ativa da criança na campanha de difamação empreendida contra um dos genitores. Na verdade, a autora busca explicar, por meio da teoria cognitiva e da psicanalítica, o desenvolvimento de tal colaboração por parte da criança. Assim, expõe a autora:

> De acordo com a teoria cognitiva as crianças não dependem apenas afetivamente de seus genitores, mas sua dependência se estende ao campo cognitivo em função de sua limitada experiência e habilidades perceptivas que as tornam dependentes dos adultos significativos, em geral, pai e mãe (Motta, 2007, p. 55).

Diante disso, a autora conclui que,

> Como as crianças acreditam muito mais nas percepções dos seus pais do que nas próprias percepções, elas participam de qualquer distorção perceptiva ou "desilusão" que seja compartilhada com elas por um genitor, a menos que haja fatores mitigadores, atenuantes (Motta, 2007, p. 55).

Além disso, Motta (2007) ressalta que,

> Outras teorias como a psicanalítica também apresentam explicações para essa distorção de percepção da criança atrelando-a à dependência emocional que a criança/adolescente tem com a mãe ou a questões edípicas não adequadamente "resolvidas", tal como odiar o pai por quem se sentiu traída numa identificação com a mãe em seu papel junto ao pai (Motta, 2007, p. 55).

A autora cita como fato atenuante contra as percepções distorcidas da criança o relacionamento que esta tem com o genitor alvo das agressões. O que, segundo a autora, poderia propiciar à criança uma outra perspectiva sobre a situação vivenciada (op. cit., p. 55).

Todavia, aquela autora não põe em discussão a suposta colaboração da criança como condição fundamental para que se configure a SAP, aspecto que é destacado, com frequência, por Gardner (2001a) em seus textos. Isso faz recordar a literatura estrangeira pesquisada, na qual muitos autores se preocuparam mais em explicar, ampliar e difundir as ideias de Gardner do que em discutir ou problematizar a produção discursiva sobre o assunto (Cartwright, 1993; Major, 2000; Rand, 1997).

A questão da programação ou lavagem cerebral realizada pelo adulto alienador sobre a criança é também outro aspecto relativo à definição da SAP pouco explorado nos textos nacionais. Sem maiores preocupações quanto a definições, ou sobre o uso desses termos, os textos basicamente trazem explicações ou comentários muito próximos de algumas ideias de Gardner (2002b), como ilustram os trechos a seguir:

> O filho de um genitor alienador está privado desse relacionamento [com o outro genitor] e portanto desta influência potencialmente corretiva dada por meio de vivências e experiências emocionais que corrigem aquilo que lhes é inculcado pelo genitor alienador no decorrer de suas "lavagens cerebrais" (Motta, 2007, p. 55).

> É preciso também lembrar que a criança é submetida a um poderoso processo em que rotineira e repetidamente a "programação" da SAP tem seu curso. Além disso, a síndrome poderá ser implantada, de maneira ativa e deliberadamente ostensiva ou passiva e sutilmente (Motta, 2007, p. 56).

Os textos analisados endossam, assim, a ideia de causalidade linear subjacente à teoria de Gardner, ou seja, um genitor programaria uma criança que, como um robô, ou uma máquina, responderia passivamente aos seus comandos.

Essa literatura nacional, portanto, importa a ideia de programação da criança, dando enfoque às atitudes do genitor guardião. Dessa forma, deixa de refletir sobre a complexidade das relações no sistema familiar, bem como práticas sociais, políticas etc., que podem contribuir nesse sentido, pois, como aponta Veyne (1982), que trabalha com uma perspectiva sócio-histórica, as práticas não estão isoladas, dependem umas das outras.

Os autores nacionais parecem seguir não só certas definições, mas também algumas indefinições do psiquiatra norte-americano. Comumente os autores relacionam a SAP a uma forma de maus-tratos e abuso infantil (Trindade, 2007); ao abuso psicológico (Motta, 2007) ou à tortura psicológica (Ullmann, 2008). Contudo, não especificam ou definem seu entendimento sobre as expressões utilizadas, assim como o fez Gardner (1998b, 2001a) ao se referir à SAP como uma forma de abuso emocional.

Notou-se, ainda, que algumas vezes os conceitos de síndrome da alienação parental e alienação parental aparecem misturados, ou mesmo apresentados como sinônimos. É desprezada a distinção e disputa entre seus respectivos autores, Richard Gardner e Douglas Darnall, nos Estados Unidos, quanto à importância e prevalência desses conceitos. Os trechos que se seguem ilustram a não diferenciação:

> Trata-se de uma prática [a alienação parental] instalada no rearranjo familiar após uma separação conjugal onde há filho(s) do casal. Os transtornos conjugais são projetados na parentalidade no sentido que o filho é manipulado por um de seus genitores contra o outro, ou seja, é "programado" pelo ente familiar que normalmente detém sua guarda para que sinta raiva ou ódio pelo outro genitor (Simão, 2007, p. 15).

> Para o autor [Richard Gardner], a alienação parental é um processo que consiste em programar uma criança para que, sem justificativa, odeie um de seus genitores (Ferés-Carneiro, 2007, p. 73).

Matéria publicada pela revista *IstoÉ* (Jordão, 2008) destaca-se pela confusão, ou desinformação, acerca da alienação parental, a qual é reportada à figura de Gardner, como exposto a seguir:

> Cunhada em 1985, nos Estados Unidos, pelo psicanalista Richard Gardner, a expressão [alienação parental] é comum nos consultórios de psicologia e psiquiatria e, há quatro anos, começou a aparecer em processos de disputa de guarda nos tribunais brasileiros (Jordão, 2008, s/p.).

As publicações nacionais parecem ignorar a ênfase dada por Gardner (2002b) à especificidade clínica da SAP contra a alienação parental, a qual é apontada por esse autor como um processo mais amplo que pode ser desencadeado por diversos fatores, como maus-tratos ou negligência por parte de um dos pais, podendo acarretar a SAP. Notou-se que aquelas publicações, quando se utilizam dos referidos conceitos, ora focam o genitor alienador, ora a criança, o que contraria a distinção feita por Darnall e Gardner que, em suas análises, priorizam, respectivamente, o genitor no caso da alienação parental, e a criança no caso da SAP. Assim, enquanto em seu país Gardner (2002b) advoga de forma veemente a distinção entre esses conceitos, como meio de garantir a inclusão da SAP na próxima revisão do DSM, no contexto nacional persiste a assimilação dos conceitos como ideias sinônimas.

Ainda quanto ao uso dos referidos conceitos vale lembrar que, nos Estados Unidos, muitos profissionais utilizam o conceito de alienação parental no lugar do conceito de síndrome da alienação parental porque esse não consta no DSM-IV (Gardner, 2001a). Já no Brasil, nota-se que, em alguns casos, houve tão somente a supressão do termo síndrome, sendo divulgado o conteúdo da teoria sobre a SAP, bem como o nome de Gardner sob o *slogan* de alienação parental. Nesse sentido, pode-se citar o documentário de Alan Minas, *A morte inventada* (2009) que, em seu *site*, apresenta informações sobre a SAP, mas sob o título de alienação parental,[3] conforme explicitado no seguinte trecho:

> A Alienação Parental, descrita em meados da década de 1980, pelo psiquiatra infantil Richard Gardner, revela-se como uma situação na qual um genitor procura afastar seu filho ou filha do outro genitor intencionalmente. Essa alienação é causada através de informações contínuas no intuito de destruir a imagem do genitor alienado na vida da criança.

À semelhança do que ocorre com os discursos sobre a SAP no Brasil, a alienação parental é também difundida de forma bastante simplificada. Segundo reportagem exibida pelo *Jornal Futura*,[4] a alienação parental seria uma forma de o genitor guardião afastar os filhos do outro genitor, tendo como motivo o medo de perda da guarda, o desejo de vingança ou a raiva em relação a esse. Ou ainda, de acordo com matéria da *Revista Crescer*, ao divulgar o lançamento do documentário citado, "a alienação parental é o impedimento de os pais verem os filhos após a separação".[5] Como expõe em seguida a matéria, "é comum conhecer algum pai sepa-

---

3. Disponível em: <http://www.amorteinventada.com.br>. Acesso em: 26 dez. 2008.

4. *Jornal Futura*, reportagem Alienação Parental, exibida pelo canal Futura, Rio de Janeiro, no dia 5/11/2008, às 12h. Disponível em: <http://www.youtube.com/watch?v=mAxtKMFfHRs>. Acesso em: 26 dez. 2008.

5. Disponível em: <http://revistacrescer.globo.com/Revista/Crescer/0,,EMI65411-10520,00.html>. Acesso em: 29 mar. 2009.

rado que não consiga ver seu próprio filho por impedimento da mãe".[6] Assim, de forma semelhante à SAP, a alienação parental é, com frequência, reportada à figura materna.

Dentre os textos analisados, verificou-se que apenas Fonseca (2007) se ocupou da distinção entre alienação parental e síndrome da alienação parental, reportando-os a Douglas Darnall e Richard Gardner, respectivamente. A autora apresenta a síndrome como uma patologia relativa à criança, sendo uma forma de abuso emocional por parte do genitor alienador. Já a alienação parental é apresentada como o afastamento do filho em relação ao genitor visitante, provocado pelo titular da guarda. Em seguida a autora distingue que,

> [...] enquanto a síndrome refere-se à conduta do filho que se recusa terminantemente e obstinadamente a ter contato com um dos progenitores e que já sofre as mazelas oriundas daquele rompimento, a alienação parental relaciona-se com o processo desencadeado pelo progenitor que intenta arredar o outro genitor da vida do filho (Fonseca, 2007, p. 7).

Cabe mencionar que, nas publicações nacionais analisadas, a alienação parental, à semelhança do que ocorre com a SAP, é apontada como uma forma de abuso. Na visão de Simão (2005; 2007), por exemplo, seria uma forma de abuso no exercício do poder parental.

Apontada como assunto recente nos meios jurídicos, alguns autores alertam para a ausência de dados no Brasil sobre a alienação parental.

> [...] considerando que não existem dados sobre a alienação parental no Brasil, torna-se urgente fomentar a realização de pesquisas sobre o tema (Goldrajch, Maciel e Valente, 2006, p. 25).

Ou ainda, como relata Valente (2007),

> No Brasil, desconheço a existência de dados oficiais sobre crianças e adolescentes que sofrem interferência do guardião na visita à figura parental não guardião (Valente, 2007, p. 85).

---

6. Disponível em: <http://revistacrescer.globo.com/Revista/Crescer/0,,EMI65411-10520,00. html>. Acesso em: 29 mar. 2009.

No entanto, contrariando as afirmações dos autores relacionados, várias pesquisas realizadas sobre separação e guarda de filhos já apontaram as dificuldades e prejuízos sobre a convivência entre o genitor não residente e os filhos no modelo de guarda unilateral, bem como a interferência do genitor guardião, o qual fica com todo o poder de decisão sobre a vida desses (Brito, 2002, 1997a; Cardoso, 2008; Padilha, 2008; Souza, 2000). Há ainda investigação com filhos de pais separados em idade adulta, em que foram verificadas as repercussões desse evento em suas vidas (Brito, 2007), como, por exemplo, o afastamento total em relação ao genitor não residente por conta de brigas e desentendimentos entre os ex-cônjuges.

A despeito do que informa a literatura sobre separação conjugal, encontra-se em matéria publicada pela revista *IstoÉ* (Jordão, 2008) argumento de que

> Pais e mães que mentem, caluniam e tramam com o objetivo de afastar o filho do ex-parceiro sempre existiram. A diferença é que, agora, há um termo que dá nome a essa prática: alienação parental (Jordão, 2008, s/p.).

Todavia, vários estudos e pesquisas realizados apontaram e discutiram a relação intensa que comumente se estabelece entre o genitor guardião e os filhos, com o consequente alijamento do outro genitor (Brito, 2007; Carter e McGoldrick, 1995; Giberti, 1985; Gonzalez, Cabarga e Valverde, 1994; Wallerstein e Kelly, 1998). As designações quanto a essa forma de relação são também diversas, empregando-se, por exemplo, cisma e discórdia (Cigoli, apud Bernart et al., 2002); aliança (Brito, 2007; Giberti, 1985); alinhamento (Wallerstein e Kelly, 1998) e coalizão (Calil, 1987; Nichols e Schwartz, 1998). No entanto, em tais estudos, os autores relacionam os diversos fatores que estariam contribuindo para a existência desses comportamentos, chamando atenção não somente para questões individuais, como acontece no caso da teoria sobre a SAP, mas para uma gama de fatores que envolvem as situações de litígio conjugal.

Ao que parece, para alguns, a denominação alienação parental ou síndrome da alienação parental também não seria suficiente para chamar a atenção sobre o assunto. Em entrevista ao *Boletim IBDFAM* (2009), o juiz

Elizio Luiz Perez, idealizador do anteprojeto de lei sobre alienação parental, atualmente PL n. 4.053/08, declara que é preciso uma lei para afastar a interpretação de que a alienação parental não existe. Como afirma o magistrado sobre a lei proposta:

> Enfim, espera-se, em primeiro lugar, ajudar a curar a cegueira do Estado para a alienação parental (Perez, 2009, p. 4).

É pertinente indagar se este deve ser o objetivo de uma lei. Como exposto anteriormente, vários estudos já alertaram para a existência de alianças parentais no litígio conjugal e a possível exclusão de um dos genitores do contato com os filhos. Diante disso, pode-se questionar por que somente uma lei com o *slogan alienação parental* faria o Estado levar em conta o fenômeno descrito.

Observa-se que, em realidade, os termos síndrome da alienação parental e alienação parental vêm se difundindo com rapidez. Possivelmente, este fato estaria associado a uma ideia amplamente difundida na contemporaneidade, a de que o novo é melhor (Bauman, 2004), sendo bastante utilizada em peças publicitárias para chamar a atenção do consumidor para o produto que se pretende vender. Atualmente, denominações que causam impacto, ao mesmo tempo que servem como marca de fácil identificação em qualquer lugar, são vistas como um bom marketing, senão para a venda, ao menos para a sua propagação, como é o caso dos referidos termos. Tal questão é evidenciada quando Valente (2007) menciona que antes da definição de Richard Gardner sobre a SAP, crianças já eram afastadas de seus pais e outros familiares após a separação conjugal dos responsáveis. Contudo, na opinião da autora, a definição da síndrome se tornou "ponto de partida para qualquer abordagem sobre o tema" (p. 83).

Ademais, ao contrário dos estudos referidos anteriormente que não buscaram confirmar a existência de patologias, mas a compreensão da dinâmica que se estabelece no grupo familiar a partir da separação do casal, assim como suas repercussões, os trabalhos sobre a SAP enfocam a patologia tanto na criança quanto no genitor alienador. Possivelmente, esse dado acompanha uma outra tendência da atualidade, a patologização de comportamentos. Como avalia Serpa Junior (2003), tem se expandindo nos últimos tempos o número de categorias diagnósticas nos manuais classificatórios que, a cada revisão, trazem definições sobre novas patologias.

5.2 Justificativas para a ocorrência da SAP

De forma geral, identificou-se que tanto profissionais da área do Direito quanto da Psicologia, ao abordarem as causas da SAP, enfatizam sentimentos desencadeados com o rompimento do casamento, características individuais ou atributos de personalidade como justificativas de um genitor empreender o alijamento do ex-consorte da vida dos filhos. Como exemplo, pode-se citar os seguintes trechos:

> Muitas vezes, o afastamento da criança vem ditado pelo inconformismo do cônjuge com a separação; em outras situações, funda-se na insatisfação do genitor alienante, ora com as condições econômicas advindas do fim do vínculo conjugal, ora com as razões que conduziram ao desfazimento do matrimônio, principalmente quando este se dá em decorrência de adultério e, mais frequentemente, quando o ex-cônjuge prossegue a relação com o parceiro da relação extramatrimonial (Fonseca, 2007, p. 8).

> Em outras hipóteses — não de rara ocorrência —, a alienação promovida apresenta-se como mero resultado da posse exclusiva que o ex-cônjuge pretende ter sobre os filhos (Fonseca, 2007, p. 8).

Os motivos que levariam a essa posse exclusiva, segundo a autora citada, seriam a solidão, o isolamento e a depressão vivenciados, muitas vezes, pelo genitor alienador.

Pode-se citar, ainda, declarações de uma psicóloga em programa de rádio e em reportagem exibida por telejornal, expostas a seguir:

> [...] as pessoas saem das relações matrimonias e confundem a relação do casal que acabou com a relação dos filhos. Então, a forma de penalizar a pessoa que está saindo dessa relação é justamente fazer com que, aos pou-

cos, e de forma sutil, os filhos passem a odiar esse pai [...], às vezes, a mãe, às vezes, avós (Calçada, Rádio MEC AM, 2007).

Seja por medo de perder a guarda da criança, por vingança, pelo outro genitor tê-lo trocado por outra pessoa, muitas situações fazem com que a raiva que foi gerada nessa relação (*sic*) passe a dar informação para a criança que o outro genitor não é bom o suficiente, não é seguro o suficiente. E aí, toda a percepção da criança é alterada fazendo com que ela passe a se desvincular e mesmo odiar esse genitor (Calçada, *Jornal Futura*, canal Futura, 2008).

Nesse ponto, os autores nacionais seguem as proposições de Gardner (2001a, 1999c, 1999b) sobre características da personalidade do genitor alienador, bem como sobre os sentimentos que seriam por ele vividos com a separação do casal. Para o psiquiatra norte-americano, esses fatores motivariam um genitor a induzir seus filhos à SAP.

À semelhança de autores estrangeiros como Rand (1997), Trindade (2007) relaciona uma extensa lista de características que podem constituir o perfil do genitor alienador, bem como outras relativas a sua conduta e sentimentos. Para citar apenas alguns dos itens listados, destacam-se: baixa autoestima; condutas de não respeitar as regras; resistência a ser avaliado; impedir a visitação; falsas denúncias de abuso físico, emocional ou sexual; sentimentos de inveja, ciúme; superproteção dos filhos. Motta (2007) expande tal perfil, mencionando outros aspectos como, por exemplo, impulsividade, agressividade, hostilidade, controle, frieza emocional e distanciamento afetivo.

Nos textos analisados, o genitor alienador é também apontado como uma figura doentia, sendo referido como "sociopata e sem consciência moral" (Motta, 2007, p. 43), possuidor de "comportamento antissocial ou atípico" (Ullmann, 2008, p. 64), "psicologicamente debilitado" (Trindade, 2004, p. 156), ou ainda, "patológico, mal-adaptado e possuidor de disfunção" (Silva, 2003, p. 86).

Silva e Resende (2007) acrescentam que, em algumas situações, a causa do comportamento alienante é anterior à separação do casal, ou seja, faz parte da estrutura psíquica do sujeito. Nas palavras dos autores:

[...] entendemos que são comportamentos que remetem a uma estrutura psíquica já constituída, manifestando-se de forma patológica quando algo sai do seu controle. São pais instáveis, controladores, ansiosos, agressivos, com traços paranoicos, ou, em muitos casos, de uma estrutura perversa (Silva e Resende, 2007, p. 30).

Assim, o entendimento dos autores citados sugere que a separação conjugal litigiosa seria apenas o cenário propício à manifestação do egocentrismo e megalomania do genitor, um alienador em potencial (p. 30). Com opinião semelhante, Guazzelli (2007) assevera que a separação do casal é um dos momentos em que mais despontam as patologias individuais e as da dinâmica familiar (p. 115). Tais patologias, segundo Trindade (2007), podem ter indícios mesmo antes da separação. Como afirma o autor,

[...] traços de comportamento alienante podem ser identificados no cônjuge alienador, durante os anos tranquilos de vida conjugal. Essa predisposição, entretanto, é posta em marcha a partir do fator separação (Trindade, 2007, p. 102).

Sem especificar a metodologia ou a pesquisa científica que utilizaram para fundamentar afirmações tão contundentes, os autores citados seguem as proposições de Gardner (1991), o qual assevera que o comportamento do genitor alienador se deve, em alguns casos, à estrutura psíquica deste, ou seja, o indivíduo traz em si algo que determina seu modo de ser e agir no mundo.

O pensamento do psiquiatra norte-americano dá margem à possibilidade de, no futuro, serem realizados prognósticos, os quais indicariam aqueles com características alienadoras, o que poderia dar ensejo, ainda, a medidas ou decisões judiciais como forma de prevenir tal comportamento. Como lembra Foucault (2007), com vistas a uma economia punitiva, o castigo vai incidir não sobre o delito cometido, mas sobre sua virtualidade, ou seja, sobre a possibilidade de um indivíduo vir a cometê-lo.

As considerações mencionadas sobre o genitor alienador fazem recordar outras do início do século XIX acerca da monomania, sob a qual seriam alocados todos aqueles que perturbassem a vida moral, que infringissem com suas atitudes a ordem imposta (Foucault, 2006; 1978). Ou ainda, remetem à figura do sociopata, categoria psiquiátrica proposta para dar conta não só dos que se desviam da norma mas também dos tipos rebeldes, que embora possam fazer perfeito uso de suas faculdades mentais serão designados por doentes (Rauter, 1981). Com isso, pode-se pensar que o genitor alienador, personagem criado por Gardner, reatualiza discursos como esses, que designam certos comportamentos como anormais, amorais ou doentios, ao mesmo tempo que apontam as práticas de avaliação, classificação e tratamento como formas fundamentais de assistir, ou melhor, conter indivíduos considerados patológicos.

Provavelmente, em alguns casos que aportam aos juízos de família há chance de haver psicopatologias envolvidas. Contudo, da forma como vem sendo encaminhada no contexto nacional a discussão sobre a SAP, com a banalização do conceito de síndrome, a patologia parece se tornar a regra e não a exceção. Ademais, ao se colocar o foco de análise sobre a patologia, ou seja, exclusivamente sobre o indivíduo, perde-se de vista a amplitude da problemática que envolve o afastamento do genitor que não detém a guarda dos filhos. A patologização de comportamentos no contexto da separação conjugal pode ser, na verdade, uma forma de privatização e individualização de dificuldades vivenciadas por muitos genitores, desvitalizando, com isso, uma maior discussão na sociedade sobre a igualdade de direitos de mães e pais separados. Ou ainda, seguindo o argumento de Ehrenberg, citado por Szapiro (2005), pode-se pensar que a privatização da problemática que envolve o alijamento de um dos genitores da convivência familiar remete o conflito ao âmbito pessoal, sendo, assim, uma forma de negar que estão em jogo questões de ordem coletiva. Os problemas e conflitos sociais, segundo aquele autor, são reduzidos ao indivíduo, e somente sobre ele é colocada toda a responsabilidade por suas crises, bem como por suas vitórias.

Retornando à SAP, notou-se que alguns autores ao expor suas ideias sobre esta ou sobre a alienação parental fazem o que se poderia chamar de julgamento moral em relação ao considerado genitor alienador. Por exemplo, ao se referir aos motivos que levariam a conduta por parte deste, Fonseca (2007) reiteradas vezes afirma que:

[...] tais impedimentos vêm ditados por inconcebível egoísmo, fruto exclusivo da animosidade que ainda reina entre os ex-consortes, sendo certo que, sem qualquer pejo, em nome de tais espúrios sentimentos, a criança é transformada em instrumento de vingança (Fonseca, 2007, p. 6).

Abordando especificamente causas que seriam determinantes da alienação parental, a autora faz mais acusações:

> [...] as razões que levam o genitor alienante a promovê-la [a alienação] denotam-se bastante diversificadas, muito embora resultem quase sempre das circunstâncias de se tratar o genitor alienante de pessoa exclusivista ou que procede motivado por um espírito de vingança ou de mera inveja (Fonseca, 2007, p. 8).
>
> Todas essas circunstâncias — oriundas de uma atitude imatura e egoísta — acabam dando ensejo ao alijamento pretendido e, por consequência, à síndrome (Fonseca, 2007, p. 9).

Outros autores destacam-se pelo rol de adjetivos e expressões depreciativas utilizadas ao se referirem ao genitor alienador ou a seu comportamento.

> [...] tudo com o fim escuso e egoístico do guardião-alienante de exercer com exclusividade este papel (Goldrajch, Maciel e Valente, 2006, p. 9).
>
> [...] fingindo hipocritamente [o genitor alienador] querer ajudar os filhos e o outro genitor, dando uma conotação de preocupado e colaborador, quando, na realidade, age como um leão dominador vestido de cordeiro (Trindade, 2004, p. 156).
>
> [...] o alienador, como todo abusador, é um ladrão da infância, que utiliza a inocência da criança para atacar o outro (Trindade, 2007, p. 111).

A descrição do genitor alienador por parte dos autores citados faz lembrar a descrição ou a construção da imagem do criminoso no século XVIII. Por conta de sua natureza, seu modo de vida e modo de pensar, o criminoso representaria um perigo para a sociedade. Como revela Foucault (2007, p. 76), "constitui-se assim um formidável direito de punir, pois o infrator torna-se inimigo comum. [...] Um 'monstro'." De forma semelhante, pode se pensar que a construção da imagem do genitor alienador, por meio de discursos como os que se expôs, torna-se uma forma eficaz de sensibilizar ou de convencer a opinião pública sobre a necessidade de contenção e punição da "monstruosidade" do alienador.

Mas, afinal, quem é o genitor alienador nas publicações nacionais? Trindade (2007) assevera que esse pode ser o pai ou a mãe, ou ainda, outra pessoa responsável pela criança. Não obstante, vários autores assinalam que a síndrome revela-se no ambiente materno, já que a mulher, na maioria das vezes, é quem permanece com a guarda dos filhos (Ferés-Carneiro, 2007; Motta, 2007; Trindade, 2007; Ullmann, 2008). Discursos como esse vêm sendo igualmente disseminados por veículos de comunicação de massa. Segundo reportagem exibida pelo telejornal Band News,[7] da Rede de TV Bandeirantes, "a síndrome é mais comum do que se imagina e, no Brasil, afeta principalmente as mulheres, já que na maioria dos casos as mães ficam responsáveis pelos filhos".

A alienação parental, por sua vez, também é relacionada à figura da mãe, conforme declaração da juíza Maria Aglaé Vilardo, em entrevista exibida pelo programa *Justiça Sem Fronteiras*, da TVE Brasil.[8]

> A alienação parental é uma questão que tem sido discutida no Direito de Família, em que a mãe fica na cabeça do filho falando mal do pai [...] (Vilardo, programa *Justiça Sem Fronteiras*, TVE Brasil, 200?).

Referindo-se também à alienação parental, Féres-Carneiro (2007) dá destaque à figura materna na condição de alienadora. Em suas palavras:

> Em geral, a alienação é praticada pelo cônjuge que "sai por baixo" do relacionamento e alimenta sentimentos de vingança em relação ao outro, sobretudo quando o mesmo já constituiu nova família (o que ocorre com mais

---

7. Disponível em: <http://band.com.br/conteudo.asp?ID=134559>. Acesso em: 6 abr. 2009.

8. Programa *Justiça Sem Fronteiras*, entrevista com a juíza Maria Aglaé, exibido na TVE. Disponível em: <http://www.youtube.com/watch?v=g8xXxzGmg2o&feature=related>. Acesso em: 26 dez. 2008.

frequência com os homens, que se recasam mais rapidamente) (Féres-Carneiro, 2007, p. 75).

A polêmica ocorrida nos Estados Unidos quanto ao fato de Gardner (2001a; 2002b) apontar as mães guardiãs como alienadoras levou o psiquiatra a rever sua teoria, a qual foi acusada de sexismo por parte de movimentos feministas. Assim, posteriormente, amparado em suas próprias observações, esse autor assegurou que a porcentagem entre homens e mulheres alienadores era de 50%. No contexto nacional, no entanto, parece haver certo consenso sobre a primazia da figura materna no lugar de alienadora, pois não foi identificada qualquer discussão acerca da questão, como ocorreu no contexto norte-americano. Cabe notar que isso pode ter consequências preocupantes, como a estigmatização de mulheres que, por diversos motivos, após a separação se encontram muito apegadas aos filhos, comportamento observado em vários estudos, como os de Brown (1995), Hurstel (1999), Rapizo et al. (2001) e Wallerstein e Kelly (1998). Outro aspecto, não menos provável, é que pode estar em curso na atualidade a construção de uma nova personagem social, a mãe alienadora, a qual deve ser combatida, afastada e punida, sugerindo-se, com isso, uma nova caça às bruxas. A justificativa que tem sido empregada sobre os comportamentos de algumas mães guardiãs estarem associados à existência de patologias, ou à sua estrutura psíquica, parece ignorar a construção social do papel materno em nossa sociedade. A imagem social acerca da maternidade, impulsionada inicialmente pela medicina higienista do século XVIII, conferiu *status* social ao papel da mulher na sociedade, como também foi estreitamente associada à condição da mulher, ou seja, ser mãe não seria apenas uma possibilidade para a mulher, mas um destino inexorável (Badinter, 1985; Costa, 2004; Donzelot, 1986).

Como exposto anteriormente, a postura de muitas mães que recorrem ao judiciário na busca por limitar ou impedir o acesso do ex-companheiro aos filhos já foi observada por vários autores (Karan, 1998; Oliveira, 2003; Sousa e Samis, 2008). Como lembra Barros (2005), em tais situações é dever do judiciário estabelecer limites, impedindo que pais e mães regulem as funções parentais de acordo com seus caprichos e vontades.

Mas, tais limites, por vezes, parecem não ser suficientes frente a algumas mulheres. Nesse sentido, Duarte (2006, p. 203) comenta que, "mesmo que existam as leis jurídicas para regular as demandas paternas de guarda, de convívio com o filho, entre outras, em muitos casos ainda são os caprichos maternos que as regulam [...].

Aliada a isso, segue em curso, nas sociedades ocidentais, uma intensa produção discursiva de valorização da maternidade em detrimento da paternidade, sendo o pai relegado à condição de coadjuvante nos cuidados infantis, ou como uma ajuda esporádica (Brito, 2005; Hurstel, 1985; Rocha-Coutinho, 1998). A despeito de mudanças sociais e legislativas com relação à igualdade de direitos de homens e mulheres, permanece vigente a ideia de que, por razões biológicas, a mãe é mais capaz para o cuidado dos filhos (Brito, 2003). Ao mesmo tempo, a maior inserção da mulher no espaço público fez surgir a imagem da mulher-mãe como super-heroína, comparada a personagens como a "Mulher-Maravilha" (Rocha-Coutinho, 1998) ou, em uma acepção mais abrangente, como "mães todo-poderosas" (Hurstel, 1996).

Com isso, pode-se pensar que algumas mães, de posse da condição de superpoderosas, recorrem, ou se impõem ao judiciário, como um modo de manter preservado um lugar que é designado como seu: o de cuidado e criação dos filhos. Como reflete Muzio (1998a, p. 171), persiste o mito mulher-mãe, sendo, com isso, penoso para algumas mulheres abrirem mão da imagem tradicional de maternidade, em virtude do reconhecimento social e da gratificação emocional que isso lhes confere. Daí, portanto, a problemática que hoje se estabelece quando pais e mães separados, que buscam a igualdade de direitos e deveres, esbarram em identificações tradicionais acerca do exercício de seus papéis.

Portanto, compreende-se que a postura de muitas mães guardiãs, consideradas sob a perspectiva de Gardner como alienadoras, pode ser o resultado de uma produção discursiva e social que se estende ao longo dos séculos, e, hoje, é objetivada sob a designação de síndrome da alienação parental.

É interessante notar que no curso do século XX são multiplicados e intensificados discursos especializados, que conclamam as mães a se dedicarem aos seus rebentos (Bowlby, 1988; Dolto, 1988; Spitz, 1996; Winnicott, 1987). Já no presente século, tomam força outros discursos capitaneados por uma certa psiquiatria, representada por Gardner, contra algumas mães que após a separação parecem se voltar quase exclusivamente para os filhos (Grzybowski, 2002; 2003) e tentam, a seu modo, manter afastado das crianças o pai (Karan, 1998; Oliveira, 2003; Sousa e Samis, 2008). Não se desconsidera a possibilidade de em algumas situações mães serem portadoras de patologia, mas, como já exposto, é preciso atentar para não se generalizar o que seria exceção.

Em meio aos discursos que, no Brasil, endossam a perspectiva de Gardner sobre os comportamentos das mães guardiãs serem resultado de alguma patologia, ou do sentimento de posse sobre os filhos, identifica-se que Valente (2007) lança outra visada sobre a questão. Para a essa autora,

> A partir do momento em que as mulheres têm sua cidadania construída como concedida pela sua centralidade na família, quando se sentem ameaçadas da perda do espaço, como ocorre num litígio judicial, elas tendem a reagir. [...] o movimento de negar o acesso à criança não resulta necessariamente de um caráter mórbido, mas se refere, provavelmente, à busca do reconhecimento do seu espaço de identificação e configuração de cidadania (Valente, 2007, p. 95-96).

Reflexões como essa, no entanto, parecem não repercutir entre os seguidores de Gardner no cenário nacional, uma vez que na literatura produzida persiste a imagem da mãe como figura doentia que induz os filhos à SAP.

Nos textos analisados, verifica-se que apenas Fonseca (2007) detém-se sobre a possibilidade de o genitor alienador ser o pai. Como assevera a autora,

> Quando provocada especificamente pelo pai, a alienação parental ora vem motivada pelo desejo de vingança pela separação — ou pelas causas que a determinam (*v.g.*, adultério) —, ora pela necessidade de continuar mantendo o controle sobre a família; ora, até mesmo, para evitar o pagamento de pensão alimentícia (Fonseca, 2007, p. 9).

Os aspectos apontados por essa autora, porém, seguem a linha daqueles citados inicialmente, em que se priorizam os sentimentos advindos com o fim do casamento e características da personalidade do alienador. Com isso, no trato da questão, as publicações nacionais seguem argumentos encontrados na literatura internacional (Cartwright, 1993; Lund, 1995; Major, 2000; Rand, 1997; Warshak, 2001).

De acordo com os textos nacionais analisados, outro fator determinante da SAP ou da alienação parental é o exacerbado litígio conjugal. Alguns autores destacam a capacidade de o ex-casal manejar a separação matrimonial evitando a lide, e consequentemente a SAP ou alienação parental (Simão, 2007; Ferés-Carneiro, 2007). Fato que se verifica na afirmação de que,

> [...] se os genitores não se conformarem com a separação em si ou mesmo confundam os meandros da conjugalidade com a parentalidade, certamente haverá consequências nefastas aos filhos. [...] poderá acontecer de um dos genitores fomentar o distanciamento dos filhos do outro parente configurando a alienação parental (Simão, 2007, p. 17).

A menção ao conflito familiar, contudo, não é acompanhada de maiores reflexões. Os autores nacionais parecem desconsiderar a existência de extensa literatura sobre separação conjugal, que indica, dentre outros aspectos, a necessidade de se trabalhar junto aos ex-casais no sentido de que possam distinguir aspectos relativos à conjugalidade e parentalidade (Brito, 1997; Ribeiro, 2000). Outros autores assinalam, ainda, a dificuldade dessa tarefa por conta de questões individuais e geracionais que se acham envolvidas nesse cenário (Bernart et al., 2002; Fedullo, 2001). Encontram-se também autores como Cigoli (2002), que enfatizam a importância da transformação do vínculo conjugal para que se mantenha preservada a relação com os filhos.

Entende-se que os discursos sobre a SAP e alienação parental, no Brasil, absolutizam uma visão sobre o litígio conjugal, ou seja, a visão de que pais movidos pelo sentimento de vingança ou por alguma patologia induzem seus filhos à SAP. Deixam de lado, com isso, diferentes aspectos que podem compor ou estar envolvidos no conflito familiar. Embora em alguns textos analisados esse conflito surja como um dado a se considerar, o aspecto pregnante, como já mencionado, permanece sendo o foco sobre o indivíduo. Dado semelhante ocorreu no contexto norte-americano quando Gardner (2001a, 2002a), mesmo tendo reconhecido que a problemática sobre a SAP envolvia todo o grupo familiar, privilegiou o modelo médico em seus estudos em detrimento de uma visão sistêmica, que amplia e diversifica o foco de atenção, voltando-se para as formas de interação entre os membros da família.

O surgimento da SAP e da alienação parental aparece relacionado, tanto na literatura estrangeira (Gardner, 2001a; Rand, 1997) quanto na nacional, às transformações sociais que propiciaram aos homens disputar a guarda dos filhos com as mulheres. Nota-se que alguns autores nacionais ensaiam situar os fatores desencadeantes da SAP e da alienação parental em um contexto mais amplo. Nesse sentido, destaca-se Dias (2007), que no prefácio do livro *Síndrome da alienação parental: a tirania do guardião* relaciona brevemente o tema a mudanças ocorridas nas relações entre homens e mulheres. Conforme síntese da autora:

> sua origem [a da SAP] está ligada à intensificação das estruturas de convivência familiar, o que fez surgir, em consequência, maior aproximação dos pais [homens] com os filhos. Assim, quando da separação dos genitores, passou a haver entre eles uma disputa pela guarda dos filhos, algo impensável até algum tempo atrás (Dias, 2007, p. 11).

A aproximação entre pai e filho teria sido, ainda segundo a autora, uma consequência do ingresso maciço da mulher no mercado de trabalho, quando o homem passou a participar das atividades domésticas e do cuidado dos filhos. Assim, conclui a autora que, nesses casos, quando o casal decide pela separação, o homem vai disputar com a mulher a guarda dos filhos.

Ao se referir a alienação parental, Valente (2007) sinaliza que esta pode ser engendrada a partir de diversos fatores, como o não cumprimento do pagamento de alimentos aos filhos do ex-casal; dificuldades financeiras após a separação; diferença de classe ou posição social entre os pais, dentre outros. Além disso, destaca que para a compreensão do processo de alienação parental é preciso refletir sobre as normas de filiação na sociedade ocidental que, na opinião da autora, reforçam a ideia de posse exclusiva dos pais sobre os filhos, ensejando as disputas nas situações de ruptura conjugal. Para Valente (2007), os confrontos não estão restritos à esfera individual, mas fazem parte de um contexto mais amplo, permeado por lutas também no que se refere às relações de gêneros.

Nos textos nacionais sobre a SAP, não se encontrou reflexão sobre o que dispõe a legislação em relação à guarda de filhos, ou ainda, sobre as sentenças ou decisões do judiciário acerca da matéria. Não é exposta a possibilidade de uma associação entre o que é classificado por SAP, e por alienação parental, e os processos judiciais de separação conjugal. Entretanto, como a literatura sobre separação e guarda de filhos vem apontando, o modo como esses processos são encaminhados nos juízos de família pode, por vezes, fomentar o embate entre os ex-cônjuges, colocando os filhos na condição de objetos de disputa (Brito, 2002; Fernández et al., 1982; Ramos e Shaine, 1994). Além disso, pode-se mencionar o tempo transcorrido até a decisão judicial sobre a guarda dos filhos, bem como o próprio instituto da guarda unilateral como fatores que podem favorecer a que se estabeleçam alianças parentais entre um dos genitores e os filhos após a dissolução do casamento.

Embora se encontrem breves considerações sobre as consequências e prejuízos que a guarda unilateral traz para a convivência entre a criança e o genitor não titular da guarda (Ferés-Carneiro, 2007), uma provável inter-relação entre este modelo de guarda e a SAP, ou a alienação parental, igualmente, não é abordada.

O foco dos textos analisados sobre a SAP se volta para os pais, sendo indicado que instituições como a escola, o judiciário e os meios de comunicação transmitam aos responsáveis a importância de estes exercerem as funções parentais (Ferés-Carneiro, 2007).

Em realidade, como expõe a literatura acerca do exercício dos papéis parentais (Brito, 2005; Hennigen e Guareschi, 2002; Hurstel, 1996a; Medrado, 1998), as instituições sociais, juntamente com a mídia, têm contribuído sobremaneira para a valorização da mãe e a desqualificação da figura paterna. Portanto, considera-se que seria apropriado não só transmitir aos pais a importância de seus papéis, mas também conscientizar as nossas instituições sobre a realidade das famílias que passam pelo divórcio. No caso das escolas, por exemplo, é preciso que levem em conta as distintas formas de organização dessas famílias, bem como a ampliação da participação dos pais não residentes na vida escolar de seus filhos, como constatou o estudo de Cardoso (2008).

Na literatura analisada sobre a SAP e alienação parental, como se nota, são priorizados aspectos pessoais na compreensão de fatores determinantes para o alijamento ou exclusão de um dos pais após o divórcio. Nesse ponto, vale recordar a visão de Hurstel (1999), de que é fundamental perceber tal exclusão não como resultado de fatores pessoais, mas na interseção de fatores sociais e singulares.

5.3 A lista de consequências

Os autores nacionais pesquisados mencionam inúmeras consequências quanto a aspectos psicológicos e futuros comportamentos por parte de crianças e adolescentes que tenham vivenciado a SAP ou a alienação parental. Contudo, chama atenção o fato de que não apresentam qualquer estudo científico realizado sobre o assunto, que venha a corroborar suas declarações. Com respeito à SAP, surgem as seguintes afirmações:

> Como decorrência, a criança passa a revelar sintomas diversos: ora apresenta-se como portadora de doenças psicossomáticas, ora mostra-se ansiosa, deprimida, nervosa e, principalmente, agressiva. [...] a depressão crônica, transtornos de identidade, comportamento hostil, desorganização mental e, às vezes, o suicídio. [...] a tendência ao alcoolismo e ao uso de drogas também é apontada como consequência da síndrome (Fonseca, 2007, p. 10).

> Esses conflitos podem aparecer na criança sob forma de ansiedade, medo e insegurança, isolamento, tristeza e depressão, comportamento hostil, falta de organização, dificuldades escolares, baixa tolerância à frustração, irritabilidade, enurese, transtorno de identidade ou de imagem, sentimen-

to de desespero, culpa, dupla personalidade, inclinação ao álcool e às drogas, e, em casos mais extremos, ideias ou comportamentos suicidas (Trindade, 2007, p. 104).

Uma outra consequência da síndrome pode ser a repetição do padrão do comportamento aprendido. Na medida em que um dos pais é colocado como completamente mau, em contraste com o que detém a guarda, que se coloca como completamente bom, a criança, além de ficar com uma visão maniqueísta da vida, fica privada de um dos pais como modelo identificatório (Féres-Carneiro, 2007, p. 76).

As previsões mencionadas não se restringem a publicações; têm expressão também na mídia com divulgação para o grande público. Nessa linha, se destaca reportagem exibida pelo telejornal Band News,[9] que informa: "psicólogos afirmam que o menor submetido a esse tipo de *stress* [a SAP] tem mais chances de se envolver com drogas, de cometer suicídio, e de ter crises de angústia e depressão".

Cabe ressaltar, ainda, o caráter determinista que reveste a perspectiva de vários autores (Fonseca, 2007; Trindade, 2007; Silva e Resende, 2007) ao se referirem ao futuro de menores de idade que teriam vivenciado a SAP. É apontado que estes, quando adultos, reproduzirão o mesmo comportamento manipulador do genitor alienador em suas relações, ou ainda, que terão dificuldades de relacionamento e adaptação. Silva (2003, p. 87) acrescenta que a SAP "[...] poderá trazer sérias consequências emocionais e provocar problemas psiquiátricos pelo resto da vida".

Além dos aspectos e comportamentos citados, Fonseca (2007) e Silva (2003) mencionam o total afastamento e rejeição dos menores de idade em relação ao genitor alienado, bem como a família extensa e amigos por parte deste.

Outros autores, fazendo menção à alienação parental, citam como consequência desta os seguintes aspectos:

> O afastamento da figura de um dos genitores do seio familiar enseja uma orfandade psicológica no infante, acompanhada de sentimentos negativos

---

9. Disponível em: <http://band.com.br/conteudo.asp?ID=134559>. Acesso em: 6 abr. 2009.

como o ódio, desprezo e a repulsa em face de um dos genitores, sem qualquer razão [...] (Goldrajch, Maciel e Valente, 2006, p. 9).

Cabe salientar que a especificação dos autores quanto a "sem qualquer razão" é condição precípua à SAP, conforme especificação de Gardner (2001a), e não à alienação parental.

As consequências especificadas anteriormente acompanham a linha de Gardner (2002c) e outros autores (Cartwright, 1993; Major, 2000), que, na verdade, fazem especulações, pois não se têm estudos sobre possíveis efeitos a longo prazo da nomeada síndrome. As publicações nacionais e estrangeiras se assemelham, ainda, por seu caráter determinista, sugerindo uma relação de causa e efeito em que não há lugar para a singularidade, bem como para a capacidade humana de reação e superação de condições adversas. Tal perspectiva parece ignorar pesquisas feitas com crianças e adolescentes que presenciaram o divórcio de seus pais. Em tais pesquisas foi verificado que as respostas dos filhos podem variar amplamente, dependendo de fatores como idade, sexo, características individuais, dentre outros (Ramires, 2004; Souza, 2000; Wagner e Sarriera, 1999; Wallerstein e Kelly, 1998).

Segundo Guazzelli (2007, p. 121), a SAP teria também como efeito as falsas denúncias de abuso sexual e maus-tratos contra a criança. Por razões patológicas, segundo essa autora, o genitor alienador denuncia o outro por agressão ou abuso contra a criança sem que isso tenha efetivamente ocorrido. Essa situação, continua a autora, seria recorrente em separações com grande carga de litígio e disputas. As falsas denúncias são referidas como uma forma de abuso psicológico, uma vez que as crianças seriam influenciadas e submetidas a mentiras, e ao mesmo tempo teriam que passar por avaliações com o objetivo de se esclarecer a verdade.

Com isso, mais uma vez é estabelecida uma relação de causa e efeito por aqueles que preconizam a teoria de Gardner, expondo as falsas denúncias como consequência ou expressão da síndrome. Como forma de corroborar seus argumentos, há autores que mencionam sua experiência clínica no atendimento a crianças que vivenciaram o litígio entre os pais

(Calçada, 2005), ou citam estudos, especialmente norte-americanos, que relacionam as falsas denúncias à SAP (Motta, 2007).

De um modo geral, observa-se que à semelhança do que ocorre em outros países, no cenário nacional há autores que defendem que as denúncias de abuso sexual contra crianças são, em sua maioria, verdadeiras (Morales e Schramm, 2002; Silva Pereira, 2007). Por outro lado, há aqueles que, juntamente com as associações de pais separados, defendem que essas denúncias, quando surgem no decorrer de uma separação conjugal, são majoritariamente falsas. Nesse caso, a presença de falsas denúncias é justificada como consequência da SAP (Guazzelli, 2007, p. 121).

No entanto, considera-se que a combinação falsas denúncias de abuso sexual e SAP, feita nas publicações nacionais, está em discordância com as proposições de Gardner (2002b), pois este assevera que na maioria dos casos de SAP essas denúncias não estão presentes. Segundo o psiquiatra norte-americano, as denúncias surgem somente em casos nos quais falharam todas as formas de programação da criança.

Além disso, cabe destacar que o tema SAP aparece em outros países, especialmente na Argentina, associada ao *backlash*, ou movimento em oposição às denúncias de abuso sexual contra crianças. Na visão de alguns autores (Berlinerblau, 200?; Giberti, 2005; Ureta, 2006), isso se deve ao fato de a teoria de Gardner sugerir que essas denúncias seriam falsas; com isso, defendem posição contrária ao *backlash* e à SAP. Já nas publicações nacionais analisadas, encontram-se posições como a de Guazzelli (2007), que embora defenda a existência de falsas denúncias de abuso sexual associadas à SAP, questiona o referido movimento.

Não obstante a disparidade de posições destacadas, há carência de pesquisas científicas e de discussões acerca do tema falsas denúncias de abuso sexual no contexto da separação conjugal, como revela Amendola (2008). Diferentes aspectos envolvidos apontam para a complexidade do assunto, como o questionamento sobre a cientificidade das técnicas empregadas pelos profissionais e a ausência de indicadores comportamentais na criança relativos ao abuso sexual. Dessa forma, esses dados revelam ser imprudente generalizações quanto à existência ou ausência de abuso sexual infantil (op. cit.).

Nota-se, no entanto, que a junção entre falsas denúncias de abuso sexual infantil e a SAP é intensificada nas publicações nacionais, chegando a equipará-las. Como sugere o seguinte trecho:

> Existe a tentativa de destruição da figura parental nas falsas acusações de abuso sexual, sendo uma das formas do que denominamos de síndrome da alienação parental (Calçada, 2005, p. 125).

Cabe salientar que, na revisão realizada sobre os escritos de Gardner, não foi encontrada menção àquelas acusações como formas da SAP, como dá a entender a autora citada. O psiquiatra norte-americano considera, na verdade que, de forma equivocada, muitos profissionais usam aquelas denúncias como sinônimo para a SAP (Gardner, 1998a; 2001a; 2002a; 2002b).

Ao lado das falsas denúncias, a implantação de falsas memórias na criança é referida por organizações de pais separados e autores nacionais como consequência da SAP. Guazzelli (2007, p. 122) assevera que as falsas memórias são decorrentes da conduta doentia do genitor alienador, o qual, aproveitando-se do fato de que crianças são sugestionáveis, narra para estas atitudes sobre o outro genitor que não ocorreram, ou distorce aquelas que de fato aconteceram.

A implantação de falsas memórias é também equiparada à SAP, como propõe o trecho:

> Quem lida com conflitos familiares certamente já se deparou com um fenômeno que não é novo, mas que vem sendo identificado por mais de um nome: "síndrome da alienação parental" ou "implantação de falsas memórias" (Dias, 2006, p. 7).

Como explicam Neufeld, Brust e Stein (2008, p. 540), as falsas memórias são lembranças de eventos que, na verdade, não aconteceram. Elas podem ser geradas de forma espontânea por parte do indivíduo como resultado do processo normal de compreensão. Podem, ainda, ser geradas a partir da apresentação ou sugestão de informação falsa compatível com a experiência, passando a ser incorporada como parte do que foi vivido pelo indivíduo. Schacter (2003) alerta para o fato de que o fenômeno da sugestionabilidade e consequente produção de falsas memórias é assunto complexo, objeto de estudo de muitas pesquisas. Merece, portanto, mais atenção o uso de afirmações, ou melhor, opiniões, que podem levar uma generalização inadvertida sobre o assunto em tela. No entanto, a forma como é exposto pelos seguidores de Gardner pode conduzir a se pensar que o genitor estaria agindo sempre de má-fé, sugestionando informações falsas ao(s) filho(s). Mas, por erro de interpretação e motivados pela proteção aos filhos, alguns genitores podem emitir juízo falso sobre o outro responsável (Amendola, 2008), e, dessa forma, sugestionar os filhos do ex-casal.

Possivelmente, um dos motivos por que os discursos sobre as consequências da SAP, assim como toda a teoria de Gardner, obtêm fácil adesão de pais e profissionais é o fato de que há, de forma implícita, ou não, um apelo contra o sofrimento imputado a menores de idade, esmaecendo, com isso, o debate ou reflexões sobre a existência dessa síndrome. A função desses discursos não é convencer por evidências científicas, mas pela mobilização da revolta, do sentimento de indignidade diante da conduta de um responsável que, como se verificou nos textos, ora é justificada por sua sordidez, ora por uma patologia estrutural.

5.4 Os procedimentos para o diagnóstico

O diagnóstico da SAP e o da alienação parental, segundo alguns autores nacionais, será feito por meio da realização de perícia psicológica (Goldrajch, Maciel e Valente, 2006). Nessa esteira, Dias (2007) destaca a importância do trabalho de psicólogos, psiquiatras e assistentes sociais que, com seus laudos e pareceres, irão auxiliar o julgador. Contudo, não se encontra uma descrição exata de como, ou quais instrumentos (testes, por exemplo) os profissionais utilizariam para esse fim. Os autores parecem ignorar o fato de que a SAP não possui reconhecimento oficial, ou seja, não consta no DSM-IV.

Identificada a alienação parental ou mesmo a Síndrome da Alienação Parental, sem que seja constatado algum tipo de abuso ou de maus-tratos, é feito um laudo assinalando a situação (Goldrajch, Maciel e Valente, 2006, p. 15).

Provavelmente na tentativa de difundir o conhecimento sobre a SAP, Calçada (2005, p. 133) reproduz quadros e listas com as ideias de Richard Gardner e Major (2000), o qual corrobora e amplia as proposições do psiquiatra norte-americano sobre o diagnóstico SAP e os estágios da mesma.

Sem instrumentos que assegurem o rigor de suas avaliações, os profissionais parecem naturalizar a questão, empregando a teoria do psiquiatra norte-americano, a qual, como já exposto, não possui evidência científica (Dallam, 1999). Esse dado se destaca no trecho:

> Na avaliação psicológica do filho (Mateus) e de seus genitores, foi identificada a Síndrome da Alienação Parental, visto que Mateus relatou não desejar manter contato com a mãe e não gostar dela, embora a mãe nunca o tenha maltratado e ele se lembrasse de momentos positivos entre eles, antes da separação dos pais (Goldrajch, Maciel e Valente, 2006, p. 15).

Guazzelli (2007), por sua vez, menciona "indícios comportamentais na criança que demonstram a presença da Síndrome da Alienação Parental" (p. 130). Tais indícios seriam:

> [...] agressividade verbal ou física, justificada pelo filho por motivos fúteis ou absurdos; sentimento de ódio expresso sem ambivalência, sem demonstrar culpa por denegrir ou agredir o genitor alienado e parentes; afirma que chegou sozinha às conclusões e adota a defesa do genitor alienador de forma racional; conta casos que não viveu e guarda na memória fatos considerados "negativos" sobre o genitor alienado, de que ela não se lembraria sem a ajuda de outra pessoa; não quer se encontrar com o genitor alienado (Guazzelli, 2007, p. 130).

Já Fonseca (2007) considera que, diante do casuísmo das situações que levam à SAP, a melhor forma de reconhecê-las seria por meio do padrão de conduta do genitor alienador (p. 11). Ou seja, na visão da autora, o foco deve estar sobre este último, como preconiza o conceito de alienação parental. Os comportamentos relacionados pela autora seguem os que inicialmente foram enumerados por Douglas Darnall (1997). Dentre os comportamentos listados por aquela se destaca:

> [...] não comunica ao outro genitor fatos importantes relacionados à vida dos filhos (rendimento escolar, agendamento de consultas médicas, ocorrência de doenças etc.); [...] apresenta o novo companheiro à criança como sendo seu novo pai ou mãe; [...] transmite o seu desagrado diante da manifestação de contentamento externada pela criança em estar com o outro genitor; controla excessivamente os horários de visitas; [...] transforma a criança em espiã da vida do ex-cônjuge; [...] quebra, esconde ou cuida mal de presentes que o genitor alienado dá ao filho; [...] (Fonseca, 2007, p. 12).

Perez (2009), também se referindo à alienação parental, indica, por sua vez, que o diagnóstico deve ser feito por meio do exame da criança realizado por profissionais psicólogos. Para tanto, assegura que,

> A Psicologia fornece instrumentos com razoável grau de segurança para avaliar até que ponto o relato de uma criança ou adolescente está contaminado, é produto de uma programação, mera repetição de fantasia construída por adulto (Perez, 2009, p. 4).

Motta (2007), fazendo menção à SAP, enfatiza o comportamento do genitor alienador para identificação desta. Assim, sugere que

> Características psicológicas, comportamentos recorrentes e padrões de relacionamento formam um conjunto valioso a ser observado, pois montam um quadro geral do genitor alienador, de sua relação com os filhos, com o ex-cônjuge e com o ambiente, de modo geral suficientemente claro, para não deixar margens para dúvidas de que o que está em curso é a Síndrome da Alienação Parental (Motta, 2007, p. 45).

Ainda quanto ao comportamento do genitor alienador, Motta (2007, p. 64), apoiando-se na literatura estrangeira sobre a SAP, assevera que a subtração dos filhos por parte desse genitor para uma outra cidade, estado ou país é parte das manifestações dessa síndrome. Também abordando o assunto, Lins e Silva (2008, p. 390) especifica que, "a abdução do menor é um dos modos empregados pelo alienador para que logre seus objetivos". Ou seja, afastar a criança da convivência com o genitor não residente.

No entanto, no trato da questão, Gardner (1999b) argumenta de forma mais ponderada do que os autores nacionais. Enfatiza que é preciso que o terapeuta avalie se a decisão de um genitor guardião em mudar de residência é de fato uma necessidade, por conta de uma mudança de emprego ou um novo relacionamento, por exemplo, ou se seria mais uma manobra no cenário da SAP, visando ao afastamento da criança em relação ao outro genitor.

A despeito de possíveis imprecisões conceituais, questionamentos e controvérsias em torno da SAP, os profissionais psicólogos não se furtam a mencioná-la como uma realidade concreta, citando exemplos de casos atendidos em que identificam a presença da síndrome (Goldrajch, Maciel e Valente, 2006; Motta, 2007; Silva e Resende, 2007). De forma semelhante, em mesa-redonda sobre o tema SAP no I Simpósio Sul-Brasileiro de Psicologia Jurídica, os psicólogos Paula Gomide e Evandro Luiz Silva expuseram casos nos quais identificaram a síndrome da alienação parental (2009, informação verbal).

Pode-se objetar, seguindo a perspectiva de Foucault (2006), que o diagnóstico da SAP é feito em realidade não pelos sintomas apresentados pela criança, mas pelas práticas discursivas pautadas em um determinado saber psiquiátrico, que estabelece o que deve ser considerado normal ou patológico. Em outras palavras, a SAP só surge como uma síndrome enquanto objetivada a partir de uma prática. Nesse sentido, entende-se por que é tão premente a atuação de profissionais que com seus laudos e pareceres irão identificar a SAP — ou seria melhor dizer *criar* a SAP?

Cabe informar que, em abril de 2009, o livro *Síndrome da alienação parental e a tirania do guardião: aspectos psicológicos, sociais e jurídicos* (2007), lançado pela Apase, foi indicado como bibliografia no edital para concurso público para o cargo de psicólogo judiciário do Tribunal de Justiça do

Estado do Rio Grande do Sul.[10] Este fato sugere que a perspectiva a ser adotada por esses profissionais, acerca do litígio conjugal, é a de avaliação individual na busca por patologias, pois, como se demonstrou ao longo deste estudo, essa é a perspectiva com a qual trabalha Gardner em sua teoria sobre a SAP. Ademais, a bibliografia indicada pode ser não só um meio de informar os psicólogos sobre tal teoria, mas também de formar opinião sobre o assunto, haja vista que no livro indicado não se encontrou problematizações ou questionamentos sobre o tema SAP, como é demonstrado ao longo do presente capítulo.

Diante do que foi exposto sobre o diagnóstico da SAP pelos profissionais psicólogos, importa lembrar o alerta de Coimbra e Novaes (2006) sobre as práticas de avaliação realizadas por esses profissionais.

> Para que se avalia? Para que se diagnostica? Para mais facilmente colocar — através de um discurso científico e, desse modo, verdadeiro e inquestionável — os sujeitos na falta, na carência, atribuindo-lhes toda e qualquer responsabilidade, todo e qualquer mérito por suas "vitórias" e "derrotas"? Não seria isso empobrecê-lo, desqualificá-lo e, portanto, capturá-lo? (op. cit., p. 9)

Ou ainda, *puni-lo*, como ocorre no caso da teoria de Gardner sobre a SAP?

5.5 O elenco de punições

De modo geral, parece haver certo consenso entre os autores nacionais quanto à necessidade de responsabilização civil e criminal em casos considerados como sendo de SAP ou de alienação parental, como disposto nas seguintes afirmações:

> Qualquer meio ou subterfúgio de afastamento do filho do não guardião deve ser punido severamente (Goldrajch, Maciel e Valente, 2006, p. 10).

---

10. Idem nota 7, Capítulo 3.

Flagrada a presença da Síndrome da Alienação Parental, é indispensável a responsabilização do genitor que age desta forma por ser sabedor da dificuldade de aferir a veracidade dos fatos e usa o filho com finalidade vingativa (Dias, 2007, p. 17).

A punição deve existir, não só para educar, mas também para preservar o menor, nos casos mais graves, dos distúrbios emocionais e psicológicos do alienador. [...] O comportamento antissocial ou atípico merece punição exemplar para que não se repita (Ullmann, 2008, p. 64).

Dias (2007), ao defender a imposição de punição ao genitor alienador, ressalta a importância da identificação da presença da síndrome, contando-se, para tanto, com o auxílio de profissionais psicólogos e assistentes sociais, de modo a possibilitar a responsabilização do genitor alienador.

Em meio aos discursos sobre a SAP é inegável a associação entre a prática do profissional psicólogo e a punição, pois é a partir da realização do diagnóstico feito por esses profissionais que será dado seguimento à punição do genitor alienador pelo aparelho jurídico. Além disso, como se verá, o próprio tratamento a ser conduzido por este profissional em casos considerados de SAP tem caráter punitivo. Considera-se, portanto, que a atuação dos psicólogos em tal contexto segue em sentido contrário às diretrizes que, atualmente, marcam a categoria profissional, o compromisso com o social, e com a defesa dos direitos humanos, conforme especifica o órgão regulador do exercício da profissão no país, o Conselho Federal de Psicologia (*Jornal do Federal*, 2008).

Retornando à punição, uma vez identificada a presença da SAP ou da alienação parental, várias são as indicações quanto às medidas que podem ser adotadas pelo magistrado no sentido de coibir o processo de alienação, assim como proteger o menor de idade que estaria sendo vítima. Em consonância com as ideias de Gardner (1998a) sobre a punição do genitor alienador, Fonseca (2007) sugere,

[...] a) ordenar a realização de terapia familiar, nos casos em que o menor já apresente sinais de repulsa ao genitor alienado; b) determinar o cumprimento do regime de visitas estabelecido em favor do genitor alienado, valendo-se, se necessário, da medida de busca e apreensão; c) condenar o genitor alienante ao pagamento de multa diária enquanto perdurar a resistência às visitas ou a prática ensejadora da alienação; d) alterar a guarda do menor — principalmente quando o genitor alienante apresenta conduta que se possa reputar como patológica —, determinando, ainda, a suspensão das visitas em favor do genitor alienante ou que sejam realizadas de forma supervisionada; e) dependendo da gravidade do padrão de comportamento do genitor alienante ou mesmo diante da resistência por este oposta ao cumprimento das visitas, ordenar a respectiva prisão (Fonseca, 2007, p. 14).

Diante do que expõe a autora, cabe assinalar que, as medidas sugeridas, visando proteger a criança, podem, em realidade, ocultar uma outra forma de violência contra a própria criança, causando a ela ainda mais sofrimento. É preciso levar em conta que qualquer medida tomada contra os pais implicará consequências aos filhos.

Diversos são os artigos do Estatuto da Criança e do Adolescente, do Código Civil e do Código de Processo Civil invocados na argumentação de alguns autores (Goldrajch, Maciel e Valente, 2006; Simão, 2007; Ullmann, 2008), como justificativa a que se imponha punição aos genitores considerados alienadores. Como ilustram os trechos:

> Assim, ao lado da atuação da Justiça de Família e da Infância, a Justiça Penal acionada pelo Promotor de Justiça Criminal poderá punir o alienante pela prática delituosa configurada nos arts. 242 e 243 do CP e 233 do ECA (Goldrajch, Maciel e Valente, 2006, p. 22).

> Poder-se-á, ainda, responsabilizar civilmente o alienante pelo danoso exercício do poder familiar que acarretou lesões morais e psicológicas no filho, alvo desta empreitada ilícita (art. 186 do CC) (Goldrajch, Maciel e Valente, 2006, p. 23).

Ainda como forma de punição aos genitores alienadores, alguns autores, em sua interpretação da legislação pátria, destacam a possibilidade de imposição de multa, inversão de guarda, perda ou suspensão do poder familiar, e até mesmo a prisão do genitor alienador. Dentre as medidas sugeridas destaca-se a determinação, ou imposição de acompanhamento psicológico (Simão, 2007).

Identifica-se que tanto operadores do direito quanto profissionais psicólogos, seguindo as ideias de Gardner (1999b), defendem o tratamento psicológico compulsório dos membros do grupo familiar em situações, supostamente, de SAP ou de alienação parental. Como explicita Motta (2007), "a intervenção psicoterapêutica deve ser sempre amparada por procedimento legal e contar com o apoio judicial" (p. 69).

Silva e Resende (2007) observaram, contudo, que em casos decorrentes de disputa de guarda e regulamentação de visitas — identificados pelos autores como sendo de síndrome da alienação parental —, apesar de terem tratamento psicológico determinado judicialmente, as mães guardiãs interrompiam o tratamento dos filhos. Assim, os autores ressaltam a importância de o Judiciário garantir a continuidade do tratamento psicológico em tais situações.

Na tentativa de garantir o tratamento indicado, Trindade (2004) sugere, como Gardner (1999b), que qualquer obstrução do mesmo e das visitas por parte do genitor alienador deve ser imediatamente comunicada pelo terapeuta ao julgador. O autor faz ainda considerações sobre o sigilo profissional nessas situações. Em suas palavras:

> Nesse tipo de tratamento psicológico, as regras de sigilo profissional que configuram o denominado *setting* terapêutico devem ser relativizadas, pois a existência do processo judicial impõe um dever que se sobrepõe ao interesse individual de uma das partes. Assim, o psicólogo poderá revelar informações obtidas durante o tratamento por requisição do juiz, a pedido do promotor de Justiça ou advogados das partes, sem com isso estar violando preceitos éticos de sua profissão. Como sempre o interesse do filho coloca-se acima do interesse individual dos pais (Trindade, 2004, p. 168).

Os efeitos da teoria de Gardner são ainda mais preocupantes, na medida em que dão margem a que se proponha, ou imponha, a suspensão do sigilo profissional, preceito ético que orienta o exercício da profissão de psicólogo. Sem dúvida, a teoria de Gardner traz em si a imagem desse profissional como um agente, ou espião das famílias, a serviço do judiciário.

Outras indicações sobre a intervenção do psicólogo são feitas por Perez (2008) que, comentando aspectos relativos ao anteprojeto de lei sobre alienação parental no Brasil, enumera quesitos que deverão ser seguidos por estes profissionais na elaboração de seus laudos.

> [...] entrevista pessoal dos pais, exame de documentos, histórico do relacionamento do casal e da separação, cronologia de incidentes, avaliação da personalidade dos envolvidos e exame da forma como a fala da criança ou adolescente se apresenta acerca de eventual acusação contra genitor. *Esses requisitos funcionariam como garantia mínima de qualidade do laudo* (Perez, 2008, p. 4, grifos do autor).

Além disso, segundo o autor, o anteprojeto prevê que para a identificação da alienação parental seria necessário conhecimento comprovado sobre a matéria, por parte do profissional. Nas palavras de Perez:

> Quanto aos peritos, o projeto atribui a necessidade de apresentarem histórico profissional ou acadêmico que lhes assegurem conhecimento do que seja a alienação parental e de como caracterizá-la; o que não se pode admitir é que profissionais que atuem como auxiliares técnicos do juiz desconheçam ou subestimem a incidência desse grave problema [...] (Perez, 2008, p. 5).

Sob o discurso da alienação parental, no Brasil, oculta-se a intervenção do conhecimento jurídico sobre a atuação do psicólogo, afirmando o que este profissional deve fazer para *garantir a qualidade do laudo* por ele elaborado. Na verdade, esta é uma questão que diz respeito à categoria profissional, a qual deve seguir as diretrizes apontadas pelo Conselho Federal de Psicologia. A proposta apresentada por aquele autor, além de indicar como esse profissional deve fazer seu laudo técnico, especifica qual profissional poderá fazê-lo, pois sugere, de fato, uma especialização em alienação parental para que se atue em causas de litígio conjugal.

Merece destaque o fato de que a indicação de especialização do psicólogo é também compartilhada por autores da área da Psicologia. Como afirma Silva (2003) em relação à SAP,

Em geral, o trabalho deve ser realizado por um profissional que conheça profundamente essa síndrome, suas origens e consequências, o modo como combatê-la, intervindo o mais rapidamente possível para que seus efeitos não se tornem irreversíveis (Silva, 2003, p. 88).

É curioso notar que, hoje, no Brasil, ao mesmo tempo que se discute os alcances e limites da intervenção do psicólogo, são importadas e disseminadas teorias norte-americanas, como a da síndrome da alienação parental e da alienação parental, que determinam a atuação desse profissional como agente a serviço do poder punitivo. Mas, como já foi dito, os autores nacionais, além de reproduzir o conteúdo dessas teorias, oferecem também suas próprias contribuições, como é o caso de Perez (2008), que coloca sob o domínio ou orientação do conhecimento jurídico a prática do profissional psicólogo no âmbito do Direito de Família. Impõe, ainda, exigência de que o psicólogo para atuar em situações consideradas como sendo de SAP ou de alienação parental seja especialista nesses temas. Dessa forma, compreende-se que não só a prática mas também a formação do psicólogo que atua nos juízos de família estaria a serviço da punição.

No que se refere à terapêutica a ser adotada nos casos de SAP, Trindade (2007) assevera que,

> [...] a Síndrome de Alienação Parental exige uma abordagem terapêutica específica para cada uma das pessoas envolvidas, havendo a necessidade de atendimento da criança, do alienador e do alienado (Trindade, 2007, p. 105).

O autor citado não esclarece o que quer dizer por uma "abordagem terapêutica específica" (p. 105). Contudo, em outro texto, faz indicações quanto ao tratamento da criança, seguindo mais uma vez o que prescreve Gardner (1999b):

> O tratamento deverá levar a uma desprogramação da percepção dos comportamentos alienantes instaurados com a SAP, permitindo que os filhos, através da experiência própria, possam formar sua livre convicção sobre a real postura do alienado e do alienador, possibilitando que eles se aproxi-

mem progressivamente da verdade dos fatos e dos sentimentos acerca dos pais (Trindade, 2004, p. 173).

A forma como é exposto o tratamento da criança leva a concluir que, como um microcomputador, ela pode ser programada, mas também desprogramada. É pertinente indagar se essa desprogramação, descrita na teoria de Gardner, e seguida pelas publicações nacionais, não seria uma nova forma de lavagem cerebral ou de reprogramação da criança. A desprogramação, sugerida por alguns, em última análise, pode ser mais um instrumento de violência imposto à criança que, por insistência, deveria ser convencida da inocência do genitor alienado. Deve-se lembrar que as práticas sugeridas não estão embasadas em evidências científicas, ou seja, não há pesquisas ou estudos sobre o método de tratamento indicado por Gardner, bem como sobre seus resultados. Dessa forma, considera-se que pode ser imprudente indicar, ou difundir, o suposto tratamento descrito pelo psiquiatra norte-americano.

Aliado a isso, Escudero, Aguilar e Cruz (2008) destacam que a teoria de Gardner omite o papel do desenvolvimento infantil, linguagem, pensamento, compreensão da realidade, fantasia, as relações sociais, o desenvolvimento da moral etc. Na visão desses autores, "aceitar a complexidade da criança dificulta dar por válida uma das principais qualidades atribuídas à SAP, a facilidade do seu diagnóstico sem necessidade de outros conhecimentos teóricos que os próprios à SAP"[11] (p. 297, tradução nossa).

Vale salientar que a ideia de punição com relação aos genitores não se restringe ao discurso de operadores do direito, sendo também incorporada ao discurso dos profissionais psicólogos. Motta (2007, p. 70), por exemplo, seguindo as indicações de Gardner, elenca várias medidas punitivas que poderiam ser aplicadas ao genitor alienador. Aliado a isso, destaca a importância de o terapeuta responsável pelo tratamento da SAP, nomeado pelo Tribunal de Justiça, conhecer e tomar parte na aplicação dessas medidas.

---

11. O texto em língua estrangeira é: "Aceptar la complejidad del niño dificulta dar por válida una de las principales cualidades atribuidas al SAP, la *facilidad* para su diagnóstico sin necesidad de otros conocimientos teóricos que los proprios del SAP" (grifo do autor).

Nessa esteira, destacam-se as indicações de Silva (2003) sobre a atuação do psicólogo em casos considerados de SAP, as quais parecem transmudar esse profissional em agente da lei, como sugere o trecho a seguir:

> É possível recorrer-se à mediação familiar, se o psicólogo constatar, através da avaliação individual, que nenhum dos genitores representa perigo para os filhos; porém, se houver alguma ameaça de risco, ou se qualquer dos genitores (especialmente o alienador) oferecer alguma resistência, deve-se adotar medidas mais rígidas (multas, ameaça de perda da guarda ou encarceramento) e recorrer-se ao sistema judicial (Silva, 2003, p. 88).

Com isso, nota-se que o tratamento criado por Gardner (1991) é assimilado pelos profissionais psicólogos sem qualquer restrição ou discussão quanto aos seus procedimentos e possíveis resultados. Cabe mencionar que, a despeito de inúmeros questionamentos e polêmicas que envolvem a SAP em outros países, no Brasil já há profissionais e serviços especializados em seu tratamento, conforme *site* pesquisado.[12]

É digno de nota a participação de psicólogos em estratégias de intervenção marcadamente coercitivas e punitivas, como ocorre no tratamento indicado para a SAP. Nessa linha, é pertinente se colocar o questionamento feito pela socióloga Vera Malaguti, em palestra na UERJ[13] (2008, informação verbal): "por que os psicólogos são cada vez mais recrutados para esse tipo de trabalho?". À essa indagação se acrescentaria outra. Por que tão facilmente esses profissionais se coadunam com práticas discursivas que, sob a justificativa de proteção, realimentam o poder punitivo? Entende-se que essas questões indicam a necessidade de se pensar a formação do profissional psicólogo, o que pode ser um desdobramento do presente estudo.

Os discursos mencionados sobre a SAP, ao que parece, seguem uma tendência marcante na atualidade, a de clamor por punições. Segundo Rauter (2006), como forma de intimidar, de desencorajar pelo temor, alguns

---

12. Disponíveis em: <http://www.jorgetrindade.com.br/servicos.html>. Acesso em: 8 nov. 2007.

13. Palestra com Vera Malaguti realizada na Universidade do Estado do Rio de Janeiro, dia 6/8/2008, promovida pelo Curso de Capacitação em Mediação Familiar.

veem na adoção não só de um maior número de penas mas também de penas mais rigorosas, a solução de questões sociais. Seria essa a forma de impedir alianças entre o genitor guardião e os filhos menores de idade, bem como impedir a exclusão daquele que não detém a guarda? Ao que parece, a questão vem se encaminhando nesse sentido.

Como assinala Malaguti (2008), vive-se atualmente uma cultura punitiva, em que cotidianamente é inculcado pela mídia, em diferentes setores da sociedade, a necessidade de mais punições. Com isso, segundo essa estudiosa, tem curso verdadeira capilarização do poder punitivo sobre as relações sociais. Seguindo a esteira da penalização, continua a estudiosa, estão também os movimentos sociais, como os de homossexuais e de feministas que, hoje, conclamam por punição (informação verbal).[14] Como reflete Batista (2007), a associação de movimentos sociais com discursos reacionários de lei e ordem revela-se uma forma de expansão do poder punitivo, gerando ameaça ao Estado de direito, bem como o aumento dos níveis de controle e vigilância por ele exercidos.

Ao que parece, o movimento de pais separados, que inicialmente teve grande destaque na discussão sobre a igualdade de direitos e deveres dos pais após o rompimento matrimonial, segue a mesma disposição de outros movimentos sociais, ou seja, conclamar por punição. Após aprovação no Brasil da lei sobre guarda compartilhada (Lei n. 11.698/2008), a Apase se dedicou a participar da elaboração do anteprojeto de lei sobre alienação parental que, atualmente como Projeto de Lei (PL n. 4.053/08), tramita na Câmara dos Deputados. Os argumentos dos que defendem a existência de uma lei sobre a matéria seguem a linha punitiva.

> Não é preciso ser uma mente iluminada para saber, por exemplo, que a conduta objetiva de obstruir o convívio de criança ou adolescente com o pai ou com a mãe mereça efetiva reprimenda estatal (Perez, 2008, p. 4).

O projeto de lei mencionado chama atenção por seu conteúdo punitivo que prevê medidas como advertência, perda do poder familiar e até a pena de prisão para o genitor alienador.

---

14. Idem nota 12.

Propostas sobre a punição penal de pais no contexto da separação conjugal não são novidade. Para o descumprimento de visita por parte do guardião ou do visitante, por exemplo, já foi defendido, por alguns, a imposição de medidas penais. O entendimento seria o de que tal descumprimento estaria violando os direitos dos menores de idade. Refletindo sobre o assunto, Brito (2001) considera que a punição penal "[...] reduz a análise da questão a um compromisso individual de cada pai, excluindo a responsabilidade das instituições que, por longo tempo, priorizaram o contato mãe-filho, destinando o pai a um lugar secundário" (p. 27). Assim, conclui a autora, "tal criminalização, desacompanhada de reformas mais amplas [...] só contribuiria para mais uma penalização desses pais, já que esta falta não pode ser tratada apenas como uma opção pessoal" (p. 27).

A despeito das reflexões mencionadas, perdura o entendimento de que o afastamento do pai não residente é uma opção pessoal. Esse entendimento se reflete em recentes decisões judiciais que têm condenado pais ao pagamento de indenização por abandono afetivo. O argumento utilizado por aqueles que defendem a tese do abandono afetivo é o de que os pais estariam violando o direito de crianças e adolescentes à convivência familiar, conforme pesquisa realizada por Padilha (2008).

Considera-se, portanto, que a visão que perpassa as punições para os casos de SAP ou de alienação parental, assim como para os de descumprimento de visitação, e de abandono afetivo, é a de que os comportamentos de pais e mães após a separação do casal seriam determinados exclusivamente por disposições pessoais. Perde-se de vista, com isso, que diferentes transformações sociais, ao longo do tempo, vêm afetando o exercício dos papéis parentais (Muzio, 1998a; Romanelli; 2003). Contudo, não se pode afirmar que haveria uma superação das formas tradicionais de exercício desses papéis. Como revelam estudos, a despeito de mudanças sociais ocorridas nas relações de gênero, por exemplo, mantém-se ainda hoje uma perspectiva tradicional quanto aos papéis parentais, sendo as mães consideradas, por natureza, cuidadoras dos filhos, e os pais como uma participação assessória (Brasileiro, Jablonski e Ferés-Carneiro, 2002; Rocha-Coutinho; 2003b).

Aliadas a isso, como apontam alguns estudiosos, alterações na legislação nacional priorizaram crianças e mulheres, ao mesmo tempo que deixaram na obscuridade os direitos do homem-pai, relegando-o ao papel de provedor após a separação do casal (Barros, 2005; Brito, 2000; 2003).

Cabe citar, ainda, o instituto da guarda unilateral que, com as categorias de guardião e visitante, para pais que se separam, acaba por delegar maior poder e controle sobre os filhos ao primeiro enquanto o outro tem sua participação na vida destes reduzida a visitas esporádicas. Como comprovou o estudo longitudinal realizado por Wallerstein e Kelly (1998), o desempenho dos responsáveis quando nas categorias de guardião e visitante não seria determinado por uma questão de gênero, mas pelas atribuições conferidas a cada uma delas pela norma.

Todos esses fatores, juntamente com outros de ordem emocional ou relacional que, por vezes, são desencadeados com o rompimento do casamento (Andolfi e Ângelo, 1988; Cerveny, 1997; Cigoli, 2002; Fedullo, 2001), podem contribuir para o sentimento de posse, ou para alianças que alguns genitores desenvolvem com relação aos filhos, como também para a deserção de alguns homens em relação ao exercício de sua paternidade.

Diante disso, as medidas citadas anteriormente, a serem aplicadas aos pais considerados alienadores ou àqueles tidos como desertores de suas funções, podem ser pensadas como fórmulas simplistas, que distraem a opinião pública com o alarido causado, enquanto deixam submersa, ou oculta, a complexidade de fatores que atravessam a questão do afastamento e/ou exclusão do responsável não residente. No caso específico da SAP, parece haver uma campanha massiva no sentido de demonstrá-la como explicação, ou compreensão, para a conduta de guardiões e filhos no litígio. Assim, o debate sobre a síndrome foi encerrado mesmo antes de começar. Aliado a isso, vem se produzindo um sentimento de indignação e retaliação contra pais que supostamente estariam influenciando ou controlando seus filhos, conduzindo-os, assim, à SAP. A partir de então, qualquer reticência sobre a síndrome tende a ser classificada como contra os direitos dos menores de idade, contra os ideais de organizações de pais separados, ou mesmo partidária de excessos cometidos por alguns responsáveis.

Retornando às publicações nacionais sobre a SAP e a alienação parental, além da imposição de punição, há também a indicação de criação de programa voltado para a família em litígio, conforme visão de Goldrajch, Maciel e Valente (2006):

> [...] a prevenção e o tratamento da alienação parental poderão ocorrer através de um Programa Continuado de Convivência Familiar, a ser implementado através de cursos, seminários, elaboração de cartilhas, acompanhamento psicológico e social, determinado por decisão judicial, de preferência no âmbito do Poder Judiciário, destinado às entidades familiares cujos processos tramitam ou tramitaram perante as Varas de Famílias, tendo por finalidade a orientação jurídica, social e psicológica de seus membros (Goldrajch, Maciel e Valente, 2006, p. 24).

Em seguida, os autores especificam que

> O encaminhamento das partes ao referido programa poderá ser requerido pelas próprias partes, pelo Promotor de Justiça de Família e pela equipe técnica que esteja atuando no caso *sub judice*, verificada a necessidade através de laudos técnicos ou de avaliação pessoal do *Parquet* (Goldrajch, Maciel e Valente, 2006, p. 24).

Em outras palavras, ainda que as partes solicitem a participação no programa sugerido pelos autores citados, teriam antes que passar por avaliação que analisaria a necessidade de seu ingresso.

Na discussão sobre a SAP ou alienação parental não se pensa a existência de serviços multidisciplinares disponibilizados pelo poder público, ou por organizações, em que as famílias pudessem recorrer para obter informações, tirar dúvidas, refletir sobre possibilidades para a convivência após o divórcio. Serviços como esses há muito tem sido indicados por autores e pesquisadores do tema separação conjugal (Brito, 1993, 2000; Sousa e Samis, 2008; Wallerstein e Kelly, 1998).

Todavia, no contexto nacional, quando se aborda o litígio conjugal sob o *slogan* de SAP ou de alienação parental é dada prioridade à punição e às avaliações psicológicas dos membros da família. Mesmo quando se pensa em medidas de prevenção no caso da alienação parental, por exemplo, o aspecto punitivo é pregnante. Idealizador do projeto de lei sobre alienação parental, Perez (2008) defende que tal projeto possui caráter preventivo para os casos de alienação parental. Em suas palavras:

> Ele [o projeto] tem um forte caráter preventivo, no sentido de fortalecer a atuação do Estado contra essa modalidade de exercício abusivo da autoridade parental (op. cit., p. 5).

Possivelmente, a criação de uma nova lei não seria necessária se, além de serviços multidisciplinares, fossem implementadas medidas no judiciário que visassem mais à convivência familiar do que à punição de seus membros. Medidas como a sugerida por Perdriolle e Hocquet (1998, p. 25), no contexto francês, em que é indicado que a criança resida com o responsável que se mostra mais apto a aceitar a participação do outro, como uma maneira de garantir que ambos tenham seu lugar respeitado. Para as autoras, esse pode ser um recurso civil, se afastando de soluções que priorizam a penalização pela sociedade. Na Suécia, como informa Brito (2001, p. 19), foi criado o serviço chamado "conversas cooperativas" em que psicólogos, assistentes sociais e outros profissionais que atuam junto aos juízos de família atendem a famílias com o objetivo de ajudar em questões relativas ao cuidado dos filhos e à convivência familiar após o rompimento conjugal.

A discussão sobre separação conjugal e guarda de filhos, no Brasil, parece seguir na contramão de iniciativas como as que foram mencionadas, trilhando indicações das teorias norte-americanas sobre SAP e alienação parental, que privilegiam as práticas de diagnóstico e punição. Nas publicações nacionais, os discursos parecem não inovar, ao contrário, se inserem em uma racionalidade que tem enfoque sobre o indivíduo; patologias como explicação para os atos humanos, e a punição/tratamento como solução de problemas sociais. A teoria de Gardner, importada para o contexto nacional, seria justificativa para se penalizar alguns genitores, vistos como ignóbeis por seu comportamento em relação aos filhos e ao ex-companheiro. Mas, seria também uma forma de pôr a salvo a nossa sociedade de qualquer responsabilidade com relação à figura do genitor alienador, pois somente criaturas pérfidas e doentias seriam capazes de cometer atos semelhantes aos descritos pelo psiquiatra norte-americano. Como muito bem expõe Martins (2008), a constante busca na contemporaneidade por patologias tem seu objetivo:

> Encontrar em um sujeito um aspecto interno que o diferencie do restante da população proporciona uma espécie de alívio àqueles que se eximem de assumir uma parcela de responsabilidade, aos sistemas que podem afirmar sua isenção em casos isolados, como se um caso considerado isolado fosse um lapso a ser corrigido individualmente, sem comprometer os sistemas que interagem com esse sujeito (Martins, 2008, p. 38).

A teoria de Gardner sobre a SAP, com discurso simplificador, pode ter ainda uma função política, a de se manter o atual estado de coisas, uma vez que o problema tido como patologia diria respeito a um caso particular e não ao coletivo, à política ou ao contexto sócio-histórico. E o mais importante, sob a égide de uma síndrome no litígio conjugal, oculta-se a intervenção e controle estatal sobre a vida privada.

6

Considerações finais

A partir da análise realizada no decorrer deste estudo sobre o tema síndrome da alienação parental (SAP), pôde-se observar que, no último século, não só esta, mas também outras síndromes foram relacionadas às famílias que vivenciam situações de violência e de intenso conflito. Nesse sentido, pode-se citar a *Battered Child Syndrome*, definida nos anos 1960; a *Munchausen Syndrome by Proxy*, em 1977; a *Sexual Allegations in Divorce Syndrome*, a *Medea Syndrome* e a SAP, nos anos 1980; e a *Divorce Related Malicius Mother Syndrome*, em 1994. O aparecimento progressivo dessas síndromes sugere uma tendência em se associar a presença de violência e conflitos em algumas famílias à existência de patologias individuais por parte dos genitores. Possivelmente, essa tendência faz parte de um processo de patologização de comportamentos, presente nas sociedades contemporâneas, que tem contribuído para a expansão do número de categorias diagnósticas em manuais de classificação de psiquiatria (Serpa Júnior, 2003).

A disposição em associar famílias que vivenciam situações de conflito e violência à existência de patologias individuais diz respeito a uma racionalidade que tem como foco o indivíduo. Com isso, como reflete Castel (1987), o dado psicológico toma cada vez mais o lugar dos conflitos e da problemática social, sendo os indivíduos vistos como a origem ou a causa de todos os seus males. Ao mesmo tempo, é relegado à obscuridade o complexo jogo das relações humanas, assim como suas interseções com problemas de ordem coletiva, como destaca Szapiro (2005), seguindo o pensamento de Ehrenberg (1998). Ainda nessa linha, é importante acrescentar a perspectiva de Hurstel (1999) — autora citada, por vezes, neste trabalho — com relação aos comportamentos dos membros do grupo familiar. Para essa autora, a compreensão de tais comportamentos deve ser buscada no entrelaçamento entre o campo social e o singular.

Compreende-se, portanto, que o surgimento e a rápida difusão da teoria do psiquiatra norte-americano Richard Gardner sobre a SAP foram facilitados por uma racionalidade que privilegia o indivíduo e favorece, com isso, a proliferação de discursos sobre a existência de patologias individuais. Na teoria de Gardner, por exemplo, os comportamentos de pais e filhos nas situações de litígio conjugal são vistos exclusivamente como resultados de patologias, que serão identificadas por meio de avaliações individuais.

Seguindo os argumentos desenvolvidos por Szapiro (2005) na análise do pensamento de Ehrenberg (1998), compreende-se que, na verdade, o psiquiatra norte-americano transformou um problema coletivo e político em um problema de crise pessoal ou psiquiátrico. Essa, sem dúvida, pode ser uma forma de provocar o esmaecimento de questões sociais, pois os conflitos que atingem a todos passam a ser vistos unicamente como uma questão de ordem pessoal. Assim, é fundamental se refletir sobre as condições que possibilitaram o surgimento de comportamentos que estão sendo vistos como expressão da nomeada síndrome, para que, assim, se possa intervir sobre os diferentes fatores sociais, jurídicos, políticos, legislativos que, ao longo do tempo, vêm contribuindo para o seu surgimento.

Importa enfatizar que não se nega que em algumas situações possa haver patologias envolvidas, ou mesmo comportamentos exagerados por parte de alguns genitores. No entanto, observa-se que, atualmente, as situações que envolvem litígio sobre a guarda e visitação de filhos passam a ser associadas à existência de uma síndrome. Tal enquadramento, no entanto, pode gerar mais conflitos entre os ex-cônjuges, na medida em que terão que comprovar que não são "alienadores", bem como atestar sobre sua sanidade mental. Esse cenário, possivelmente, implicará repercussões sobre as relações parentais.

No que tange aos objetivos inicialmente propostos neste estudo, de descrever os argumentos e conceitos utilizados pelos autores nacionais, e de compará-los com o que se encontra na literatura internacional sobre a SAP, é fundamental traçar algumas considerações.

Nas publicações nacionais foram encontradas diferentes definições acerca da SAP, nas quais os autores dão suas próprias contribuições, apesar das especificações clínicas que teria essa síndrome, como ressalta Gardner (2001a, 2002a, 200b) inúmeras vezes em seus escritos. Nota-se, ainda, que, naquelas publicações, as ideias do psiquiatra norte-americano aparecem reproduzidas, ou mesmo, distorcidas. Este último dado aponta para certa semelhança com a literatura internacional, na qual alguns autores, com frequência, corroboram, ampliam ou criam contradições com relação às proposições de Gardner (Bone e Walsh, 1999; Major, 2000; Rand, 1997). Contudo, foi possível notar um aspecto marcante nas publicações nacionais: a presença de julgamentos morais com relação à figura do chamado genitor alienador.

Diante dos aspectos citados, pode-se argumentar que, como a teoria do psiquiatra norte-americano não responde a rigor científico e metodológico (Dallam, 1999; Escudero, Aguilar e Cruz, 2008), isso possibilita que sejam feitos acréscimos ou distorções por parte de outros autores, bastando que sigam uma perspectiva que privilegia aspectos individuais e psicológicos com relação à problemática que envolve o litígio conjugal.

Verifica-se, ainda, que nas publicações nacionais não é feita menção a críticas e polêmicas em que a teoria de Gardner se encontra envolvida nos Estados Unidos e em outros países (Chavarría, 2008; Berlinerblau, 200-?; Dallam, 1999; Giberti, 2005). Cabe assinalar que, no Brasil, o tema SAP tem estado presente em eventos na área do Direito e da Psicologia. Todavia, chama atenção a escassez de reflexões críticas sobre o assunto. Essa questão conduz a se pensar que, à semelhança do que fez Gardner, nos Estados Unidos, a preocupação de alguns, no contexto nacional, parece ser mais no sentido de difundir o tema SAP do que realizar debates e estudos sobre o mesmo. Ademais, desconsiderar críticas e controvérsias existentes acerca da SAP pode ser uma forma de se propagar mais facilmente o tema no contexto brasileiro, pois passa-se a ideia de que seria uma verdade inquestionável.

Observa-se que nas publicações nacionais alguns termos e expressões comuns à teoria de Gardner como "programação", "desprogramação", "implantação de falsas memórias" e "falsas denúncias de abuso sexual" são reproduzidos e naturalizados, sem preocupações quanto a definições ou problematizações sobre o uso dos mesmos. Possivelmente, a generalização do assunto fez com que o termo SAP aparecesse, diversas vezes, naquelas publicações, substituído pela expressão *alienação parental*, de Douglas Darnall (1997). Com isso, desconsidera-se também a discussão, existente nos Estados Unidos, entre a teoria deste e a de Gardner. Evidentemente, a similitude semântica entre os termos pode gerar confusão, mas é preciso atentar para o fato de que a difusão da teoria deste último autor, no Brasil, sob o rótulo de *alienação parental* pode ser também um meio de não despertar atenção para seu conteúdo. Ou seja, como a SAP não possui respaldo científico e reconhecimento pelos manuais classificatórios de psiquiatria, eliminar o termo *síndrome* pode ser uma forma de se afastar questionamentos sobre o assunto.

A despeito da ausência de estudos que fundamentem certas proposições de Gardner, o caráter determinista de sua teoria quanto ao futuro de crianças e jovens que, supostamente, teriam sido vítimas da SAP é ratificado nas publicações analisadas. Ao mesmo tempo, nota-se que nestas são desconsiderados estudos que revelam a diversidade de respostas de menores de idade em famílias que viveram o divórcio (Brito, 2007; Ramires, 2004; Souza, 2000; Wagner e Sarriera, 1999; Wallerstein e Kelly, 1998).

As publicações analisadas seguem, ainda, as proposições de Gardner quanto à importância de os profissionais que atuam nos juízos de família estarem aptos a identificar a SAP. Especial atenção é dada ao trabalho dos psicólogos, que por meio de suas perícias psicológicas fariam o diagnóstico desta. Seguindo o pensamente de Foucault (1999; 2000), entende-se que, em realidade, por meio de avaliações individuais, esses profissionais estariam construindo o objeto SAP, ou seja, encaixando os conflitos relacionais observados em uma síndrome. Assim, concebe-se que a função dos psicólogos, na teoria de Gardner, não seria a de identificar o que se passa no contexto familiar, mas de criar, ou de estruturar, a SAP, amparados em um conhecimento com *status* de ciência e, portanto, com valor de verdade. Entende-se, portanto, o fato de o psiquiatra norte-americano atribuir qualquer controvérsia sobre a SAP a enganos com relação à prática dos profissionais, e não ao escasso rigor conceitual de sua teoria.

Não seria exagero afirmar que, nas publicações nacionais, o profissional psicólogo é um personagem fundamental no sustento da teoria de Gardner. Além do diagnóstico, caberia a esse profissional também o tratamento da SAP. Embora não se tenha identificado, nessas publicações, o modo como seria realizado tal tratamento, chama atenção o fato de que, no Brasil, já se encontra oferta de serviço de psicologia voltado para ele.

A análise dos argumentos expressos nas publicações nacionais sobre a SAP permite identificar a obstinação em punir os genitores classificados como alienadores. Embora sejam vistos, com frequência, como pessoas portadoras de algum distúrbio ou patologia, é ressaltada a necessidade de que sejam punidos. Poderia se objetar que, como doentes, esses genitores necessitariam, na verdade, de tratamento. No entanto, na teoria de Gardner, tal tratamento parece se confundir com punição, na medida em que envolve diferentes ameaças e medidas coercitivas que devem ser adotadas pelo terapeuta em relação aos membros do grupo familiar, com respaldo do aparelho jurídico. Importa lembrar que o tratamento sugerido por Gardner para a SAP é também identificado por "terapia da ameaça", segundo Escudero, Aguilar e Cruz (2008, p. 303).

Algumas publicações analisadas parecem sugerir, ainda, que o psicólogo a serviço do aparelho judiciário deveria agir acima dos preceitos éticos de sua profissão, haja vista as indicações de que sejam suspensas restrições quanto ao sigilo, bem como as ressalvas quanto à confecção do laudo psicológico em casos considerados de SAP. Diante disso, pensa-se que os discursos sobre a SAP, no Brasil, trazem em si a imagem do psicólogo como profissional a serviço da demanda, sempre pronto a responder ao que lhe pedem, independentemente do que indicam as diretrizes de sua categoria, expressas nas resoluções do Conselho Federal de Psicologia e no Código de Ética Profissional do Psicólogo.

No que se refere ao objetivo proposto neste estudo, de se avaliar como as publicações nacionais relacionam o tema SAP a diferentes questões que permeiam o contexto do litígio conjugal, foi possível notar que há enfoque sobre a família e aspectos psicológicos. Algumas publicações dão prioridade a características individuais ou atributos de personalidade, bem como ao exacerbado litígio conjugal, apontando estas como justificativas para o fato de um genitor empreender medidas no sentido de excluir o ex-companheiro da vida dos filhos. Outras destacam sentimentos desencadeados com o rompimento conjugal e, ainda, a existência de patologias individuais. Verificou-se também que as publicações reportam, na maioria das vezes, a figura do genitor alienador às mães guardiãs, fazendo menção aos aspectos referidos.

No entanto, como se demonstrou a partir da revisão da literatura sobre separação conjugal e guarda de filhos, as questões individuais e geracionais envolvidas nesse cenário devem ser orientadas de modo a que as relações parentais se mantenham preservadas (Bernart et al., 2002; Brito, 1997; Cigoli, 2002; Fedullo, 2001; Ribeiro, 2000). Importa assinalar que a legislação sobre a guarda de filhos, algumas sentenças proferidas no judiciário acerca da matéria e o modelo adversarial que, por vezes, permeia os processos de separação judicial não foram considerados por aquelas publicações em suas argumentações sobre a SAP. Contudo, como se expôs ao longo deste estudo, esses fatores podem acirrar a contenda entre os ex-parceiros (Brito, 2002; Fernandez et al., 1982; Ramos e Shaine, 1994), bem como contribuir para o afastamento do genitor não guardião (Brito, 2005a; Padilha, 2007; Wallerstein e Kelly, 1998). Acrescenta-se que os fatores relacionados podem, ainda, favorecer a que se estabeleçam alianças entre o guardião e os filhos do ex-casal.

Além disso, outros aspectos teriam sido desconsiderados na literatura nacional quanto à problemática que envolve o litígio conjugal. Como se discutiu no presente estudo, os comportamentos de homens e mulheres no que se refere à guarda de filhos após a separação judicial estão relacionados a construções sociais em torno das relações de gênero. Embora se tenha avançado no sentido da efetivação da igualdade jurídica entre aqueles, pesquisas comprovam que os papéis parentais permanecem, ainda hoje, associados a uma visão tradicional, sendo o homem visto como responsável pela manutenção da família, e a mãe pelo cuidado dos filhos

(Brasileiro, Jablonski e Ferés-Carneiro, 2002). Aliado a isso, é preciso considerar o contexto social que, ao longo do tempo, tem privilegiado o cuidado dos filhos pela figura materna em detrimento do pai (Hurstel, 1996a; Romanelli, 2003). Não se pode perder de vista, ainda, a imagem que vem sendo atribuída a muitas mulheres como "superpoderosas", em analogia às personagens super-heroínas (Fernandes, 2006; Hurstel, 1996a; Rocha-Coutinho, 1998), vistas como capazes de dar conta, sozinhas, de rotinas exaustivas de trabalho dentro e fora de casa. Assim, algumas mulheres que detêm a guarda dos filhos se veem como capazes de exercer duplamente os papéis materno e paterno (Brito, 2002), fato que lhes colocaria no lugar de supermulheres.

Os discursos tradicionais quanto à valorização da figura materna (Badinter, 1985; Costa, 2004; Donzelot, 1986) associados a outros que dizem respeito às conquistas femininas na sociedade (Machado, 2002; Roudinesco, 2003) parecem contribuir para a postura de muitas mães guardiãs em relação aos filhos e ao ex-cônjuge. Pode-se compreender, portanto, que hoje o que está sendo designado por SAP não é efeito isolado das atitudes dos genitores, mas sim algo imbricado entre o pessoal e o social, para lembrar, mais uma vez, o entendimento de Hurstel (1996a; 1999).

De modo geral, diante da análise das publicações nacionais, fica-se com a impressão de que pelo fato de os discursos sobre a SAP, no Brasil, serem importados de outros países, em especial dos Estados Unidos, isso parece lhes conferir certa importância ou credibilidade. Ou ainda, parece vigorar a representação de que as teorias e práticas desenvolvidas em países do chamado primeiro mundo seriam igualmente pertinentes ou adequadas à realidade brasileira, a despeito de diferenças culturais, sociais e econômicas que possam existir entre o Brasil e aqueles países.

Compreende-se que a teoria de Gardner, no contexto nacional, estaria servindo como modelo para a identificação, classificação e tratamento da problemática que, por vezes, envolve famílias que vivenciam o divórcio. Fazer alusão à SAP nesse cenário, possivelmente, seria um meio mais rápido de resolução da lide na medida em que apenas a família é objeto de intervenção. Assim, é preciso avaliar o tipo e a qualidade da resposta que se estaria oferecendo ao judiciário com tal teoria.

É forçoso constatar que a teoria sobre a SAP despertou atenção para o fenômeno das alianças parentais no contexto do litígio conjugal. Todavia, isso só ocorreu na medida em que Gardner transmudou tal fenômeno em um distúrbio, atribuindo ao mesmo o rótulo de SAP. Com um nome novo, de fácil identificação, e que causa certo impacto, pode-se dizer que a teoria do psiquiatra norte-americano vem conquistando muitos adeptos — ou, talvez, consumidores, pensando nos trabalhos de Bauman (2004). No Brasil, a despeito de estudos já realizados (Brito, 2007; Carter e McGoldrick, 1995; Giberti, 1985; Gonzalez, Cabarga e Valverde, 1994; Wallerstein e Kelly, 1998), parece que somente agora, com a difusão do tema SAP, pais e profissionais tomaram conhecimento da existência das referidas alianças.

É possível constatar que o psiquiatra norte-americano alcançou um de seus objetivos, a difusão de sua teoria. Como na era da informatização e globalização as informações circulam rapidamente, se propagando ao mesmo tempo em diversos países, os discursos sobre a SAP podem ser generalizados e naturalizados, sugerindo, com isso, a ideia de que haveria uma epidemia mundial dessa síndrome. Entende-se, no entanto, que, com a propagação e naturalização de tais discursos estaria se constituindo certa subjetividade com relação às situações de rompimento matrimonial, ou seja, certo modo de pensar, sentir, perceber, ver e agir acerca do assunto. Com isso, muitas pessoas vêm identificando suas histórias de vida com as proposições de Gardner acerca do litígio conjugal, e, consequentemente, se reconhecendo como *vítimas da síndrome da alienação parental*. A comoção e a identificação geradas têm levado muitas pessoas a criarem associações e comunidades na Internet, as quais chamam atenção para a necessidade de se combater a considerada síndrome.

Compreende-se, portanto, que os discursos sobre a SAP produzem certo alarde social, apelando contra o sofrimento imputado aos menores de idade no contexto do litígio conjugal. Aliado a isso, se constitui a imagem do nomeado genitor alienador como um monstro, à semelhança do que ocorreu com a imagem do criminoso, demonstrada nos estudos de Foucault (2007). Pensa-se que aqueles discursos, ao estimularem indignação e outros sentimentos, podem, ao mesmo tempo, inibir uma reflexão

SÍNDROME DA ALIENAÇÃO PARENTAL

mais detida sobre o assunto. Com isso, a opinião pública, abrangendo os profissionais envolvidos, se convence, ou é convencida, sobre a necessidade de intervenção estatal nas famílias em litígio. Intervenção que, com o pretexto de tratamento, vem submeter os membros do grupo familiar a medidas coercitivas e punitivas.

O clamor que tem partido, especialmente de associações de pais separados, para a criação de uma lei que inibiria o desenvolvimento da SAP nas situações de litígio conjugal encontra-se permeado por argumentos de viés punitivo. Talvez porque não possa vir a público a hostilidade em relação ao nomeado genitor alienador, aqueles que defendem a existência da SAP justificam que estariam atuando no sentido apenas de proteger os menores de idade.

Pensa-se que, se houvesse uma solução para a problemática que envolve as famílias em litígio, ela não deve ser buscada no modelo oferecido por Gardner, com sua teoria sobre a SAP. Atribuir, exclusivamente, à figura de um genitor a responsabilidade pela saúde, desenvolvimento, e até mesmo por comportamentos futuros dos filhos, como ocorre na teoria do psiquiatra norte-americano, é uma forma de isentar o Estado e a sociedade de sua responsabilidade. É preciso atentar, ainda, para a criação de leis ou projetos de leis que, com o objetivo de proteção aos menores de idade, colocam as famílias sob ostensiva intervenção e os genitores como alvo de punições. Esta pode ser, em realidade, uma forma de manter inalterada a ordem das coisas, quando se requer do Estado apenas a criação de leis e mais punições.

O posicionamento do presente estudo pela inadequação da teoria de Gardner não nega que as situações de litígio conjugal envolvem uma questão de saúde mental. Segundo a Organização Mundial de Saúde (OMS), a "saúde mental se refere a um vasto leque de atividades, direta ou indiretamente relacionados com o bem-estar mental".[1] Assim, é preciso avaliar as condições a que são submetidas as famílias que vivem o divórcio e que podem propiciar o surgimento de transtornos mentais,

---

1. Disponível em: <http://www.who.int/topics/mental_health/en/>. Acesso em: 7 maio 2009.

depressão, ansiedade etc. em todos os envolvidos. Simplesmente atuar sobre indivíduos que exibem sofrimento mental não é o mesmo que favorecer o seu estado de bem-estar atual e futuro. Para isso, é preciso intervir sobre as condições desfavoráveis presentes no contexto social que atingem as famílias e, por conseguinte, os seus membros.

Portanto, cabe enfatizar que a questão do litígio conjugal deve ser analisada não por um viés psiquiátrico, que prioriza o exame do indivíduo, mas por uma perspectiva sócio-histórica, que não opõe indivíduo e sociedade, pois reflete que os atores sociais se constituem no interior da história.

Dito isso, entende-se que as intervenções com o objetivo de resolução daquela problemática deveriam, antes de tudo, ter como foco os diversos contextos em que se constituem os atores sociais. Ou seja, é preciso intervir no campo social e político. As instituições sociais, a legislação e seus representantes deveriam, por exemplo, atuar no sentido de afirmar a importância dos papéis de pai e de mãe, independentemente de estes estarem casados. Além disso, deveria se assegurar a ambos os pais o seu lugar como responsáveis pelo cuidado e educação dos filhos, com a criação de serviços ou políticas públicas voltadas para famílias que vivenciam o divórcio. Isso, de certo, não elimina a possibilidade de, em alguns casos de litígio conjugal, se fazer encaminhamento para tratamento psicoterápico individual e/ou familiar.

A complexidade dos fenômenos sociais impede que estes sejam reduzidos a comportamentos, ou patologias individuais. Assim, pensar a questão do litígio conjugal em sua interseção com o campo social implica um outro fazer, especialmente, por parte do profissional de psicologia, o qual deixaria de ter sua prática atrelada à identificação e ao tratamento de patologias. Em observação aos preceitos éticos de sua categoria profissional, o psicólogo atuaria como um agente facilitador de transformação social, a serviço da liberdade, da cidadania e da saúde mental.

Referências bibliográficas

ABELLEIRA, H.; DELUCCA, N. *Clínica forense en familias*: historización de una práctica. Buenos Aires: Lugar Editorial, 2004.

ADAMOPOULOS, S. Pais em luta pelos filhos. *Notícias Magazine*, p. 42-50, 2 nov. 2008.

AGUILAR, J. M. *Con mamá y com papá*. Córdoba, España: Ed. Almuzara, 2006a.

_____. *Síndrome de alienación parental*: hijos manipulados por un cónyude para odiar al otro. Córdoba, España: Ed. Almuzara, 2006b.

ALBUQUERQUE, F. S. Poder familiar nas famílias recompostas e o art. 1.636 do CC/2002. In: PEREIRA, R. C. (Coord.). *Afeto, ética, família e o novo Código Civil*. CONGRESSO BRASILEIRO DE DIREITO DE FAMÍLIA, 4. Belo Horizonte: IBDFAM, 2004. p. 161-179.

ÁLVAREZ, S. P. Proyecto de investigación: ¿Qué sucede con los niños que sufrieron alienación prolongada en la juventud y en la adultez? 200?a. Disponível em: <http://www.apadeshi.org.ar/proyecto_de_investigacion.htm>. Acesso em: 9 out. 2007.

_____. ¿Qué es el síndrome de alejamiento parental? 200?b. Disponível em: <www.sindromedealienacionparental.apadeshi.org/sindromesusana.htm>. Acesso em: 5 jul. 2006.

ALVES-MAZZOTTI, A. J.; GEWANDSZNAJDER, F. *O método nas ciências naturais e sociais*: pesquisa quantitativa e qualitativa. São Paulo: Pioneira, 1998.

AMENDOLA, M. F. *Psicólogos no labirinto das acusações*: um estudo sobre a falsa denúncia de abuso sexual entre pai e filho no contexto da separação conjugal.

Dissertação, Programa de Pós-Graduação em Psicologia Social, Universidade do Estado do Rio de Janeiro. Rio de Janeiro, 2006.

AMENDOLA, M. F. As falsas denúncias de abuso sexual de pais contra filhos: caminhando na contramão. In: BRITO, L. M. T. (Org.). *Famílias e separações*: perspectivas da psicologia jurídica. Rio de Janeiro: Ed. UERJ, 2008. p. 159-186.

ANDOLFI, M.; ANGELO, C. *Tempo e mito na psicoterapia familiar*. Porto Alegre: Artes Médicas, 1988.

ARAÚJO, M. F. Diferença e igualdade nas relações de gênero: revisitando o debate. *Psicologia Clínica*, Rio de Janeiro, v. 17, n. 2, p. 41-52, 2005.

ARIÈS, P. *História social da criança e da família*. Rio de Janeiro: Zahar Editores, 1978.

BADINTER, E. *Um amor conquistado*: o mito do amor materno. Rio de Janeiro: Nova Fronteira, 1985.

_____. *Um é o outro*: as relações entre homens e mulheres. Rio de Janeiro: Nova Fronteira, 1986.

BAILLEAU, F. Interêt de l'enfant? In: _____; GUEISSAZ. *De quel droit? De interdisciplinaire de Vaucresson*. França, 1988. p. 11-21, *apud* BRITO, L. M. T. *Criança*: sujeito de direito nas Varas de Família. In: ALTOÉ, S. (Org.). *Sujeito do direito, sujeito do desejo*. Rio de Janeiro: Revinter, 2004a. p. 67-77.

BAKER, A. J. L. Adult children of Parental Alienation Syndrome: breaking the ties that bind. New York: W. W. Norton, 2007, *apud* ESPARCIA, A. J.; MARÍN, M. A. DSM, salud mental y síndrome de alienación parental. *Papeles del psicólogo*: revista del Colegio Oficial de Psicólogos, v. 30, n. 1, p. 86-91, 2009.

BARBOZA, H. H. A família em face do vigente Direito Civil brasileiro. In: SOARES, J. C.; EWALD, A. P.; RAND, D. C. (Org.). *Anais das Terças Transdisciplinares*: experimentando a fronteira entre a psicologia e outras práticas teóricas. Rio de Janeiro: UERJ, Nape, 2001. p. 65-83.

BARDIN, L. *Análise de conteúdo*. Lisboa: Edições 70, 1979.

BARROS, F. O. *Do direito ao pai*. Belo Horizonte: Del Rey, 2005.

_____. Psicologia jurídica na reforma do Direito de Família — legalidade da subjetividade? In: PEREIRA, R. C. (Coord.). *Repensando o Direito de Família*. CON-

GRESSO BRASILEIRO DO DIREITO DE FAMÍLIA, 1. Belo Horizonte: Del Rey, 1999. p. 427-453.

BATISTA, N. Só Carolina não viu — violência doméstica e políticas criminais no Brasil. In: MELLO, A. R. (Org.). *Comentários à Lei de Violência Doméstica e Familiar contra a Mulher*. Rio de Janeiro: Lumen Júris, 2007, p. ix-xxiii.

BAUMAN, Z. *Amor líquido*: sobre a fragilidade dos laços humanos. Rio de Janeiro: Jorge Zahar, 2004.

BERLINERBLAU, V. *El "Backlash" y el abuso sexual infantil*: reacción negativa y violenta contra profesionales que trabajan en el campo de la protección de la infância, 200?. Disponível em: <http://www.abusosexualinfantilno.org/backlash.html>. Acesso em: 11 jun. 2008.

BERNART, R. et al. Quando o casamento acaba a família pode continuar? Intervenções psicojurídicas na crise e no rompimento do casal. In: ANDOLFI, M. (Org.). *A crise do casal*: uma perspectiva sistêmico-relacional. Porto Alegre: Artmed, 2002. p. 201-231.

BIASOLI-ALVES, Z. M. M. Continuidades e rupturas no papel da mulher brasileira no século XX. In: *Psicologia: Teoria e Pesquisa*, Brasília, v. 16, n. 3, p. 233-239, set./dez. 2000.

BONE, J. M.; WALSH, M. R. How to detect it and what to do about it — Parental Alienation Syndrome. In: *The Florida Bar Journal*, v. 73, n. 3, p. 44-48, mar. 1999. Disponível em: <http://www.convencaodehaia.com/psicologia/pas_bone.doc>. Acesso em: 11 jun. 2008.

BONFIM, E. Psicologia jurídica: atividades e requisitos para a formação profissional. In: *Psicólogo brasileiro*: práticas emergentes e desafios para a formação. São Paulo: Casa do Psicólogo/Conselho Federal de Psicologia, 1994. p. 234-243.

BOURDIEU, P. *Pierre Bourdieu entrevistado por Maria Andréa Loyola*. Rio de Janeiro: Ed. UERJ, 2002. v. 1. (Coleção Pensamento Contemporâneo.)

BOWLBY, J. *Cuidados maternos e saúde mental*. São Paulo: Martins Fonte, 1988.

BRANCO, A. C.; CEZIMBRA, M. Elas querem emancipar os homens. Revista *O Globo*, ano 2, n. 84, p. 22-24, 5 mar. 2006.

BRANDES, J. R. Parental alienation. *NY Law Journal*, 26 mar. 2000. Disponível em: <http://www.brandeslaw.com/child_custody/parental_alienation.htm>. Acesso em: 8 out. 2007.

BRASIL. Estatuto da Criança e do Adolescente — Lei Federal n. 8.069/90.

_____. *Novo Código Civil*. Rio de Janeiro: DP&A, 2002.

_____. *Constituição da República Federativa do Brasil*. Rio de Janeiro: DP&A, 2003.

_____. Lei sobre guarda compartilhada (Lei n. 11.698/08). Disponível em: <http://www.planalto.gov.br/ccivil_03/_Ato2007-2010/2008/Lei/L11698.htm>. Acesso em: 8 maio 2009.

_____. Lei sobre licença-maternidade (Lei n. 11.770/08). Disponível em: <http://www.planalto.gov.br/ccivil_03/_Ato2007-2010/2008/Lei/L11770.htm>. Acesso em: 8 maio 2009.

_____. Lei do divórcio (Lei n. 6.515/77). Disponível em: <http://www.planalto.gov.br/ccivil/leis/L6515.htm>. Acesso em: 8 maio 2009.

_____. Projeto de lei sobre alienação parental (PL 4.053/08). Disponível em: <http://www.regisdeoliveira.com.br/PL%204053-08.pdf>. Acesso em: 20 maio 2009.

BRASILEIRO, R. F.; JABLONSKI, B.; FERÉS-CARNEIRO, T. Papéis de gênero, transição para a paternalidade e a questão da tradicionalização. In: *Psico*, Porto Alegre: PUCRS, v. 33, n. 2, p. 289-310, jul./dez. 2002.

BRITO, L. M. T. Alianças desfeitas, ninhos refeitos: mudanças na família pós-divórcio. In: _____ (Org.). *Famílias e separações*: perspectivas da psicologia jurídica. Rio de Janeiro: Ed. UERJ, 2008a. p. 17-48.

_____. *Paternidades contestadas*: a definição da paternidade como um impasse contemporâneo. Belo Horizonte: Del Rey, 2008b.

_____. Família pós-divórcio: a visão dos filhos. In: *Psicologia, Ciência e Profissão*, Brasília, v. 1, n. 27, p. 32-45, 2007.

_____. Desdobramentos da família pós-divórcio: o relato dos filhos. In: PEREIRA, R. C. (Coord.). *Família e dignidade humana*. CONGRESSO BRASILEIRO DE DIREITO DE FAMÍLIA, 5. Belo Horizonte: IBDFAM, 2006. p. 531-542.

SÍNDROME DA ALIENAÇÃO PARENTAL

BRITO, L. M. T. Guarda compartilhada: um passaporte para a convivência familiar. In: ASSOCIAÇÃO de Pais e Mães Separados (Org.). *Guarda compartilhada*: aspectos psicológicos e jurídicos. Porto Alegre: Equilíbrio, 2005a. p. 53-71.

_____. De "Papai sabe tudo" a "Como educar seus pais". Considerações sobre programas infantis de TV. In: *Psicologia & Sociedade*. Porto Alegre, v. 17, n. 1, p. 48-55, jan./abr. 2005b.

_____. Criança: sujeito de direito nas Varas de Família? In: ALTOÉ, S. (Org.). *Sujeito do direito, sujeito do desejo*. Rio de Janeiro: Revinter, 2004a. p. 67-77.

_____. Guarda conjunta: conceitos, preconceitos e prática no consenso e no litígio. In: PEREIRA, R. C. (Coord.). *Afeto, ética, família e o novo Código Civil*. CONGRESSO BRASILEIRO DE DIREITO DE FAMÍLIA, 4. Belo Horizonte: IBDFAM, 2004b. p. 355-367.

_____. Igualdade e divisão de responsabilidades: pressupostos e consequências da guarda conjunta. In: GROENINGA, G. C.; PEREIRA, R. C. (Org.). *Direito de família e psicanálise*: rumo a uma nova epistemologia. Rio de Janeiro: Imago, 2003. p. 325-338.

_____. Impasses na condição da guarda e da visitação — o palco da discórdia. In: PEREIRA, R. C. (Coord.). Família e cidadania: o novo CCB e a *vacatio legis*. CONGRESSO BRASILEIRO DE DIREITO DE FAMÍLIA, 3. Belo Horizonte: IBDFAM/Del Rey, 2002. p. 433-447.

_____. Descumprimento de visitação e a questão penal. In: *Revista Brasileira de Direito de Família*, Belo Horizonte, IBDFAM/Síntese, n. 8, p. 18-29, jan./mar. 2001.

_____. De competências e convivências: caminhos da Psicologia junto ao Direito de Família. In: _____ (Org.). *Temas de psicologia jurídica*. Rio de Janeiro: Relume-Dumará, 2000. p. 171-186.

_____. Rumos e rumores da psicologia jurídica. In: JACÓ-VILELA, A.; MANCEBO, D. *Psicologia social*: abordagens sócio-históricas e desafios contemporâneos. Rio de Janeiro: Ed. UERJ, 1999. p. 221-233.

_____. Pais de fim de semana — questões para uma análise jurídico-psicológica. In: *Psicologia Clínica Pós-Graduação e Pesquisa*, Rio de Janeiro, v. 8, n. 8, p. 139-152, 1997.

_____. *Separando*: um estudo sobre a atuação do psicólogo nas Varas de Família. Rio de Janeiro: Relume-Dumará: UERJ, 1993.

BROWN, F. H. A família pós-divórcio. In: CARTER, B.; McGOLDRICK, M. (Org.). *As mudanças no ciclo de vida familiar*: uma estrutura para a terapia familiar. Porto Alegre: Artes Médicas, 1995. p. 321-343.

BRUNO, D. D. Direito de visita: direito de convivência. In: GROENINGA, G. C.; PEREIRA, R. C. (Org.). *Direito de família e psicanálise*: rumo a uma nova epistemologia. Rio de Janeiro: Imago, 2003. p. 311-324.

BUFANO, N. C.; IGLESIAS, S.; SALGADO, C. B. Trabajo en equipo: el juez y el perito psicologo. In: *Revista de la Asociación de Psicólogos Forenses de la República Argentina*, ano 3, n. 2, p. 53-68, 1991.

CALÇADA, A. Falsas denúncias de abuso sexual: parâmetros iniciais para uma avaliação. In: APASE (Org.). *Guarda compartilhada*: aspectos psicológicos e jurídicos. Porto Alegre: Equilíbrio, 2005. p. 123-144.

CALIL, V. L. *Terapia familiar e de casal*. São Paulo: Summus Editorial, 1987.

CARDOSO, A. R. A escola diante da família pós-divórcio. In: BRITO, L. M. T. (Org.). *Famílias e separações*: perspectivas da psicologia jurídica. Rio de Janeiro: Ed. UERJ, 2008. p. 49-80.

CARTER, B.; McGOLDRICK, M. (Org.). *As mudanças no ciclo de vida familiar*: uma estrutura para a terapia familiar. Porto Alegre: Artes Médicas, 1995.

CARTWRIGHT, G. F. Expanding the parameters of parental alienation syndrome. In: *The American Journal of Family Therapy*, v. 21, n. 3, p. 205-215, 1993.

CARUSO, J. A. *A separação dos amantes*: uma fenomenologia da morte. São Paulo: Diadorim/Cortez, 1981.

CASTEL, R. *A ordem psiquiátrica*: a idade de ouro do alienismo. Rio de Janeiro: Edições Graal, 1978.

_____. *A gestão dos riscos*: da antipsiquiatria à pós-psicanálise. Rio de Janeiro: Francisco Alves, 1987.

CASTRO, I. P. A relação dos filhos menores com os pais após a ruptura da tradicional convivência familiar: uma ótica sociojurídica. In: SILVEIRA, P. (Org.). *Exercício da paternidade*. Porto Alegre: Artes Médicas, 1998. p. 217-223.

CAVAGGIONI, A.; CALÇADA, A.; NERI, L. *"Falsas denúncias de abuso sexual"*: o outro lado da história. Rio de Janeiro: OR, 2001.

CERVENY, C. M. O. Família e filhos no divórcio. In: _____ (Org.). *Família e...*: narrativas, gênero, parentalidade, irmãos, filhos nos divórcios, genealogia, história, estrutura, violência, intervenção sistêmica, rede social. São Paulo: Casa do Psicólogo, 2006. p. 83-96.

_____. *Família e ciclo vital*: nossa realidade em pesquisa. São Paulo: Casa do Psicólogo, 1997.

CHAVARRÍA, M. Los médicos negan que exista el síndrome de alienación parental — los jueces de familia aceptan informes sobre hijos manipulados en contra del padre. *Tendencias*, Barcelona: La Vanguarda, p. 33, 19 fev. 2008.

CHIZZOTTI, A. *Pesquisa em ciências humanas e sociais*. São Paulo: Cortez, 1991.

CIGOLI, V. O rompimento do pacto: tipologia do divórcio e rituais de passagem. In: ANDOLFI, M. (Org.). *A crise do casal*: uma perspectiva sistêmico-relacional. Porto Alegre: Artmed, 2002. p. 171-200.

CITELI, M. T. Fazendo diferenças: teorias sobre gênero, corpo e comportamento. *Revista Estudos Feministas*, v. 9, n. 1, p. 131-145, 2001.

CIRCULADOR. Uma publicação sobre promoção de saúde e qualidade de vida, n. 3, dez. 2007.

CLAWAR, S. S.; RIVLIN, B. V. Children held hostage: dealing with programmed and brainwashed children. *American Bar Association*, Chicago, 1991, *apud* RAND, D. C. The spectrum of parental alienation syndrome (part I). In: *American Journal of Forensic Psychology*, v. 15, n. 3, 1997. Disponível em: <http://www.convenca-odehaia.com/psicologia/rand_1.doc>. Acesso em: 11 jun. 2008.

COIMBRA, C. M. B.; NOVAES, J. Questões ético-políticas da avaliação psicológica. In: *Entre Linhas*, Conselho Regional de Psicologia do Rio Grande do Sul, n. 34, p. 9, maio/jun. 2006.

CONSULTOR JURÍDICO. *Remédio amargo*: juíza dá guarda ao pai para que filha perca medo dele. Disponível em: <http://conjur.estadao.com.br/static/text/56885,1>. Acesso em: 4 out. 2007.

COSTA, J. F. *Ordem médica e norma familiar*. Rio de Janeiro: Edições Graal, 2004.

DALLAM, S. J. Parental Alienation Syndrome: Is it scientific? In: ST. CHARLES, E.; CROOK, L. (Ed.). Expose: the failure of family courts to protect children from abuse in custody disputes. *Los Gatos*, California: Our Children Charitable

Foundation, 1999. Disponível em: <http://www.leadershipcouncil.org/1/res/dallam/3.html>. Acesso em: 6 jun. 2008.

DARNALL, D. New definition of parental alienation: what is the difference between parental alienation (PA) and parental alienation syndrome (PAS)?, 1997. Disponível em: <http://www.parentalalienation.com/articles/parental-alienation-defined.html>. Acesso em: 12 out. 2007.

DARNALL, D. Symptoms of parental alienation (PA), 1997. Disponível em: <http://www.parentalalienation.com/articles/symptoms-parental-alienation.html>. Acesso em: 15 dez. 2008.

_____. Parental alienation conference, 3 fev. 1999. Disponível em: <http://www.fact.on.ca/Info/pas/darnall.htm>. Acesso em: 12 out. 2007.

DELFIEU, J. M. Syndrome d'aliénation parentale: diagnostic et prise en charge médico-juridique. In: *Experts*, n. 67, p. 24-30, jun. 2005.

DELGADO, P. G. *As razões de tutela*: psiquiatria, justiça e cidadania. Rio de Janeiro: Te Corá, 1992.

DEMO, P. *Pesquisa e construção do conhecimento*: metodologia científica no caminho de Habermas. Rio de Janeiro: Tempo Brasileiro, 1997.

_____. *Metodologia científica em Ciências Sociais*. São Paulo: Atlas, 1995.

DESLANDES, S. F. A construção do projeto de pesquisa. In: MINAYO, M. C. S. (Org.). *Pesquisa social*: teoria, método e criatividade. Petrópolis: Vozes, 1994. p. 31-50.

DEVREUX, A. M. A paternidade na França: entre igualização de direitos parentais e lutas ligadas às relações sociais de sexo. In: *Sociedade e Estado*, Brasília, v. 21, n. 3, p. 609-626, set./dez. 2006.

DIARIO DE SEVILHA. Disponível em <http://www.diariodesevilla.es/201359_ESN_HTML.htm>. Acesso em: 2 dez. 2007.

DIAS, M. B. Síndrome da alienação parental. O que é isso? In: APASE (Org.). *Síndrome da alienação parental e a tirania do guardião*: aspectos psicológicos, sociais e jurídicos. Porto Alegre: Equilíbrio, 2007. p. 11-14.

_____. Falsas memórias. In: *Boletim IBDFAM*, p. 7, jul./ago. 2006.

_____. Da separação e do divórcio. In: _____; PEREIRA, R. C. (Coord.). *Direito de família e o novo Código Civil*. Belo Horizonte: Del Rey, 2001. p. 69-88.

DICIONÁRIO HOUAISS DA LÍNGUA PORTUGUESA. Disponível em: <http:// houaiss.uol.com.br>.

DOLTO, F. *Quando os pais se separaram*. Rio de Janeiro: Jorge Zahar, 1989.

_____. *Psicanálise e pediatria*: as grandes noções da psicanálise; dezesseis observações de crianças. Rio de Janeiro: Guanabara, 1988.

DONZELOT, J. *A polícia das famílias*. Rio de Janeiro: Edições Graal, 1986.

DOWD, M. Entrevista à revista *Veja*. Edição especial, ano 39, n. 65, p. 27-29, 2006.

DSM-IV — TR. Porto Alegre: Artmed, 2002.

DUARTE, L. P. L. *A guarda dos filhos na família em litígio*: uma interlocução da psicanálise com o direito. Rio de Janeiro: Lumen Juris, 2006.

DUNNE, J.; HEDRICK, M. The parental alienation syndrome: an analysis of sixteen selected cases. In: *Journal of Divorce & Remarriage*, v. 21, p. 21-38, 1994. Disponível em: <http://www.fact.on.ca/Info/pas/dunne.htm>. Acesso em: 14 jun 2008.

EHRENBERG, A. *La fatigue d'être soi*. Paris: Ed. Odile Jacob, 1998, *apud* SZAPIRO, A. M. Em tempos de pós-modernidade: vivendo a vida saudável e sem paixões. In: *Estudos e Pesquisas em Psicologia*, ano 5, n. 1, p. 25-37, 1º sem. 2005.

ELMUNDO.ES. Medio millar de manifestantes reclama en Sevilla la custodia compartida, nov. 2007. Disponível em: <http://www.elmundo.es/elmundo/ 2007/11/18/espana/1195398589.html>. Acesso em: 2 dez. 2007.

ESCUDERO, A.; AGUILAR, L.; CRUZ, J. La lógica del síndrome de alienación parental de Gardner (SAP): "terapia de la amenaza". In: *Revista de la Asociación Española de Neuropsiquiatría*, v. XXVIII, n. 102, p. 263-526, 2008.

ESPARCIA, A. J; MARÍN, M. A. DSM, salud mental y síndrome de alienación parental. In: *Papeles del Psicólogo*: Revista del Colegio Oficial de Psicólogos, v. 30, n. 1, p. 86-91, 2009.

FACHIN, R. Do parentesco e da filiação. In: DIAS, M. B.; PEREIRA, R. C. (Coord.). *Direito de família e o novo Código Civil*. Belo Horizonte: Del Rey, 2001. p. 119-134.

FARIA, C. A. P. Entre marido e mulher, o estado mete a colher: reconfigurando a divisão do trabalho doméstico na Suécia. In: *Revista Brasileira de Ciências Sociais*, São Paulo, v. 17, n. 48, p. 173-231, fev. 2002.

FARIAS, C. C. Redesenhando os contornos da dissolução do casamento (casar e permanecer casado: eis a questão). In: PEREIRA, R. C. (Coord.). Afeto, ética, família e o novo Código Civil. CONGRESSO BRASILEIRO DE DIREITO DE FAMÍLIA, 4. Belo Horizonte: IBDFAM/Del Rey, 2004. p. 105-126.

FAUCHIER, A.; MARGOLIN, G. Affection and conflict in marital and parental-child relationships. In: *Journal of Marital and Family Terapy*, v. 30, n. 2, p. 197-211, abr. 2004.

FEDULLO, S. Filhos do divórcio. In: CASTILHO, T. (Org.). *Temas em terapia familiar*. São Paulo: Summus, 2001. p. 131-143.

FÉRES-CARNEIRO, T. Alienação parental: uma leitura psicológica. In: APASE (Org.). *Síndrome da alienação parental e a tirania do guardião*: aspectos psicológicos, sociais e jurídicos. Porto Alegre: Equilíbrio, 2007. p. 73-80.

_____. Separação: o doloroso processo de dissolução da conjugalidade. In: *Estudos de Psicologia*, Natal, v. 8, n. 3, p. 367-374, dez. 2003a.

_____. Construção e dissolução do laço conjugal na psicoterapia de casal. In: FÉRES-CARNEIRO, T. (Org.). *Família e casal*: arranjos e demandas contemporâneas. Rio de Janeiro: Ed. PUC-Rio/São Paulo: Loyola, 2003b. p. 201-214.

_____. Conjugalidade: um estudo sobre as diferentes dimensões da relação amorosa heterossexual e homossexual. In: FÉRES-CARNEIRO, T. (Coord.). *Casal e família*: entre a tradição e a transformação. Rio de Janeiro: Nau Editora, 1999. p. 96-117.

_____. Casamento contemporâneo: o difícil convívio da individualidade com a conjugalidade. In: *Psicologia: Reflexão e Crítica*, Porto Alegre, v. 11, n. 2, p. 379-394, 1998.

FERNANDES, M. H. Mulher elástico. In: *Viver, Mente & Cérebro*, ano XIV, n. 161, p. 28-33, jun. 2006.

FERNÁNDEZ, I. A. et al. Los equipos técnicos de los tribunales de justicia. In: *Anuário de Sociología y Psicología Jurídicas*, Barcelona, p. 221-229, 1982.

FIGUEIRA, S. A. O "moderno" e o "arcaico" na nova família brasileira: notas sobre a dimensão invisível da mudança social. In: _____ (Org.). *Uma nova família? O moderno e o arcaico na família de classe média brasileira*. Rio de Janeiro: Jorge Zahar, 1986. p. 11-30.

FISCHER. R. M. B. Mídia, juventude e espaço público. In: *Psicologia Clínica*. Pontífica Universidade Católica do Rio de Janeiro. Centro de Teologia e Ciências Humanas, Departamento de Psicologia, Rio de Janeiro, v. 16, n. 2, p. 85-97, 2004.

FLECK, A. C.; WAGNER, A. A mulher como principal provedora do sustento econômico familiar. In: *Psicologia em Estudo*, v. 8, n. esp., p. 31-38, 2003.

FONSECA, P. M. P. C. Síndrome da alienação parental. In: *Revista Brasileira de Direito de Família*, Porto Alegre: Síntese, IBDFAN, v. 8, n. 40, p. 5-16, fev./mar. 2007.

FOUCAULT, M. *Vigiar e punir*: história da violência nas prisões. Petrópolis: Vozes, 2007.

_____. *A verdade e as formas jurídicas*. Rio de Janeiro: Nau Editora, 2005.

_____. Sobre a arqueologia das ciências. Resposta ao Círculo de Epistemologia. In: *Ditos e Escritos II*. Rio de Janeiro: Forense Universitária, 2000. p. 83-118.

_____. Resposta a uma questão. In: *Tempo Brasileiro — Epistemologias*, n. 28, p. 57-81, jan./mar. 1972.

_____. *História da loucura na idade clássica*. São Paulo: Perspectiva, 1978.

_____. *Em defesa da sociedade*. São Paulo: Martins Fontes, 1999. p. 3-26 (aula de 7 de janeiro de 1976).

_____. *O poder psiquiátrico*. Curso dado no Collège de France (1973-1974). São Paulo: Martins Fontes, 2006.

GAMA, G. C. N. Função social da família e jurisprudência brasileira. In: PEREIRA, R. C. (Org.). Família e solidariedade. CONGRESSO BRASILEIRO DE DIREITO DE FAMÍLIA, 6. Rio de Janeiro: IBDFAM/Lumen Juris, 2008. p. 181-201.

GARCIA, M. L. T.; TASSARA, E. T. O. Problemas no casamento: uma análise qualitativa. In: *Estudos de Psicologia*, v. 8, n. 1, p. 127-133, 2003.

GARCIA, S. M. Conhecer os homens a partir do gênero e para além do gênero. In: ARILHA, M.; RIDENTI, S.; MEDRADO, B. (Org.). *Homens e masculinidades*: outras palavras. São Paulo: ECOS/Ed. 34, 1998. p. 31-50.

GARDNER, R. A. Misinformation versus facts about the contributions of Richard A. Gardner, M.D., 2002a. Disponível em: <http://www.rgardner.com/refs/misperceptions_versus_facts. html>. Acesso em: 2005.

GARDNER, R. A. Parental alienation syndrome vs. parental alienation: which diagnosis should evaluators use in child custody disputes? In: *The American Journal of Family Therapy*, v. 30 n. 2, p. 93-115, 2002b. Disponível em: <http://www.rgardner.com/refs/ar1.htm>. Acesso em: 10 set. 2007.

_____. Denial of the parental alienation syndrome also harms women. In: *The American Journal of Family Therapy*, v. 30, n. 3, p. 191-202, 2002c. Disponível em: <http://www.rgardner.com/refs/ar2.htm>. Acesso em: 10 set. 2007.

_____. Does DSM-IV have equivalent for the parental alienation syndrome (PAS) diagnosis? In: *The American Journal of Family Therapy*, v. 31, n. 1, p. 1-21, 2002d. Disponível em: <http://www.rgardner.com/refs/ar3.htm>. Acesso em: 10 set. 2007.

_____. Basic facts about the parental alienation syndrome, 2001a. Disponível em: <http://www.rgardner.com/refs/pas_intro.html>. Acesso em: 2005.

_____. Should courts order PAS children to visit/reside wiht the alienated parent? A Follow-up Study. *The American Journal of Forensic Psychology*, v. 19, n. 3, p. 61-106, 2001b. Disponível em: <http://www.fact.on.ca/Info/pas/gard01a.htm>. Acesso em: 19 jan. 2009.

_____. Differentianting between the parental alienation syndrome and bona fide abuse/neglect. In: *The American Journal of Family Therapy*, v. 27, n. 2, p 97-107, abr./jun. 1999a. Disponível em: <http://www.rgardner.com/refs/ar1.htm>. Acesso em: 10 set. 2007.

_____. Family therapy of the moderate type of parental alienation syndrome. In: *The American Journal of Family Therapy*, v. 27, p. 195-212, 1999b. Disponível em: <http://www.rgardner.com/refs/ar1.htm>. Acesso em: 10 set. 2007.

_____. Guidelines for assessing parental preference in child-custody disputes. In: *Journal of Divorce & Remarriage*, v. 30, n. 1/2, p. 1-9, 1999c. Disponível em: <http://www.rgardner.com/refs/ar4.htm>. Acesso em: 10 set. 2007.

_____. Recommendations for dealing wiht parents who induce a parental alienation syndrome in their children. In: *Journal of Divorce & Remarriage*, v. 28, n. 3/4, p. 1-23, 1998a. Disponível em: <http://www.rgardner.com/refs/ar3.htm>. Acesso em: 10 set. 2007.

_____. *The parental alienation syndrome*: a guide for mental health and legal professionals. Cresskill, New Jersey: Creative Therapeutics, Inc., 1998b.

GARDNER, R. A. Legal and psychotherapeutic approaches to the three types of parental alienations syndrome families. When psychiatry and law join forces. *Court Review*, v. 28, n. 1, p. 14-21, 1991. Disponível em: <http://www.fact.on.ca/Info/pas/gardnr01.htm>. Acesso em: 19 jan. 2009.

GIBERTI, E. Los hijos de la pareja divorciada. In: _____; DE CORE, S.; PPENHEIM, R. (Ed.). *El divorcio y la familia*: los abogados, los padres y los hijos. Buenos Aires: Editorial Sudamericana, 1985. p. 195-213.

_____. Los malos tratos y las violencias contra niñas y niños. In: _____ et al. *Lo legal y lo legítimo*. Bariloche: Ediciones Sapiens, 2005. p. 16-26.

GIDDENS, A. *A transformação da intimidade*: sexualidade, amor e erotismo nas sociedades modernas. São Paulo: Unesp, 1992.

GOLDENBERG, M. E a licença-paternidade? *Folha de S.Paulo*, Opinião, 23 out. 2007. Disponível em: <http://www1.folha.uol.com.br/fsp/opiniao/fz2310200708.htm>. Acesso em: 20 abr. 2009.

_____. Novas famílias nas camadas médias urbanas. ENCONTRO DE PSICÓLOGO DO TRIBUNAL DE JUSTIÇA DO ESTADO DO RIO DE JANEIRO, 3. Rio de Janeiro, nov. 25, 2002. Divisão de Psicologia da 1ª Vara da Infância e da Juventude da Capital (Org.). Rio de Janeiro: DIAG — Divisão de Artes Gráficas do TJERJ, 2003. p. 18-26.

_____. O macho em crise: um tema em debate dentro e fora da academia. In: GOLDENBERG, M. (Org.). *Os novos desejos*: seis visões sobre mudanças do comportamento de homens e mulheres na cultura brasileira contemporânea. Rio de Janeiro: Record, 2000. p. 15-39.

GOLDRAJCH, D.; MACIEL, K. R. F. L. A.; VALENTE, M. L. C. S. A alienação parental e a reconstrução dos vínculos parentais: uma abordagem interdisciplinar. In: *Revista Brasileira de Direito de Família*, Porto Alegre: Síntese, IBDFAN, v. 8, n. 37, p. 5-26, ago./set. 2006.

GOMES, A. J. S.; RESENDE, V. R. O pai presente: o desafio da paternidade em uma família contemporânea. In: *Psicologia: Teoria e Pesquisa*, v. 20, n. 2, p. 119-125, maio/ago. 2004.

GOMES, R. A análise de dados em pesquisa qualitativa. In: MINAYO, M. C. S. (Org.). *Pesquisa social*: teoria, método e criatividade. Petrópolis: Vozes, 1994. p. 67-80.

GOMIDE, P.; SILVA, E. L.; C. J. R. S. Síndrome da alienação parental — mesa-redonda (informação verbal). SIMPÓSIO SUL-BRASILEIRO DE PSICOLOGIA JURÍDICA, 1. Porto Alegre, 2009.

GONÇALVES, H. S. *Infância e violência doméstica no Brasil*. Rio de Janeiro: Nau Editora, 2003.

GONZALEZ, M. R.; CABARGA, P. L.; VALVERDE, V. J. I. Percepciones parentales en niños de familias separadas: una nueva versión del Síndrome de Estocolmo? *Anuário de Psicologia Jurídica*, p. 25-43, 1994.

GROSSELIN, C. Fonction des comportements parentaux: révision de la notion de sensibilité maternelle. In: *Psicologia: Teoria e Pesquisa*, v. 16, n. 2, p. 103-111, maio/ago. 2000.

GRZYBOWSKI, L. S. Famílias monoparentais: reflexo da pós-modernidade? In: GUARESCHI, P. A. et al. (Org.). *Psicologia em questão*: reflexões sobre a contemporaneidade. Porto Alegre: Ed. PUC-RS, 2003. p. 113-122.

_____. Famílias monoparentais: mulheres divorciadas chefes de família. In: WAGNER, A. (Coord.). *Família em cena*: tramas, dramas e transformações. Petrópolis: Vozes, 2002. p. 39-53.

GUAZZELLI, M. A falsa denúncia de abuso sexual. In: DIAS, M. B. (Coord.). *Incesto e alienação parental*: realidades que a Justiça insiste em não ver. São Paulo: Revista dos Tribunais, 2007. p. 112-139.

HARVEY, D. *Condição pós-moderna*: uma pesquisa sobre as origens da mudança cultural. São Paulo: Loyola, 2004.

HENNIGEN, I.; GUARESCHI, N. M. F. A paternidade na contemporaneidade: um estudo de mídia sob a perspectiva dos estudos culturais. In: *Psicologia & Sociedade*. Porto Alegre, v. 14, n. 1, p. 44-68, jan./jun. 2002.

HORTA, R. L. O papel parental: o que há de novo? In: *Nova Perspectiva Sistêmica*, Rio de Janeiro, ano VII, n. 12, p. 39-45, dez. 1998.

HURSTEL, F. *As novas fronteiras da paternidade*. Campinas: Papirus, 1999.

_____. Paradoxes et fragilité de la paternité. *Revue des Sciences Sociales de la France de l'Est*, Paris, n. 23, p. 120-126, 1996a.

SÍNDROME DA ALIENAÇÃO PARENTAL

HURSTEL, F. Role social et fonction psychologique du pere. *Informations Sociales*, n. 56, p. 8-17, 1996b.

_____. As mudanças na relação pai — infante na França: quem são os pais que "paternam"? In: *Neuropsiquiatria da Infância*, n. 2-3, p. 85-88, 1985.

IBGE (Instituto Brasileiro de Geografia e Estatística). Estatísticas do Registro Civil no período de 2004 a 2006. Disponível em <http://www.sidra.ibge.gov.br/bda/regciv/default.asp?t=3&z=t&o=24&u1=1&u2=1&u3=1&u4=1&u5=1&u6=1>. Acesso em: 26 mar. 2008.

JOHNSTON, J. R. Children of divorce who refuse visitation, in nonresidential parenting: new vistas in family living. Edited by Depner CE, Bray JH. London: Sage Publications, 1993, *apud* RAND, D. C. The spectrum of parental alienation syndrome (part I). In: *The American Journal of Forensic Psychology*, v. 15, n. 3, 1997. Disponível em: <http://www.convencaodehaia.com/psicologia/rand_1.doc>. Acesso em: 11 jun. 2008.

JORNAL DO FEDERAL. Conselho Federal de Psicologia, ano XXI, n. 90, ago. 2008.

JORDÃO, C. Famílias dilaceradas. Pai ou mãe que joga baixo para afastar o filho do ex-cônjuge pode perder a guarda da criança por "alienação parental". Disponível em: <www.terra.com.br/istoe/edicoes/2038/artigo117195-1.htm>. Acesso em: 25 dez. 2008.

KAPLAN, H. I.; SADOCK, B. J.; GREBB, J. A. *Compêndio de psiquiatria*: ciências do comportamento e psiquiatria clínica. Porto Alegre: Artes Médicas, 1997.

KARAN, M. L. A superação da ideologia patriarcal e as relações familiares. In: SILVEIRA, P. (Org.). *Exercício da paternidade*. Porto Alegre: Artes Médicas, 1998. p. 185-192.

LAVINAS, L. Cortina de fumaça. *Folha de S.Paulo*, Opinião, 9 jun. 2008. Disponível em: <http://www1.folha.uol.com.br/fsp/opiniao/fz0906200809.htm>. Acesso em: 20 abr. 2009.

LAQUEUR, T. *Inventando o sexo*: corpo e gênero dos gregos a Freud. Rio de Janeiro: Relume-Dumará, 2001.

LE SÍNDROME D'ALIÉNATION PARENTALE. In: Lien Social, *Dossie*, n. 739, 3 fev. 2005. Disponível em: <www.lien-social.com/imprime.php3?id_article=853>. Acesso em: 7 jun. 2006.

LEGENDRE, P. Poder genealógico do Estado. In: ALTOÉ, S. (Org.). *Sujeito do direito, sujeito do desejo*. Rio de Janeiro: Revinter, 2004. p. 79-87.

LINS E SILVA, P. Síndrome da alienação parental e a aplicação da Convenção de Haia. In: PEREIRA, R. C. (Coord.). Família e solidariedade. CONGRESSO BRASILEIRO DE DIREITO DE FAMÍLIA, 6. Rio de Janeiro: IBDFAM/Lúmen Júris, 2008. p. 387-398.

LÔBO, P. L. N. Do poder familiar. In: DIAS, M. B.; PEREIRA, R. C. (Coord.). *Direito de Família e o novo Código Civil*. Belo Horizonte: Del Rey, 2001. p. 153-165.

LOPES, M. L. C. S. P. "Arranjos de dormir" pós-separação conjugal. In: BRITO, L. M. T. (Org.). *Famílias e separações*: perspectivas da psicologia jurídica. Rio de Janeiro: Ed. UERJ, 2008. p. 137-157.

LOWENSTEIN, L. F. How can mediation be made to be successful in serious family disputes? (Solving intractable hostility between former partners in contact disputes), 2006. Disponível em: <http://www.parental-alienation.info/publications/45-howcanmedbemadtobesucinserfamdis.htm>. Acesso em: 28 jun. 2008.

LUND, M. A therapist's view of parental alienation syndrome. In: *Family and Conciliation Courts Review*, v. 33, n. 3, p. 308-316, July, 1995.

MACHADO, M. N. M. A feminista, sua mãe, seus filhos e netos. In: *Interações: Estudos e Pesquisas em Psicologia*, São Paulo: Unimarco, v. VII, p. 101-111, jan./jun. 2002.

MAJOR, A . J. Parents who have successfully fought parent alienation syndrome, 2000. Disponível em: <http://www.fact.on.ca/Info/pas/major98.htm>. Acesso em: 21 jun. 2008.

MALAGUTI, V. Palestra realizada na Universidade do Estado do Rio de Janeiro, 6 ago. 2008.

MALHEIROS, F. Os laços conjugais e os novos rumos da família. In: CALLIGARIS, C. et al. *O laço conjugal*. Porto alegre: Artes e Ofícios Ed., 1994. p. 65-77.

MARCONDES, M. V.; TRIERWEILER, M.; CRUZ, R. M. Sentimentos predominantes após o término de um relacionamento amoroso. In: *Psicologia, Ciência e Profissão*, v. 26, n. 1, p. 94-105, mar. 2006.

MARIDAKI-KASSOTAKI, K. Understanding fatherhood in greece: father's involvement in child care. In: *Psicologia: Teoria e Pesquisa*, v. 16, n. 3, p. 213-219, set./ dez. 2000.

MARTINS, J.; BICUDO, M. A. V. *A pesquisa qualitativa em psicologia*: fundamentos e recursos básicos. São Paulo: Moraes/Educ, 1989.

MARTINS, S. Contemporaneidade: uma psicopatia americana? In: *Psicologia em Estudo*, Maringá, v. 13, n. 1, p. 35-42, jan./mar. 2008.

MASON, J. D. Munchausen syndrome by proxy, 2007. Disponível em: <http:// www.emedicine.com/emerg/topic830.htm>. Acesso em: 7 maio 2008.

McDONALD, M. The myth of epidemic false allegations of sexual abuse in divorce cases. In: *Court Review*, v. 35, issue 1, 1998, p. 12-19. Disponível em: <http:// www.omsys.com/mmcd/courtrev.htm>. Acesso em: 6 jun. 2008.

MEDRADO, B. Homens na arena do cuidado infantil: imagens veiculadas pela mídia. In: _____; ARILHA, M.; RIDENTI, S. (Org.). *Homens e masculinidades*: outras palavras. São Paulo: ECOS/Ed. 34, 1998. p. 145-161.

MENEZES, A. P. T. et al. Síndrome de Munchausen: relato de caso e revisão da literatura. In: *Revista Brasileira de Psiquiatria*, São Paulo, v. 24, n. 2, p. 83-85, jun. 2002.

MINAYO, M. C. S. Ciência, técnica e arte: o desafio da pesquisa social. In: _____ (Org.). *Pesquisa social*: teoria, método e criatividade. Petrópolis: Vozes, 1994. p. 9-29.

_____; SANCHES, O. Quantitativo-qualitativo: oposição ou complementaridade? In: *Cadernos de Saúde Pública*, Rio de Janeiro, v. 9, n. 3, p. 239-262, jul./set. 1993.

_____. *O desafio do conhecimento*: pesquisa qualitativa em saúde. São Paulo/Rio de Janeiro: Hucitec/Abrasco, 1992.

MORALES, A. E.; SCHRAMM, F. R. A moralidade do abuso sexual intrafamiliar em menores. In: *Ciência & Saúde Coletiva*, v. 7, n. 2, p. 265-273, 2002.

MOTTA, M. A. P. A síndrome da alienação parental. In: APASE (Org.). *Síndrome da alienação parental e a tirania do guardião*: aspectos psicológicos, sociais e jurídicos. Porto Alegre: Equilíbrio, 2007. p. 40-72.

MOURA, S. M. S.; ARAÚJO, M. F. A maternidade na história e a história dos cuidados maternos. In: *Psicologia, Ciência e Profissão*, v. 24, n. 1, p. 44-55, mar. 2004.

MUZIO, A. P. Paternidade (ser pai)... Para que serve? In.: SILVEIRA, P. (Org.). *Exercício da paternidade*. Porto Alegre: Artes Médicas, 1998a, p. 165-174.

_____. Virilidad: conocemos el costo de ser hombre? *Cadernos de Psicologia*, Série Social e Institucional, n. 8, p. 19-44, 1998b.

NAZARETH, E. R. A prática da mediação. In: PEREIRA, R. C. (Coord.). Família e cidadania: o novo CCB e a *vacatio legis*. CONGRESSO BRASILEIRO DE DIREITO DE FAMÍLIA, 3. Belo Horizonte: IBDFAM/Del Rey, 2004a. p. 309-316.

_____. Família e divórcio. In: CERVENY, C. M. O. (Org.). *Família e...*: comunicação, divórcio, mudança, resiliência, deficiência, lei, bioética, doença, religião e drogadição. São Paulo: Casa do Psicólogo, 2004b. p. 25-37.

NETO, O. C. O trabalho de campo como descoberta e criação. In: MINAYO, M. C. S. (Org.). *Pesquisa social*: teoria, método, e criatividade. Petrópolis: Vozes, 1994. p. 51-66.

NEUFELD, C. B.; BRUST, P. G.; STEIN. L. M. O efeito da sugestão de falsa informação para eventos emocionais: quão suscetíveis são nossas memórias? In: *Psicologia em Estudo*, Maringá, v. 13, n. 3, p. 539-547, jul./set. 2008.

NICHOLS, M. P.; SCHWARTZ, R. *Terapia familiar*: conceitos e métodos. Porto Alegre: Artes Médicas, 1998.

NOLASCO, S. *De Tarzan a Homer Simpson*: banalização e violência masculina em sociedades contemporâneas ocidentais. Rio de Janeiro: Rocco, 2001.

OLIVEIRA, D. S. Mulheres expulsivas. In: ENCONTRO DE PSICÓLOGO DO TRIBUNAL DE JUSTIÇA DO ESTADO DO RIO DE JANEIRO, 3. Rio de Janeiro, nov. 25, 2002. Divisão de Psicologia da 1ª Vara da Infância e da Juventude da Capital (Org.). Rio de Janeiro: DIAG — Divisão de Artes Gráficas do TJERJ, p. 13-17, 2003.

PADILHA, C. C. *"Aí o pai vira réu..."*: um estudo sobre o exercício da paternidade e as indenizações por abandono afetivo. Dissertação (Mestrado) — Programa de Pós-Graduação em Psicologia Social, Universidade do Estado do Rio de Janeiro. Rio de Janeiro, 2007.

PADILHA, C. C. Quando o pai vira réu por alegação de abandono afetivo. In: BRITO, L. M. T. (Org.). *Famílias e separações*: perspectivas da psicologia jurídica. Rio de Janeiro: Ed. UERJ, 2008. p. 187-217.

PARNELL, T. F.; DAY, D. O. (Ed.). *Munchausen by proxy syndrome*: misunderstood child abuse. Thousand Oaks, California: Sage Publication, Inc., 1998.

PAULILO, M. A. S. A pesquisa qualitativa e a história de vida. In: *Serviço Social em Revista*, v. 2, n. 1, 1999. Disponível em: <http://www.ssrevista.uel.br/c_v2n1_pesquisa.htm>. Acesso em: 9 nov. 2007.

PERDRIOLLE, S.; HOCQUET, C. Pour être père, il faut passer beaucoup de temps avec son enfant. Vers un príncipe clair de responsabilité éducative de chaque parent: situation et propositions. In: *Dialogue*, n. 141, p. 18-25, 3º trim. 1998.

PEREIRA, R. C. Pai, por que me abandonaste? In: _____; GROENINGA, G. C. (Org.). *Direito de família e psicanálise*: rumo a uma nova epistemologia. Rio de Janeiro: Imago, 2003. p. 216-228.

_____. Por que o Direito se interessa pela Psicanálise. In: *Revista Direito, Estado e Sociedade*, Rio de Janeiro, n. 6, p. 113-125, jan./jul. 1995.

_____. Família, direitos humanos, psicanálise e inclusão social. In: _____; GROENINGA, G. C. (Org.). *Direito de família e psicanálise*: rumo a uma nova epistemologia. Rio de Janeiro: Imago, 2003. p. 155-162.

PEREZ, E. L. Alienação parental. In: *Boletim IBDFAM*, n. 54, ano 9, p. 3-5, jan./fev. 2009.

RAMIRES, V. R. R. As transições familiares: a perspectiva de crianças e pré-adolescentes. In: *Psicologia em Estudo*, Maringá, v. 9, n. 2, p. 183-193, maio/ago. 2004.

RAMOS, M.; SHAINE, S. K. A família em litígio. In: RAMOS, M. (Org.). *Casal e família como paciente*. São Paulo: Escuta, 1994. p. 95-122.

RAND, D. C. The spectrum of parental alienation syndrome (part I). In: *The American Journal of Forensic Psychology*, v. 15, n. 3, 1997. Disponível em: <http://www.convencaodehaia.com/psicologia/rand_1.doc>. Acesso em: 11 jun. 2008.

RAPIZO, R. et al. A construção da parentalidade pós-divórcio: uma vivência feminina. In: *Nova Perspectiva Sistêmica*, Rio de Janeiro, ano VII, n. 12, p. 32-37, dez. 1998.

RAPIZO, R. et al. Continuando a experiência: os grupos de mulheres e filhos que viveram o divórcio. In: *Nova Perspectiva Sistêmica*, Rio de Janeiro, ano X, n. 19, p. 36-42, ago. 2001.

RAUTER, C. *Os carreiristas da indisciplina*: um estudo sobre a psiquiatria e seus "antissociais". Rio de Janeiro: Achiamé/Socii, 1981.

_____. O clamor pela solução penal de questões sociais. In: *Veredas do Direito*, v. 3, n. 5, p. 85-94, jan./jun. 2006.

RECONNAÎTRE L'EXISTENCE DE L'ALIÉNATION PARENTALE. In: *Lien Social*, n. 739, 3 fev. 2005. Disponível em: <www.lien-social.com/imprime.php3?id_article=853>. Acesso em: 7 jun. 2006.

REVISTA CRESCER. *A morte inventada*: documentário mostra pais que são impedidos de ver os filhos após separação. Disponível em: <http://revistacrescer. globo.com/Revista/Crescer/0,EMI65411-10520,00.html>. Acesso em: 29 mar. 2009.

RIBEIRO, M. L. A Psicologia Jurídica nos juízos que tratam do Direito de Família no Tribunal de Justiça do Distrito Federal. In: BRITO, L. M. T. (Org.). *Temas de psicologia jurídica*. Rio de Janeiro: Relume-Dumará, 2000. p. 161-170.

RIDENTI, S. A desigualdade de gênero nas relações parentais: o exemplo da custódia dos filhos. In: ARILHA, M.; RIDENTI, S.; MEDRADO, B. (Org.). *Homens e masculinidades*: outras palavras. São Paulo: ECOS/Ed. 34, 1998. p. 163-184.

RIZZINI, I.; CASTRO, M. R.; SARTOR, C. S. D. *Pesquisando...*: guia de metodologia de pesquisa para programas sociais. Rio de Janeiro: USU, Ed. Universitária, 1999.

ROCHA-COUTINHO, M. L. De Cinderela a Mulher-Maravilha: a maternidade em tempo de mudança. In: *Série Documenta*, Programa de Mestrado e Doutorado em Psicossociologia de Comunidades e Ecologia Social, UFRJ, Rio de Janeiro, ano VI, n. 9, p. 91-116, 1998.

_____. Quando o executivo é uma "dama": a mulher, a carreira e as relações familiares. In: FÉRES-CARNEIRO, T. (Org.). *Família e casal*: arranjos e demandas contemporâneas. Rio de Janeiro: Ed. PUC-Rio/São Paulo: Loyola, 2003a. p. 57-77.

_____. O papel de homens e mulheres na família: podemos falar em reestruturação? In: *Psicologia Clínica*, Rio de Janeiro, v. 15, n. 2, p. 93-107, 2003b.

ROMANELLI, G. Paternidade em famílias de camadas médias. In: *Estudos e Pesquisas em Psicologia*, ano 2, n. 2, p. 79-96, 2003.

ROUDINESCO, E. *Família em desordem*. Rio de Janeiro: Zahar, 2003.

RUPTURA DE LA PAREJA. *Custodia de los hijos?*, 21 jun. 2007. Disponível em: <http://padresdivorciados.blogspot.com/2007/06/ruptura-de-la-pareja-custodia-de-los.html>. Acesso em: 4 out. 2007.

SAYN, I. Le "droit" au maintien des relations personnelles entre enfants et parents. *Dialogue*, Paris, n. 119, p. 20-31, 1993.

SANTOS, J. G.; MORAES, L.; MENEZES, T. V. Ogros não vivem felizes para sempre: um debate sobre relacionamentos idealizados. In: BRITO, L. M. T. (Org.). *Famílias e separações*: perspectivas da psicologia jurídica. Rio de Janeiro: Ed. UERJ, 2008. p. 241-269.

SCHACTER, D. L. *Os sete pecados da memória*: como a mente esquece e lembra. Rio de Janeiro: Rocco, 2003.

SCHNEIDER, M. Big mother. Paris: Odile Jacob, 2002, *apud* SZAPIRO, A. M. Em tempos de pós-modernidade: vivendo a vida saudável e sem paixões. In: *Estudos e Pesquisas em Psicologia*, ano 5, n. 1, p. 25-37, 1º sem. 2005.

SEGURA, C.; GIL, M. J.; SEPÚLVEDA M. A. El síndrome de alienación parental: una forma de maltrato infantil. In: *Cuad Med Forense*, v. 12, n. 43-44, p. 117-128, jan./abr. 2006.

SERPA JÚNIOR, O. D. Indivíduo, organismo e doença: a atualidade de "O normal e o patológico" de Georges Ganguilhem. In: *Psicologia Clínica*, Rio de Janeiro, v. 15, n. 1, p. 121-135, 2003.

SILVA, D. M. P. *Psicologia jurídica no processo civil brasileiro*: a interface da psicologia com direitos nas questões de família e infância. São Paulo: Casa do Psicólogo, 2003.

SILVA, E. L.; RESENDE, M. SAP: a exclusão de um terceiro. In: APASE (Org.). *Síndrome da alienação parental e a tirania do guardião*: aspectos psicológicos, sociais e jurídicos. Porto Alegre: Equilíbrio, 2007. p. 29-39.

SILVA PEREIRA, T. Abuso sexual: ação e reação, 2007. Disponível em: <http://www.observatoriodainfancia.com.br/article.php3?id_article=241>. Acesso em: 17 mar. 2009.

SIMÃO, R. B. C. Soluções judiciais concretas contra a perniciosa prática da alienação parental. In: APASE (Org.). *Síndrome da alienação parental e a tirania do guardião*: aspectos psicológicos, sociais e jurídicos. Porto Alegre: Equilíbrio, 2007. p. 15-28.

_____. O abuso de direito no exercício do poder familiar. In: APASE (Org.). *Guarda compartilhada*: aspectos psicológicos e jurídicos. Porto Alegre: Equilíbrio, 2005. p. 33-51.

SINGLY, F. *Sociologia da família contemporânea*. Rio de Janeiro: Editora FGV, 2007.

SIQUERIA CASTRO, C. R. *O princípio da isonomia e a igualdade da mulher no Direito Constitucional*. Rio de Janeiro: Forense, 1983.

SOARES, J. S.; CARVALHO, A. M. Mulher e mãe, "novos papéis", velhas exigências: experiência de psicoterapia breve grupal. In: *Psicologia em Estudo*, v. 8, n. esp., p. 39-44, 2003.

SOUSA, A. M. *Investigação de paternidade e consumo*: a busca pelo "verdadeiro pai" numa época em que tudo é descartável. Monografia (Especialização em Psicologia Jurídica) — Universidade do Estado do Rio de Janeiro. Rio de Janeiro, 2005.

_____; SAMIS, E. M. Conflitos, diálogos e acordos em um Serviço de Psicologia Jurídica. In: BRITO, L. M. T. (Org.). *Famílias e separações*: perspectivas da psicologia jurídica. Rio de Janeiro: Ed. UERJ, 2008. p. 113-136.

SOUZA, R. M. Configurações plurais. Especial: as novas configurações da família: o que mudou e o que permanece. In: *Viver, Mente e Cérebro*, ano XIV, n. 167, p. 53-59, dez. 2006.

_____. Depois que papai e mamãe se separaram. In: *Psicologia: Teoria e Pesquisa*, v. 16, n. 3, p. 203-211, set./dez. 2000.

SPITZ, R. *O primeiro ano de vida*. São Paulo: Martins Fonte, 1996.

SZAPIRO, A. M. Em tempos de pós-modernidade: vivendo a vida saudável e sem paixões. In: *Estudos e Pesquisas em Psicologia*, ano 5, n. 1, p. 25-37, 1º sem. 2005.

THÉRY, I. Novos direitos da criança — a poção mágica? In: ALTOÉ, S. (Org.). *A lei e as leis*. Rio de Janeiro: Revinter, 2007. p. 135-162.

_____. Un état dês lieux à interpréter: le démariage et la filiation. In: *Dialogue*, n. 141, p. 11-17, 3º trim. 1998.

TORRÃO FILHO, A . Uma questão de gênero: onde o masculino e o feminino se cruzam. In: *Cadernos Pagu — Revista Semestral do Núcleo de Estudos de Gênero*, São Paulo: Unicamp, n. 24, p. 127-152, jan./jun. 2005.

TRINDADE, J. *Manual de Psicologia Jurídica para operadores do Direito*. Porto Alegre: Livraria do Advogado Editora, 2004.

_____. Síndrome de alienação parental (SAP). In: DIAS, M. B. (Coord.). *Incesto e alienação parental*: realidades que a Justiça insiste em não ver. São Paulo: Revista dos Tribunais, 2007. p. 101-111.

TRIVIÑOS, A. N. S. *Introdução à pesquisa em ciências sociais*: a pesquisa qualitativa em educação. São Paulo: Atlas, 1987.

ULLMANN, A. Síndrome da alienação parental. A Justiça deve ter coragem de punir a mãe ou pai que mente para afastar o outro genitor do filho menor. *Visão Jurídica*, n. 30, p. 62-65, 2008.

URETA, M. L. C. Campanha "A.S.I. NO", "Abuso Sexual Infantil NO", 2006. Disponível em: <http://www.abusosexualinfantilno.org/base/spip.php?article18>. Acesso em: 3 jul. 2008.

VAITSMAN, J. Gênero, identidade, casamento e família na sociedade contemporânea. In: PUPPIN, A. B.; MURARO, R. M. (Org.). *Mulher, gênero e sociedade*. Rio de Janeiro: Relume-Dumará: Faperj, 2000. p. 13-20.

VALENTE, M. L. C. S. Síndrome da alienação parental: a perspectiva do Serviço Social. In: APASE (Org.). *Síndrome da alienação parental e a tirania do guardião*: aspectos psicológicos, sociais e jurídicos. Porto Alegre: Equilíbrio, 2007. p. 81-100.

VAN GIJSEGHEM, H. L'alienation parentale. Conference France-Belgique, 2004. Disponível em: <http://membres.lycos.fr/alienationparentale/VANGIJSE-GHEM%20conference.htm>. Acesso em: 21 jun. 2008.

_____. L'alienation Parentale. Groupe Mineurs. Compte-Rendu de la Reunion, 13 maio 2005. Disponível em: <http://www.avocats-bobigny.com/uploadsnossites/docs/mineurs130505.pdf>. Acesso em: 21 jun. 2008.

VERUCCI, F. *O direito da mulher em mutação*: os desafios da igualdade. Belo Horizonte, 1999.

VEYNE, P. M. Foucault revoluciona a história. In: *Como se escreve a história*. Brasília: EUB, 1982. p. 149-198.

VELOSO, Z. A dessacralização do DNA. In: PEREIRA, R. C. (Coord.). A família na travessia do milênio. CONGRESSO BRASILEIRO DE DIREITO DE FAMÍLIA, 2. Belo Horizonte: IBDFAM/Del Rey, 2000. p. 191-200.

WAGNER, A. Possibilidades e potencialidades da família — a construção de novos arranjos a partir do recasamento. In: _____ (Coord.). *Família em cena*: tramas, dramas e transformações. Petrópolis: Vozes, 2002. p. 23-38.

_____ et al. Compartilhar tarefas? Papéis e funções de pai e mãe na família contemporânea. In: *Psicologia: Teoria e Pesquisa*, v. 21, n. 2, p. 181-186, maio/ago. 2005.

_____; SARRIERA, J. C. Características do relacionamento dos adolescentes em famílias originais e reconstituídas. In: FÉRES-CARNEIRO, T. (Coord.). *Casal e família*: entre a tradição e a transformação. Rio de Janeiro: Nau Editora, 1999. p. 15-30.

_____; GRZYBOWSKI, L. S. Uma andorinha sozinha não faz verão? A mulher divorciada e a monoparentalidade. In: *Psicologia Clínica*, Rio de Janeiro, v. 15, n. 2, p. 13-30, 2003.

WALLERSTEIN, J.; LEWIS, J.; BLAKESLEE, S. *Filhos do divórcio*. São Paulo: Loyola, 2002.

_____; KELLY, J. B. *Sobrevivendo à separação*: como pais e filhos lidam com o divórcio. Porto Alegre: Artes Médicas, 1998.

WARSHAK, R. A. Current controversies regarding parental alienation syndrome. In: *The American Journal of Forensic Psychology*, v. 19, n. 3, p. 29-59, 2001. Disponível em: <http://www.fact.on.ca/Info/pas/warsha01.htm>. Acesso em: 3 jul. 2008.

WINNICOTTI, D. W. *Privação e delinquência*. São Paulo: Martins Fontes, 1987.

ZIMERMAN, D. Vocabulário contemporâneo de Psicanálise. Porto Alegre: Artes Médicas, 2001, *apud* RAMIRES, V. R. R. As transições familiares: a perspectiva de crianças e pré-adolescentes. In: *Psicologia em Estudo*, Maringá, v. 9, n. 2, p. 183-193, maio/ago. 2004.

GRÁFICA PAYM
Tel. [11] 4392-3344
paym@graficapaym.com.br